대체로
무해한
이슬람
이야기

일러두기

아랍어는 다음과 같이 표기한다.

1. 아랍어 자음 kh(خ)는 [ㅎ]로, th(ث)는 [ㅅ], dh(ذ)는 [ㄷ], q(ق)는 [ㅋ]으로 쓴다. 그러나 칼리프(칼리파) Khalifa, 칼리드Khalid, 카디자Khadijah, 칸Khan 등 관용적으로 정착된 단어에서는 kh(خ)를 [ㅋ]로 표기한다.

2. 아랍어 자음 ainh(ع)은 [']로 표기한다.

3. 아랍어 고유명사는 최대한 국립국어원 표기법에 따랐으나, 수니파/시아파는 예외로 원어에 가깝게 순니파/쉬아파로 표기한다.

4. 아랍어 정관사 알al은 뒤에 오는 단어와 붙여서 사용하며, 발음 변화는 반영하지 않는다.

천의 얼굴을 가진 이슬람 문명의 위대한 모험

대체로
무해한
이슬람
이야기

황의현 지음

씨
아이
알

그들은 갑자기 나타났다.

634년 성탄절, 예루살렘 총대주교인 소프로니우스^{Sophronius}는 참담한 심정이었다. 하갈의 자손, 이스마엘의 자손 또는 사라센이라고 불리는 야만인들이 예수가 탄생한 성스러운 땅 베들레헴으로 가는 길을 막은 것이다. 그러나 소프로니우스 주교는 희망을 잃지 않았다.

우리가 하느님 아버지의 뜻에 따라 행하고 참되고 올바른 신앙을 따른다면 이스마엘 자손들의 칼을 무디게 할 것이요 사라센의 단검을 물리치고 하갈의 자손들의 활을 꺾을 것이다. 그리하여 신성한 베들레헴을 멀리에서 바라만 보는 것이 아니라 가까이 다가가 베들레헴의 경이와 그리스도께서 기적을 행하시는 것을 보며 천사들과 함께 찬송할 것이다. "지극히 높은 곳에서는 하느님께 영광, 땅에서는 그분께서 기뻐하신 사람들에게 평화가!"

그러나 소프로니우스의 기대는 이루어지지 않았다. 사라센은, 하갈과 이스마엘의 자손은, 즉 아랍인은 지금까지 베들레헴에 있다.

7세기, 무함마드를 예언자로 믿는 아랍인이 등장해 중동을 완전히 뒤바꾸어 놓았다. 기독교의 땅이었던 중동은 이슬람의 땅, 아랍인의 땅이 되었다. 아랍인은 사막의 유목민에서 무함마드가 계시한 종교인 이슬람을 믿는 무슬림이 되었고 이슬람 문명을 세웠다. 이슬람은 중동과 아랍인을 넘어 세계 각지로 뻗어나갔다. 아라비아의 변방에서 탄생한 종교는 명실상부 세계 주요 종교의 반열에 올랐다.

이 책은 세계 역사를 바꾸어놓은 이슬람이라는 종교가 어떻게 탄생했는지, 어떻게 중동이 아랍인과 무슬림의 땅이 되었는지, 그리고 그렇게 탄생한 이슬람 문명이 보여주는 다양한 모습이 무엇인지에 관해 다룬다. 특히 아직 국내에는 널리 알려지지 않은 이슬람의 기원과 형성 과정을 둘러싼 질문과 논의를 소개하고자 한다.

이슬람은 아무것도 없는 공백 상황에서 나타나지도 하루아침에 완성되지도 않았다. 학자들은 이슬람이라는 종교가 점진적으로 형성되는 과정을 추적하면서 일반적으로 알려진 설명에 도전하는 질문을 던지기도 한다. 그러나 이 질문은 이슬람을 공격하고 부정하기 위한 목적이 아니다. 이슬람이 등장한 환경과 오늘날 우리가 아는 형태의 이슬람에 이르기까지 그 변화 과정을 추적하는 것은 세계사에서 중요한 의미를 남긴 사건을 온전히 파악하기 위해 필요한 작업이다.

한때 화려하고 장엄하던 문명이 꽃피우던 곳은 오늘날 독재, 테러리즘, 만성적인 경제난이 지배하는 땅이 되었다. 이슬람 제국은 왜 오랜 기간 유지되지 못하고 무너졌으며, 중세 이슬람권의 놀라운 지적 성취는 왜 과학혁명으로 이어지지 못했을까? 무엇이 '잘못'되었는지를 묻고 이러한 변화를 몰락 또는 쇠퇴라는 단어로 정의하는 것은 역사는 항상 진보하고 발전한다(또는 그래야 한다)는 가치관에 지나치게 매달린 결과일 수도 있다. 하지만 이러한 변화에 무언가 원인이 있다는 것만큼은 분명하다. 많은 경우 그 원흉은 이슬람으로 지목되지만, 그렇게 단순한 설명에 만족하지 않고 새로운 답을 찾는 사람들도 있다.

중동을 정복한 이후 무슬림은 좋든 싫든 비무슬림과 접촉하고 공존해야 했다. 이슬람은 어떻게 확산되었을까? 정복은 '평화적'이었을까? 무슬림은 비무슬림과 어떤 관계를 맺었을까? 이슬람의 땅에서 비무슬림은 어떻게 살아가야 했을까? 무슬림과 비무슬림의 관계는 결코 한 단어로 정의될 수 있는 것이 아니었다. 중세 이슬람권에서 비무슬림은 온전한 자유를 누리지 못했고 무슬림과 같은 대우를 받지도 않았다. 그러나 무슬림을 피에 굶주린 광신자로 단순히 치부할 수만은 없다. 이 책은 무슬림과 비무슬림이 탄압과 공존, 적의와 관용을 오가는 복잡한 관계를 맺어 왔으며 오늘날에는 공존을 지향하는 새로운 움직임이 나타나고 있음을 보여주고자 했다.

비무슬림이 무슬림 공동체 외부의 타자라면, 순니파가 다수를 차지하는 무슬림 공동체에서 소수파인 쉬아파는 공동체 내부의 타자라고 할 수 있다. 순니파와 쉬아파는 왜 갈라진 것이며, 서로 무엇이 다른 것일까? 순니파와 쉬아파가 대립하는 이유는 무엇이며, 그 대립의 역사는 어떠했는가? 순니파와 쉬아파는 필연적으로 싸울 수밖에 없는 것일까? 무슬림과 비무슬림의 관계와 마찬가지로 무슬림 공동체 내부의 종파 관계 또한 여러 요인과 환경의 영향을 받으며 다양한 모습과 양상으로 나타났다. 종파 관계의 변화를 추적하기 위해서는 역사를 되돌아볼 필요가 있다.

'이슬람' 문명이라고 하지만, 이슬람이 곧 이슬람 문명의 전부는 아니다. 이슬람은 이슬람 문명의 토대가 된 여러 요소 가운데 하나일 뿐이다. 흑사병 대유행 속에서도 인간다움을 잃지 않기 위해 노력했던 사람들, 아무런 거부감 없이 무함마드의 얼굴을 그린 화가, 벌거벗은 여인이 그려진 목욕탕에서 목욕을 즐기던 칼리프, 새벽까지 이야기를 이어가는 셰흐라자드까지 이슬람 문명에는 종교의 영향을 받으면서도 종교와는 다른 문화적 형태가 존재했다.

이 책의 핵심 주제는 이슬람이지만, 이슬람으로 이슬람 문명의 전부를 설명하지 않으려고 노력했다. 한 측면으로만 이슬람 문명을 판단하지 않기 위해 이슬람 문명의 복잡하더라도 다양한 측면을 그려내고자 했다. 이슬람 외에도 이슬람 문명의 궤적과 모습에 영향을 준 것은 많기 때문이다.

사람들은 항상 그들이 처한 상황에 따라 이슬람을 해석하고 실천해왔다. 쿠란 구절이 무엇을 말하는지보다 중요한 것은 사람들이 쿠란을 어떻게 읽고 해석하느냐다. 그리고 쿠란을 읽고 해석하는 방식은 항상 변화해왔다. 살아가는 환경과 마주한 도전은 늘 달라졌기 때문이다.

이 책은 글쓴이가 블로그 〈대체로 무해함〉에서 2019년부터 2021년까지 썼던 글을 모으고 수정한 것이다. 블로그에 처음 올렸던 글은 여러모로 부족했기에 사실상 거의 모든 글을 새로 썼지만, 여전히 미흡한 점이 많아 아쉽다. 학문적으로 뛰어나거나 독창적인 글도 아니다. 사실 이 책에서 소개되는 논의 대부분은 이미 서구 학계에서 이루어진 것이다. 그러나 글쓴이는 학계의 성과와 논의를 독자에게 전달하는 '지식 소매상'을 자처하며 이슬람 문명의 다양성을 탐색하려는 학자들의 치열한 노력을 부족한 글을 통해서라도 소개하고자 한다. 이 책이 그들의 노력을 이해하기 위한 작은 디딤돌이 되었으면 한다.

　이 책이 출판되기까지 많은 분들의 도움이 있었다. 책을 출판할 것을 처음 제안해주신 상지대학교 심재관 교수님과 좋은 책을 만들기 위해 여러모로 애써주신 편집자 신은미 팀장님이 없었더라면 이 책은 빛을 볼 수 없었을 것이다. 또한 초고를 처음부터 끝까지 읽고 글쓴이가 미처 보지 못하고 놓친 부분이 개선될 수 있도록 솔직하고 귀중한 조언을 해준 김수지 님에게도 감사드린다.

<blockquote>
"누군가가 밟아서 난 굽고 좁은 길
나도 뒤에 올 외로운 그 누구 위해서
한 발 한 발 더 보태어 다지듯 걸었소
그대여 두려워 마시오
길 위에서는 누구나 혼자요"
</blockquote>

심규선, <소로小路>

　이 책이 필요할 사람이 얼마나 될지 확신은 없다. 그러나 한 사람이라도 이 책이 도움이 된다고 느낀다면 글쓴이의 목적은 이룬 셈이다. 이 책이 이슬람의 다양한 모습과 이슬람 문명의 역동성에 관심을 가진 이에게 온전히 가닿기를, 필요한 순간에 온전히 쓰이기를 바란다. 글쓴이가 바라는 것은 그것이고, 글쓴이에게는 그것만으로도 충분하다. 선학들이 밟아서 낸 길을 따라 걸으며 글쓴이도 혹시나 있을 뒤따르는 누군가를 위해 길을 내듯이 한 글자 한 글자 써 내려갔다. 부족할지 모르나 전부로 헌신한 책을 여러분 앞에 떨리는 마음으로 내놓는다.

차
례

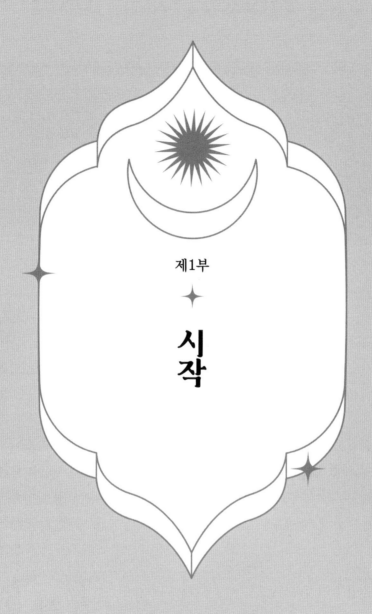

제1부

시
작

1

수정주의 역사학, 전통에 도전하다

이슬람의 시작에 관한 간단하고 분명한 이야기

이슬람은 언제, 어디서, 어떻게 등장했을까? 우리는 이 질문에 대한 답을 이미 다 알고 있다. 이슬람은 7세기 초반 아라비아반도 서부 히자즈 지역의 메카라는 곳에서 시작되었다. 당시 아라비아 지역은 여러 부족으로 나뉘어 있었고, 메카는 쿠라이쉬 부족의 영역이었다. 쿠라이쉬 부족 가운데에는 무함마드라는 사람이 있었다. 어렸을 때 부모님을 잃고 평범한 상인으로 살던 무함마드는 어느 날 메카 인근의 동굴에서 명상하다가 신의 계시를 받았다. 상인 무함마드가 예언자 무함마드로 탄생하는 순간이었다.

무함마드에게 계시된 쿠란은 유일한 신을 믿고 신의 뜻에 따라 살며 다가올 최후 심판의 날을 준비할 것을 사람들에게 촉구했고, 무함마드는 쿠란의 가르침을 메카 사람들에게 전파했다. 일부는 그의 가르침을 받아들이고 새로운 종교인 이슬람을 믿는 무슬림이 되었다. 그러나 쿠라이쉬 부족의 유력자들은 조상들이 믿던 다신교 신앙을 버리고 새로운 신앙을 설파하는 무함마드와 그 추종자들을 곱게 보지 않았다. 결국 622년, 무함마드와 추종자들은 메카 유력자들의 박해를 이기지 못하고 메카 인근의 야스립 Yathrib이라는 곳으로 피했다. 히즈라Hijrah, 즉 '이주'라고 불린 이 사건으로 역사상 최초의 무슬림 공동체가 야스립에 만들어졌다. 야스립은 '예언자의 도시(마디나트 알나비madinat al-nabi)', 줄여서 메디나라고 불리게 된다.

무함마드와 추종자들은 메디나에서 힘을 키워 메카인들의 침공을 물리쳤고 결국 628년 쿠라이쉬 부족의 항복을 받아내 메카에 무혈 입성했다. 무함마드는 메카의 카바Kaʿbah 성원에 있는 모든 신상을 때려 부수고 유일신 신앙의 승리를 선언했다. 이후 무함마드는 설득으로, 때로는 무력으로 아라비아 전역의 아랍 부족이 이슬람을 받아들이게 만들었다.

632년, 무함마드가 사망했다. 신이 인간에게 보낸 마지막 예언자였던 무함마드가 죽은 이후에는 새로운 계시가 더 내려오지 않을 것이었다. 계시는 완결되었다. 이제 사람들은 신의 말씀이자 신성한 책이며 마지막 계시인 쿠란의 가르침에 따라 살기만 하면 되었다.

무함마드의 뒤를 이어 그의 오랜 동료인 아부 바크르Abu Bakr(재위 632~634년)가 예언자의 후계자, 즉 칼리프가 되어 공동체를 이끌었고, 무함마드가 죽은 이후 이슬람을 버리려는 아랍 부족들을 다시 굴복시켰다. 아부 바크르가 죽은 이후에는 역시 예언자의 동료였던 우마르ʿUmar(재위 634~644년)가 칼리프가 되었다. 우마르 시대에 아랍 무슬림은 아라비아반도를 넘어 시리아, 팔레스타인, 이라크, 이란, 이집트, 북아프리카를 아우르는 지역을 정복하고 제국을 건설했다. 변방의 유목민이었던 아랍인은 제국의 지배자가 되었고 한때 메카에서 박해를 받던 이슬람은 세계 종교가 되었다.

우마르가 죽은 뒤 칼리프가 된 우스만Uthman(재위 644~656년)은 암송과 구전으로 전해지던 쿠란을 모아 한 권의 책으로 만들고, 이렇게 만들어진 쿠란을 제국 각지로 보내 모든 무슬림이 같은 쿠란을 읽도록 했다. 우스만 시대에 만들어진 쿠란은 한 글자도 바뀌지 않은 채 오늘날까지 유지되고 있다. 이후 무슬림 학자들은 무함마드의 생애에 관한 기록을 모아 예언자의 전기傳記인 시라sirah를 편찬했고 무함마드가 남긴 말과 행동인 순나sunnah를 모아 하디스hadith 선집을 만들었다. 하디스는 쿠란과 함께 무슬림이 지켜야 하는 율법, 샤리아shari'ah의 토대가 되었다.

여기까지가 우리가 알고 있는 이슬람의 시작에 관한 이야기를 간추린 것이다. 이슬람은 지금으로부터 1400년 전에 등장했지만, 우리는 무함마드에게 내려진 계시의 내용과 무함마드와 그 동료들이 남긴 말과 행동을 속속들이 알 수 있다. 시라, 하디스, 역사서, 연대기 등 무슬림이 무함마드의 생애와 이슬람의 시작에 관해 남긴 기록이 풍부하기 때문이다. 모든 것이 분명해 보였다. 한때는.

1. 수정주의 역사학, 전통에 도전하다

수정주의, 모든 것을 뒤흔들다

그러나 과거의 확신은 오늘날에 와서 흔들리고 있다. 이슬람의 시작에 관해 당연하게 여겨왔던 것이 이제는 당연하게 생각되지 않는다. 무슨 일이 있었던 것일까? 바로 1970년대에 들어 수정주의revisionism가 이슬람 초기 역사에 관한 전통 서사에 도전하기 시작했기 때문이었다. 1970년대 존 완스브로John Wansbrough, 패트리샤 크론Patricia Crone, 마이클 쿡Michael Cook 등 수정주의 역사가들은 전통 서사가 토대를 두고 있는 사료에 의문을 제기했다. 왜 그랬던 것일까?

우리가 쿠란의 역사적 배경과 무함마드의 생애에 관해 알고 있는 거의 모든 것은 후대 무슬림들이 남긴 기록에 의존한다. 그러나 무슬림 기록은 무함마드로부터 약 100년에서 200년은 지난 뒤에 쓰인 것이다. 무함마드의 전기를 쓴 이븐 이스하크Ibn Ishaq(767년 사망)는 무함마드보다 100년은 더 지난 뒤에 활동하던 인물이다. 심지어 이븐 이스하크가 쓴 전기도 전해지지 않는다. 지금 우리에게 전해지는 전기는 이븐 이스하크가 쓴 것이 아닌 이븐 이스하크보다 다시 두 세대 뒤의 이븐 히샴Ibn Hisham(833년 사망)이 편집한 것이다. 알와키디Al-Waqidi(823년 사망), 이븐 사으드Ibn Sa'd(845년 사망) 등 무함마드의 전기를 쓴 다른 학자들도 마찬가지로 무함마드보다 한참 뒷세대에 속한다. 수정주의 학자들은 무함마드로부터 200년이 지난 뒤에 쓰인 전기를 얼마나 신뢰할 수 있는지 물었다.

무함마드의 전기뿐만이 아니다. 아랍 무슬림의 정복에 관한 역사서를 쓴 알발라두리Al-Baladhuri(892년 사망), 이슬람 초기 역사 연구에서 중요한 위치를 차지하는 연대기 『예언자와 왕들의 역사』를 쓴 역사가이자 쿠란 주석학자인 알타바리Al-Tabari(923년 사망)와 같은 역사가들도 모두 무함마드보다 한참 후세대 인물들이다. 무함마드의 언행을 담은 하디스 기록 또한 연대기, 역사 기록, 전기와 비슷한 9세기에 완성되었다. 우리가 무함마드의 생애와 이슬람의 초기 역사에 관해 알고 있는 것 중 동시대 자료에서 온 것은 거의 없다. 모두 후대에 만들어진 기록에서 나온다.

사실 1970년대 이전에도 무슬림 기록의 역사적 신뢰성을 의심하는 경향은 있었다. 이미 이그나츠 골드지헤르Ignác Goldziher(1921년 사망)와 요제프 샤흐트Joseph Schacht(1969년 사망)는 하디스 상당 부분이 무함마드가 실제 했던 말이 아니며 후대에 창작되었다고 주장한 바 있다. 그러나 수정주의 학자들은 여기서 더 나아가서 무슬림 기록에서 완전히 벗어나 오직 동시대 자료에만 의존해서 이슬람 초기 역사를 재구성해야 한다고 주장했다. 수정주의 학자들이 보기에 무슬림 역사 기록에 담겨 있는 것은 과거에 실제로 일어난 사실이 아니라 후대인들이 이슬람과 무슬림 공동체의 역사라고 믿던 것이었다. 조금 더 과격하게 말하자면 무슬림 역사 기록은 역사의 탈을 뒤집어쓴 창작된 이야기다.

수정주의 학자들은 무슬림 기록을 벗어나 7세기 기독교도와 유대인이 남긴 기록과 고고학 자료에 주목했고 이슬람 측의 유일한 1차 사료라고 할 수 있는 쿠란을 새로운 눈으로 보기 시작했다. 그리고 지금까지 당연하게 여겼던 모든 것에 의문을 던졌다. 이슬람은 아라비아반도에서 시작되었나? 최초의 이슬람은 어떤 종교였나? 쿠란은 언제 완성되었는가? 그리고 이 질문에 대해 수정주의 역사가들은 도발적인 대답을 내놓았다.

모든 학자가 수정주의 학자들의 설명과 방법론을 받아들인 것은 아니다. 수정주의적 설명은 아직 가설 수준에 머물러 있으며, 수정주의적 설명

1. 수정주의 역사학, 전통에 도전하다

을 반박하는 증거도 발견됐다. 수정주의적 해석이 가진 모순을 지적하거나 똑같은 자료를 사용해 역으로 수정주의적 해석을 반박하는 입장도 있다. 심지어 '수정주의'로 분류되는 학자들끼리도 서로 의견이 다르며 서로를 비판하기도 한다.

그러나 수정주의를 받아들이지 않더라도 초기 이슬람을 진지하게 연구하고자 한다면 수정주의 학자들이 제기한 질문을 의식할 수밖에 없다. 무슬림 기록의 신뢰성을 지지하는 편에서도 기록에 역사적 사실과 후대인의 시각이 섞여 있을 가능성은 있기 때문에 기록을 있는 그대로 믿는 것이 아니라 역사적 사실에서 후대에 창작된 이야기를 구분할 필요가 있다고 본다. 물론 수정주의 학자들은 대체 어떻게 역사적 사실과 창작된 이야기를 구분할 수 있느냐고 묻는다. 초기 이슬람 역사는 여전히 논쟁의 중심에 있다.

일부 수정주의 연구자들은 그들이 던지는 질문이 무슬림 사회를 '계몽'시킬 것이라고 주장한다. 성역을 두지 않고 비판하고 회의적으로 사고하면 무슬림 사회가 쿠란과 무함마드의 전승을 절대적인 것으로 여기는 시각에서 벗어나 자유로운 사회로 나아갈 수 있다는 것이다.[1] 아랍어로 '빛을 밝힘' 또는 계몽이라는 의미의 '이나라Inârah'라는 연구모임을 조직한 독일 수정주의 학자들 또한 연구모임의 이름에서 드러나듯이 자신들의 연구가 이슬람권을 계몽시키는 데 기여하기를 바란다는 목표를 숨기지 않는다.[2] 이 때문에 자신들의 연구에 정치적 의도가 없다고 주장하는 수정주의 학자들의 본심에 의문이 제기되기도 한다.

실제로 수정주의는 학계 바깥에서 다양한 목적에 따라 이용되기도 한다. 이슬람이 잘못된 종교라고 보는 사람들, 이슬람에 대한 기독교의 우월함을 주장하는 사람들에게 수정주의 해석은 무슬림이 신성하게 믿는 모든 것을 거짓이라고 비난하기 위한 훌륭한 무기를 제공한다. 이븐 와라크Ibn Warraq라는 필명을 쓰는 무신론자와 반反이슬람 운동가인 로버트 스펜서Robert Spencer 등이 대표적이다. 이들은 수정주의 해석을 근거로 무슬림이 믿는 것은 잘못되었으며 무함마드는 실존 인물이 아니고 이슬람은 유대교와 기독교를 베낀 종교에 불과하다고 주장한다. 반대로 무슬림에게는 수정주의 해석이야말로 서구가 이슬람에 깊은 적의를 품고 있음을 보여주는 증거다. 그러나 이슬람의 기원에 관심을 가지는 진지한 학자들은 이슬람에 대한 맹목적인 옹호와 학문의 탈을 쓴 혐오 모두를 거부하고 학문의 자유를 추구하는 동시에 이슬람을 존중하는 자세를 지키기 위해 노력하고 있다.

수정주의 해석에 관한 논의를 소개하는 것은 이슬람이 진리인지 거짓인지 평가하기 위해서가 아니다. 세계의 다른 종교와 마찬가지로 이슬람도 다양한 문화가 활발하게 교류하고 서로 영향을 주고받던 환경에서 나타났으며, 현재 모습에 이르기까지 오랜 변화를 거쳐 왔음을 보여주기 위해서다. 이슬람의 탄생에 관한 신화와 편견에서 벗어나려는 시도이자 아라비아의 외딴 사막에서 등장한 신앙이 어떻게 전 세계 수많은 사람이 믿는 종교가 되었는지를 역사적 맥락 내에서 이해하려는 도전이다.

쿠란, 수수께끼가 가득한 책

메카 무역과 이슬람의 탄생

이슬람이 일종의 혁명 이념이었다는 주장이 있다. 19세기 말에 처음 제기되어 20세기 중반 몽고메리 와트Montgomery Watt와 막심 로댕송Maxime Rodinson에 의해 발전된 이 주장은 이슬람이 등장한 배경을 7세기 메카의 사회적, 경제적 환경에서 찾는다. 즉 이슬람은 사회적, 경제적 불평등에 저항하여 나타난 혁명 이념이고, 무함마드는 타락하고 억압적인 구체제를 무너뜨리고 평등한 사회를 만들어내고자 한 혁명가라는 것이다.

와트와 로댕송에 따르면 7세기 초반 메카는 경제적 번영을 누렸다. 메카는 예멘과 시리아, 에티오피아와 이라크를 연결하는 경로가 만나는 지점에 위치해 교통과 무역의 중심지였다. 6세기에 이르러 메카 상인들이 인도와 예멘에서 수입되는 사치품, 특히 향로 무역로의 통제권을 손에 넣자 메카는 상업과 경제 중심지로 떠올랐다.[1]

경제적 번영은 곧 메카의 사회적, 문화적 변화로 이어졌다. 메카 사회는 대외 무역을 통해 막대한 이익을 얻은 소수 부유층과 그렇지 못한 다수로 나뉘었다. 이 과정에서 사막의 척박한 환경에서 살아남기 위해 부족 구성원끼리 서로 협력하고 돕던 전통적인 연대 의식은 점차 약화되었다. 경제적 번영으로 메카 사회에서 부유층과 빈곤층의 계급 차이가 나타나면서 부족 전체의 명예와 위신, 관대함과 용맹함과 같은 가치를 우선시하던 아라비아의 전통적인 "부족적 인간주의tribal humanism"는 흔들리기 시작했다.[2] 메카의 경제적 번영 속에서 부유층이 자신들의 이익과 물질적 성공만을 추구하면서 부족 구성원 사이의 상호 협력과 연대를 강조하는 전통적 덕목과 가치는 퇴색했다.[3]

메카의 경제적 변화는 또한 극심한 빈부격차를 가져왔다. 부를 쌓은 메카의 지배계층이 전통적인 의무를 내버리고 자신들만의 이익을 추구하면서 가장 피해를 본 사람들은 사회적 보호망을 상실한 가난하고 힘없는 약자들이었다. 이런 상황에서 무함마드가 탐욕과 오만에 대한 경고, 평등과 사회 정의의 가르침을 담은 이슬람과 함께 나타났다. 와트와 로댕송에게 이슬람은 새로운 신앙인 동시에 양극화와 빈부격차에 시달리던 사회를 개혁하기 위한 사회적 운동이었으며, 무함마드는 신의 가르침을 전달하는 예언자이자 평등하고 정의로운 사회를 만들고자 한 혁명가이자 정치적 지도자였다.[4]

와트의 "마르크스주의적" 설명은 이슬람의 등장을 초월적 존재의 개입이 아닌 '세속적'이고 '합리적'으로 분석하려는 학자들에게 큰 영향을 미쳤다.[5] 메카의 사회경제적 변화에 대응해 이슬람이 등장했다는 설명은 처음 등장한 지 수십 년이 지난 지금까지도 일종의 통념으로 자리 잡고 있다. 이에 따르면 이슬람은 종교라기보다는 물질만능주의가 퍼져 나가고 빈부격차가 커지며 평등과 상부상조를 추구하는 전통적 가치가 무너진 상황에서 등장한 혁명 이념에 가까웠다.

그렇다면 이토록 세계사에 큰 영향을 남긴 메카 무역에서는 어떤 상품이, 얼마나 큰 규모로 거래되었을까? 일반적으로는 남부 아라비아 예멘과 인도에서 온 향료 및 각종 사치품이 메카를 거쳐 지중해 지역으로 수출되었다고 이야기한다. 얼마나 많은 향료와 사치품이 메카를 오갔으며, 얼마나 많은 부가 메카로 유입되었을까? 무역으로 번성하던 메카 경제 상황은 정확히 어떤 모습이었을까?

와트와 로댕송 그리고 그들의 가설을 수용한 현대 저자들은 이 질문에 대해 자세히 다루지 않는다. 그냥 메카는 각종 사치품과 향료 무역으로 번성했으며 막대한 이익을 거두었고 그 과정에서 빈부격차가 확대되고 사회적 혼란이 커졌다고 설명할 뿐이다. 그토록 큰 변화를 가져온 무역에 대한 자세한 논의와 설명은 왜 이렇게 찾아보기 힘든 것일까?

대표적인 수정주의 역사가 패트리샤 크론은 1987년 출판된 『메카 무역과 이슬람의 등장Meccan Trade and the Rise of Islam』이라는 책에서 바로 이 문제에 주목한다.[6] 메카에서 활발한 무역이 이루어졌다면 왜 메카 무역을 언급하는 기록은 없을까? 왜 동시대 기록이든 후대 무슬림 역사가가 남긴 기록이든 어디에서도 메카가 무역 중심지였으며 빈부격차와 전통적 가치관의 붕괴로 각종 사회적 문제에 시달렸다는 말은 찾을 수 없는 것일까? 크론의 답은 간단하다. 메카 무역이 없었기 때문이다.

메카가 무역 중심지가 되어야 할 이유도 사실 없다. 메카는 바다에 접한 항구 도시가 아닌 내륙 산악지역에 세워진 도시다. 그런 메카가 어떻게 무역 대부분이 해로로 이루어지던 시대에 무역의 중심지가 되는 것이 가능했을까? 에티오피아가 통제하던 홍해, 페르시아의 영향권 아래에 있었던 걸프해 지역에서 일개 부족의 무역상들이 얼마나 영향력을 행사할 수 있었을까? 메카는 육로 무역에서도 특출난 이점을 가진 것도 아니었다. 아라비아를 지나 지중해 지역으로 향하는 대상단은 여정 도중 수많은 곳에서 멈춘다. 그중 한 곳에 불과한 메카에서만 특히 무역이 발전할 이유는 없다.

메카 무역상들이 향료 등의 사치품을 취급하며 돈을 벌었다는 주장도 문제다. 예멘의 주요 수출품인 몰약과 유향이 활발히 교역되던 때는 로마 시대였다. 크론에 따르면 지중해 지역이 기독교화된 이후에는 몰약과 유향은 사치품으로서 인기와 중요성을 상실했다.[7] 예멘 지역이 향료 생산지로서 '행운의 아라비아'라고 불리던 때는 이슬람이 등장하던 시기에는 이미 머나먼 과거의 이야기였다. 비단, 인도나 동남아시아의 향신료, 아프리카의 금과 상아 등 수요가 많은 사치품 교역은 주로 에티오피아와 페르시아가 통제하던 홍해와 걸프해에서 이루어졌고, 메카 무역상이 끼어들 자리는 없었다.

메카인들이 무역을 아예 하지 않은 것은 아니다. 그러나 무슬림 기록에 따르면 메카인들이 교역한 품목은 사회 질서를 뒤집고 빈부격차를 초래할 정도의 이익을 가져오는 사치품이 아니었다. 메카 상인들은 주로 가죽, 의복, 가축, 치즈와 버터 등의 생필품을 거래했으며 대부분의 상거래는 아라비아반도 내부에서 이루어졌다.[8] 메카인들이 취급했던 물건은 막대한 운송비를 감당하고 지중해 지역에까지 가서 팔아 막대한 이익을 낼 수 있는 상품도, 동로마 제국이 먼 곳에서 수입해야 할 만큼 귀한 상품도 아니었다.

크론은 이슬람을 사회경제적 변화의 산물로 설명하는 가설을 완전히 뒤흔든다. 이슬람 이전 메카는 중계무역의 중심지가 아니었다. 메카 쿠라이쉬 부족의 상인들은 막대한 부를 창출하는 사치품을 대규모로 거래하거나 그러한 사치품이 오가는 교역로를 통제할 능력을 지니지 못했다. '행운의 아라비아'에서 산출되는 진귀한 향료를 싣고 사막을 오가는 대상은 로마 시대의 이야기였으며 이슬람이 등장할 무렵에 남부 아라비아와 지중해권을 연결하는 무역은 이미 해상 운송으로 대체된 상태였다. 메카의 쿠라이쉬 부족이 끼어들거나 장악할 영역은 어디에도 없었다. 메카가 국제 사치품 무역과 무관했다면 메카 상인들은 대체 어떻게 부를 쌓았으며 어떻게 메카 사회에서 빈부격차가 확대되고 전통적 규범이 붕괴할 수 있었을까? 메카에 사회적 갈등이 존재하지 않았다면 사회 개혁 운동으로서 이슬람은 어떻게 등장할 수 있었을까?

쿠란 속 방황하는 무역상들

쿠란 106절의 이름은 '쿠라이쉬의 장'이다. 쿠라이쉬 부족이 무역상이었으며 메카가 무역 중심지로 번영했다는 이야기는 단 4개 절로 된 이 짧은 장에서 나온 것이다. 106장은 아래와 같다.

1. 쿠라이쉬 부족의 보호를 위해

2. 신께서는 그들의 겨울과 여름의 여행을 안전하게 하셨으니

3. 그러므로 그들은 이 집의 주님만을 경배해야 하느니라

4. 주님께서는 그들을 굶주림에서 배부르게 해주시고 공포로부터 안전하게 해주시니라

쿠란은 쿠라이쉬 부족이 어디에서 언제 무엇을 사고 팔았는지는 전혀 말하지 않는다. 상업, 무역, 교역에 관한 어떤 언급도 이 짧은 장에는 없다. 쿠라이쉬 상인들의 무역 활동에 대해 우리가 알고 있는 거의 모든 사실은 쿠란 본문이 아니라 후대 무슬림들이 쿠란 106장을 해석하며 남긴 주석에 나왔다. 문제는 주석학자들이 남긴 해석이 서로 다르다는 것이다.

쿠라이쉬 부족 상인들은 겨울과 여름, 어디로 무엇을 위해 여행했을까? 어떤 학자는 추운 겨울에는 해안을 따라, 더운 여름에는 내륙을 따라 시리아로 갔다고 말한다. 상인들이 여름에는 시리아로 겨울에는 예멘으로 갔다는 말도 있다. 반대로 여름에 예멘으로 겨울에 시리아로 갔다고 말하는 학자들도 있다. 일부는 시리아와 예멘뿐만 아니라 에티오피아, 아나톨리아 반도, 이라크까지 갔다고들 한다.[9]

3절에서 쿠란은 여행과 신을 경배하는 행위를 연결하고 있다. 여행과 경배 사이에는 무슨 관계가 있을까? 이에 대해서도 주석가들의 해석은 다양하다. 어떤 학자들은 신의 가호 덕분에 쿠라이쉬 부족이 생필품과 식량을 구하기 위한 여행을 떠날 수 있었다고 설명하는 반면, 신의 은총 덕분에 외부에서 상인들이 메카로 찾아오게 만들어 쿠라이쉬 부족이 고되고 험한 여행을 하지 않아도 식량을 구하고 메카에 머물면서 신을 경배할 수 있게 되었다고 말하는 학자들도 있다. 쿠라이쉬 부족은 그렇다면 여행을 한 것

인가, 하지 않은 것인가? 신이 쿠라이쉬 부족을 굶주림에서 구했다는 4절은 외부에서 식량을 수입해왔다는 말일까? 아니면 외부에서 상인들이 직접 메카로 찾아와 식량을 팔았다는 뜻일까?[10]

이처럼 무슬림들은 쿠란 106장을 서로 다르게 해석해왔다. 이 모든 해석을 받아들인다면 쿠라이쉬 부족은 시리아로, 또는 시리아와 예멘으로, 또는 시리아와 에티오피아로, 또는 시리아와 에티오피아와 예멘으로, 또는 시리아와 에티오피아와 예멘과 이라크로 여행했다. 여름에는 시리아로, 겨울에는 예멘으로 간 동시에 여름에는 예멘으로 겨울에는 시리아로 갔다. 신은 쿠라이쉬 부족이 식량을 수입할 수 있도록 여행을 떠나게 만든 동시에 외부 상인들이 메카에 찾아오게 만들어 쿠라이쉬 부족이 여행의 짐을 덜고 오직 신을 경배하는 데만 전념할 수 있도록 했다. 그러니까 쿠라이쉬 부족이 여행을 떠났다는 말인가, 그러지 않았다는 말인가? 대체 언제 어디로 가서 거래했다는 말인가? 후대 무슬림들이 제시하는 수많은 상반된 해석은 우리를 혼란에 빠지게 할 뿐, 이슬람이 등장하기 이전 쿠라이쉬 부족의 무역 활동이 어떠했는지 분명하게 말해주지 않는다.

크론은 질문을 던진다. 이처럼 혼란만을 주는 쿠란 해석이 과연 이슬람 이전 아라비아에 관해 정확한 정보를 제공하는 역사적 자료라고 볼 수 있을까? 이렇게 서로 다른 말을 하는 기록을 통해 실제 역사적 사실을 재구성할 수 있을까? 크론의 답은 "아니요"다.[11] 크론에 따르면 후대 주석과 기록은 쿠란에 언급되지 않는 실제 역사적 사실을 전하는 자료가 아니다. 쿠란 구절을 설명하기 위해 후대에 창작된 이야기다.[12]

쿠란의 수수께끼: 콘텍스트가 없는 텍스트

쿠란 106장을 둘러싼 서로 다른 해석은 쿠란의 모호하고 암시적인 서술이 제기하는 수수께끼의 한 예일 뿐이다. 쿠란은 역사적 사실이나 맥락에 관해서 거의 말하지 않는다. 이슬람이 등장한 배경, 무함마드의 생애, 무슬림 공동체의 초기 역사에 관해 쿠란에서 찾을 수 있는 정보는 매우 단편적이다. 쿠란이 어떤 배경에서 나타난 문헌인지도 쿠란만을 보고서는 알 수 없다. 이런 점에서 쿠란을 맥락을 알 수 없는 문헌, 즉 "콘텍스트가 없는 텍스트text without context"라고 부르기도 한다.[13]

물론 쿠란을 둘러싼 배경을 알려주는 자료가 아예 없는 것은 아니다. 방대한 쿠란 주석, 전승, 해설서는 쿠란 구절이 언제 계시되었으며 어떤 상황에서 계시되었는지 자세히 말해준다. 문제는 주석학자들도 정확한 의미나 맥락을 모르는 구절과 어휘가 있다는 것이다. 앞서 본 106장을 둘러싼 다양한 해석이 그 예다. 이뿐만 아니라 비무슬림이 무슬림의 지배 아래에서 살기 위해서는 세금을 내야 한다고 말하는 9장 29절에는 '안 야딘'an yadin'이라는 표현이 나오는데, 이 표현이 정확히 무엇을 의미하는지는 학자마다 의견이 달라 제시된 해석만 15개가 될 정도다.[14] 쿠란에는 기독교도, 유대인, 조로아스터교도 외에 사비운sabi'un, 즉 사비인이라는 사람들이 언급된다. 이들이 정확히 누구를 말하는지는 지금도 모른다.[15]

가장 처음 계시된 구절과 마지막으로 계시된 구절이 무엇인지도 의견이 갈린다. 일반적으로 96장 1~5절이 최초의 계시로 알려져 있지만, 알타바리의 주석에 따르면 76장 1~7절이 무함마드가 처음으로 받은 계시라고 말하는 사람들도 있었다. 한편 마지막으로 계시된 장과 구절이 무엇인지도

의견이 다양하다. 마지막 계시의 후보로는 5장, 9장 또는 110장이 주로 거론되며, 2장 281절을 마지막 계시로 보기도 한다.

마이클 쿡은 쿠란의 본래 의미가 후대 학자들에게 완전히 전달되었다면 이런 문제가 없었을 것이라고 지적한다. 쿠란이 처음 계시될 때에는 누군가는 어휘와 구절의 의미와 최초의 계시와 최후의 계시가 무엇인지를 분명하게 알았을 것이다. 그런데 무함마드가 사망하고 약 100~200년이 지난 뒤에 학자들은 왜 같은 쿠란에 대해 서로 다른 의견을 내놓은 것일까? 쿠란 어휘와 구절의 원래 의미를 담은 전승이 굉장히 이른 시기에 단절되었음을 뜻하는 것이 아닐까?[16]

그렇다면 쿠란에 관한 무슬림 기록 가운데 상당 부분은 우리만큼이나 쿠란의 본래 의미를 알지 못했던 후대 학자들이 쿠란 구절을 해설하기 위해 지어낸 이야기일 가능성도 있다. 이 가설이 사실이라면 무슬림 기록을 토대로 쿠란의 역사적 배경을 이해하려는 시도는 무의미하다. 무슬림 기록은 쿠란을 설명해주는 역사적 사실이 아니라 후대 무슬림이 쿠란과 관련하여 그럴듯하다고 생각한 이야기를 담고 있는 것이기 때문이다.

유대교와 기독교의 땅에서 등장한 쿠란

그렇다면 쿠란의 역사적 배경을 찾기 위해서는 주석에서 벗어나 쿠란 그 자체로 돌아갈 필요가 있다. 비록 쿠란이 친절한 문헌은 아니지만, 역사적 배경과 맥락에 관해 아예 침묵하는 것도 아니다. 쿠란이 제기하는 많은 수수께끼 가운데서도 쿠란을 통해 몇 가지 힌트는 얻을 수 있다.

쿠란이 유대교와 기독교 전통을 이미 친숙하게 여기던 환경에서 나타났다는 것은 분명하다. 쿠란은 여러 곳에서 유대인과 기독교도에게 말하고 유대교와 기독교 신앙을 비판한다. 쿠란이 앞선 계시를 확증하는 것이라는 구절(2장 97절, 35장 31절), 이미 신이 쿠란에 앞서 토라와 복음서를 내려 보냈다는 구절(3장 3절)은 쿠란이 계시되던 곳에는 토라와 복음서를 가지고 있거나 적어도 그것이 무엇인지 알고 있던 사람들이 있었다는 뜻이다. 쿠란은 유대인과 기독교도가 있던 곳에서 등장했다.

쿠란에는 또한 아담, 아브라함(이브라힘), 이삭(이스하크), 모세(무사), 요셉(유수프), 예수(이사) 등 성경에 등장하는 예언자들의 이야기가 담겨 있다. 쿠란이 말하는 대상은 분명히 성경 속의 예언자 이야기를 이미 알고 있는 사람들이었다. "모세의 이야기가 그대에게 이르렀느냐?"(79장 15절) "파라오의 군대에 관한 이야기가 그대에게 이르렀느냐?"(85장 17~18절)라고 묻는 부분은 모세와 파라오의 이야기가 이미 사람들에게 익숙한 것이었음을 말해준다. 모세와 파라오 이야기의 자세한 줄거리를 생략한 79장 15~26절은 사람들이 이미 이 이야기를 구체적으로 알고 있다고 가정하는 것처럼 보인다.

37장 133절부터 136절에는 롯과 소돔과 고모라의 이야기가 나온다. 하지만 성경과 달리 쿠란의 소돔과 고모라 이야기는 매우 불친절하다. 소돔과 고모라는 왜 멸망했을까? 왜 신은 롯을 구원했을까? 코란은 이에 대해 말해주지 않는다. 소돔과 고모라라는 이름조차도 나오지 않는다. 쿠란이 말하는 대상은 소돔과 고모라 이야기를 이미 잘 알고 있었기 때문에 쿠란이 굳이 자세히 설명할 필요가 없었던 것이 아닐까?

37장 135절은 늙은 여성이 뒤에 남아서 결국 멸망했다고 말하지만, 쿠란은 늙은 여성이 누구이며 왜 뒤에 남았는지는 설명해주지 않는다. 이 이야기를 이해하려면 구약성경 속 소돔과 고모라 이야기를 이미 알고 있어야 한다. 구약성경의 「롯기」에 따르면 롯의 아내는 소돔과 고모라를 빠져나오던 도중 천사들의 말을 듣지 않고 뒤를 돌아보다가 소금기둥이 되었다. 이 이야기는 쿠란에 전혀 나오지 않는다. 그럼에도 사람들은 쿠란의 이야기를 낯설어하지 않았다. 오히려 쿠란이 조상들이 이미 말했고 그들이 알던 설화에 불과하다고 말할 정도였다(6장 25절, 8장 31절, 68장 15절, 83장 13절). 쿠란이 어디에서 형성되고 계시되었든 그곳은 성경 속 이야기가 이미 널리 알려진 곳이었다.

쿠란에는 성경에는 나오지 않지만 중동 기독교도 사이에서는 널리 퍼져 있던 이야기도 있다. 18장 9~26절에 나오는 동굴 속의 사람들에 관한 이야기가 한 예다. 이 이야기에 따르면 한 무리의 청년들이 우상숭배가 만연한 세상을 피해 동굴 속으로 숨자 신은 그들을 깊은 잠에 빠지게 했다. 잠에서 깨어나 보니 309년이 지나 있었다. 쿠란의 이 이야기는 기독교를 믿는 청년들이 로마제국의 박해를 피해 동굴 속에 숨었다가 잠이 들었고 수백 년이 지나 로마제국이 기독교를 받아들인 뒤에 깨어났다는 시리아 기독교도의 전승과 거의 유사하며 실제로 시리아 기독교도를 통해 전파되었을 가능성이 크다. 무슬림 주석학자들도 이 구절을 해석하기 위해 기독교 전승을 참고했을 정도다.[17]

그러나 쿠란의 서술은 시리아 기독교도의 전승과 달리 모호하고 잘 이해가 되지 않는 부분이 많다. 한 예로 18장 9절에는 알라킴al-raqim이라는 단어가 나오는데, 이 단어의 정확한 의미도 주석마다 다르다. 동굴이 위치한 계곡이나 산을 말한다는 전승도 있고 동굴 입구에 걸린 명판을 뜻한다는 전승도 있다. 만약 알라킴이 명판을 의미한다면 갑자기 명판이 왜 나오는가? 이 구절의 출처라고 할 수 있는 기독교 전승에 따르면 청년들은 동굴에 자신들의 이름을 새긴 명판을 두었다.[18] 쿠란은 이 부분은 생략했다. 쿠란의 목적은 기존 전승을 되풀이하는 것이 아니라 사람들이 이미 잘 알던 이야기를 축약, 인용해서 메시지를 전달하는 것이었고, 이 구절을 듣던 사람들은 그런 세세한 점은 몰라도 이야기가 무엇을 말하고자 하는지 다 알았기 때문이었다.

쿠란에는 둘 카르나인Dhul-Qarnayn이라는 인물에 관한 이야기(18장 83~102절)가 있다. 이에 따르면 둘 카르나인(아랍어로 '뿔 두 개를 가진 사람')은 세상의 끝에 철벽을 세워 곡Gog과 마곡Magog 사람들을 가두었다. 쿠란은 최후 심판의 날이 오면 곡과 마곡 사람들이 풀려나 지상을 휩쓸 것이라고 예언한다. 쿠란의 이 부분은 시리아어(아람어의 방언)로 쓰인 이야기인 『알렉산드로스 대왕의 영광스러운 행적』과 거의 일치한다.

『알렉산드로스 대왕의 영광스러운 행적』에 따르면 알렉산드로스 대왕은 이마에 뿔 두 개가 솟아있었고, 곡과 마곡이라고 하는 왕들이 다스리는 훈족을 막기 위해 산악지역에 거대한 장벽을 건설했다. 알렉산드로스 대왕은 오랜 시간이 지나면 장벽이 무너지고 훈족이 풀려나 거대한 전쟁을 일으킬 것이지만, 궁극적으로는 로마인의 왕국이 승리하리라고 예언한다.[19] 알렉산드로스 대왕 이야기는 6세기 후반부터 7세기까지 이어진 동로마 제국과 페르시아의 전쟁과 관련된 것으로 추정된다. 알렉산드로스 대왕의 입을 통해 기독교도는 동로마 제국이 결국에는 페르시아를 상대로 승리할 것이라는 기대를 드러낸 것이다.[20]

그러나 쿠란은 알렉산드로스 대왕 이야기를 인용(조금 더 과격하게 말하자면 표절)하면서도 이야기가 전하는 메시지는 동로마 제국의 승리에서 최후

곡과 마곡을 가두기 위해 장벽을 세우는 알렉산드로스 대왕

『팔나마Falnama』 필사본의 삽화, 16세기에 페르시아에서 제작

아일랜드, 체스터 비티 도서관 소장

심판의 날에 관한 예언으로 바꾸었다. 쿠란의 목적은 성경이나 기독교 전승을 되풀이하는 것이 아니라 사람들에게 친숙한 이야기, 상징, 주제를 이용해 쿠란만의 고유한 메시지를 전달하는 것이었다. 이 점에서 쿠란은 성경이나 기독교 전승과 구분되는 쿠란만의 독창성을 가진다.[21]

사라진 사람들이 쿠란에 남긴 흔적, 외경과 유대-기독교

쿠란이 등장한 환경에는 우리에게 익숙한 성경을 사용하던 '정통' 유대교와 기독교 외에도 정통 유대교와 기독교에서 '이단'으로 간주된 신앙도 함께 존재했던 것 같다. 쿠란에는 오늘날 기독교에서 사용하는 정경에 포함되지 않는 문헌인 외경外經, Apocrypha의 영향을 받은 것으로 추정되는 구절이 있기 때문이다.

그중 하나는 예수의 탄생에 관한 이야기다. 쿠란 19장 22~26절에 따르면 마리아는 예수를 낳기 위해 외딴 곳으로 갔다. 그곳에서 마리아는 진통이 너무 심해 대추야자나무 가지를 잡고 차라리 죽었으면 좋겠다고 한탄한다. 이때 천사가 나타나 마리아에게 발밑에는 냇물이 흐르고 있고 나무를 흔들면 잘 익은 열매가 떨어질 것이라고 말하며 열매를 먹고 물을 마셔 마음을 평온하게 하라고 전한다. 그리고 누군가를 만나면 "오늘은 단식할 것을 신에게 맹세했으니 누구하고도 말하지 않겠다."고 말하라고 명령한다.

신약성경의 4대 복음서 어디에서도 위의 이야기와 비슷한 점을 찾을 수 없다. 그러나 비슷한 이야기가 외경『마태의 유년 복음서』에 나온다. 이에 따르면 요셉과 마리아는 헤롯왕을 피해 어린 예수를 데리고 이집트를 향하다가 대추야자나무 아래에서 쉬었다. 어린 예수는 마리아가 열매를 먹을 수 있도록 대추야자나무에게 가지를 굽히라고 말했고, 그러자 정말 가지가 마리아를 향해 굽어졌다.[22] 그러나 『마태의 유년 복음서』가 6세기 후반 또는 7세기 초반에 지중해 서부 라틴어권에서 쓰였으며 지중해 동부 지역에는 알려지지 않았음을 고려할 때, 쿠란이 『마태의 유년 복음서』의 영향을 받았다고 보기엔 어렵다. 중동 기독교도 사이에서 전해지던 이야기가 쿠란과 『마태의 유년 복음서』 모두에 영향을 주었을 가능성이 더 크다.[23]

이 외에도 쿠란에는 외경과 비슷한 이야기가 더 있다. 쿠란 19장 29~30절에 따르면 아기 예수는 요람 속에서 자신을 신이 성경을 준 예언자이자 신의 종이라고 말해 사람들을 놀라게 했다. 5세기 또는 6세기에 쓰인 것으로 추정되는 『시리아어 유년 복음서』에도 예수가 요람에서 자신이 신의 아들이고 말씀이며 가브리엘 천사가 마리아에게 전한대로 세상을 구원하기 위해 아버지가 자신을 보냈다는 이야기가 나온다.[24] 쿠란 3장 49절에서 예수는 자신이 진흙으로 새의 모양을 빚어 숨을 불어넣으면 살아 있는 새가 될 것이라고 선언한다. 『도마의 유년 복음서』에도 어린 예수가 진흙으로 만든 새에 생명을 부여해 날아가게 했다는 이야기가 있다.[25]

쿠란에 따르면 천사였던 사탄(쿠란에서는 이블리스Iblis)이 천국에서 쫓겨나 타락한 이유는 아담에게 절하라는 신의 명령을 거역했기 때문이었다. 이블리스가 거역한 이유는 자신은 불로 만들어졌기 때문에 흙으로 만든 아담에게는 절할 수 없다는 것이었다(쿠란 7장 11~12절, 15장 31~33절, 17장 61절, 38장 71~76절). 이와 비슷한 이야기가 유대교 외경(기독교도 외경이라는 설도 있다)인 『아담과 이브의 삶』에 있다. 이에 따르면 사탄은 최초로 창조된 존재기 때문에 가장 마지막에 창조된 아담에게 절할 수 없다고 거역해 신의 노여움을 샀다.[26] 사탄이 자신은 불로 창조되었으니 흙으로 만든 아담에게는 절할 수 없다고 말하는 이야기는 기독교 외경 『바르톨로메오 복음서』에 나온다.[27]

정통 기독교 신앙에서는 성부, 성자, 성령의 삼위일체를 말한다. 그러나 쿠란 5장 116절은 신과 예수와 함께 마리아를 신으로 경배하는 사람들을 비판한다. 삼위일체에서 성령이 있어야 할 자리에 마리아를 넣은 사람들은 누구였을까?

초기 기독교도 가운데에는 유대 기독교도라는 집단이 있었다. 유대교 율법은 지키면서 예수를 메시아로 믿는 사람들이었다. 이들이 직접 남긴 기록은 없지만, 초기 기독교 교부들이 인용한 기록은 남아 있다. 이에 따르면 유대 기독교도가 사용하던 『히브리 복음서』에는 예수가 나의 어머니를 성령이라고 지칭하는 부분이 있다. 그렇다면 쿠란에서 말하는 기독교도, 삼위일체를 신과 예수와 마리아로 믿던 기독교도는 바로 예수의 어머니를 성령으로 믿던 유대 기독교도가 아니었을까?[28]

쿠란이 기독교도를 부르는 명칭인 '나사라nasarah'는 시리아어로 쓰인 기독교 문헌에서 유대 기독교도를 가리키던 이름인 나스라이nasray에서 왔을 가능성도 있다. 쿠란의 '나사라'가 유대 기독교도라면 쿠란이 계시되기 전에 계시를 받은 사람들(즉 유대인과 '나사라')에게 허용된 음식은 무슬림에게도 허용된다는 쿠란 5장 5절도 설명이 된다. 기독교도 중 음식에 관한 규범을 가진 집단은 유대교 율법을 그대로 따르는 유대 기독교도뿐이기 때문이다.[29]

쿠란의 역사에 관한 도발적 해석

쿠란은 언제, 어디에서 등장했는가?

이처럼 쿠란이 성경과 유대교 및 기독교 전승이 널리 알려지고 친숙한 지역에서 등장했다고 볼 수 있는 여러 근거가 있다. 그 지역에는 주류 기독교도와 달리 외경을 사용하던 기독교 집단과 유대 기독교도 또한 있었던 것 같다. 문제는 쿠란이 계시되고 무함마드가 활동하던 아라비아의 히자즈 지역에 정말 유대인과 다양한 기독교도 종파와 유대 기독교도가 있었느냐는 것이다.

무함마드의 생애에 관해 후대에 쓰인 기록에는 유대인이 자주 등장한다. 그러나 히자즈에 유대인이 살고 있었다는 점을 입증할 쿠란 외의 다른 동시대 기록이나 고고학적 증거는 아직까지 발견되지 않았다. 마찬가지로 메카와 메디나에 기독교 전승이 널리 퍼질 정도로 많은 기독교도가 살고 있었다는 기록이나 증거도 없다. 그렇다면 쿠란은 히자즈보다 유대인과 기독교도가 더 많던 지역에서 형성되었다고 볼 수 있지 않을까? 예를 들면 팔레스타인 같은 곳 말이다.

가령 쿠란 37장 137절과 138절에는 이슬람에 관한 상식으로는 잘 이해가 되지 않는 이야기가 나온다. 이 부분에서 쿠란은 소돔과 고모라 이야기를 하면서 메카인들이 소돔과 고모라의 폐허를 "밤낮으로 지난다."고 말한다. 소돔과 고모라가 있던 팔레스타인은 메카와 1,000km가 넘게 떨어져 있고, 히자즈에 살던 사람들이 아침저녁마다 지나다닐 수 있는 거리가 아니다. 그렇다면 쿠란은 히자즈가 아니라 팔레스타인에 살던 사람들에게 말하는 것이 아닐까?[1]

이슬람의 기원에 관해 기존 통념으로는 쉽게 설명할 수 없는 쿠란 구절을 근거로 수정주의 학자들은 쿠란이 아라비아의 히자즈가 아닌 다른 곳에서 형성되었을 가능성을 제기한다. 대표적으로 존 완스브로는 쿠란이 메소포타미아, 즉 오늘날의 이라크 지역에서 완성되었다고 주장한다. 완스브로에 따르면 쿠란은 본래 한 권의 책이 아니었다. 오늘날 우리가 아는 형태의 쿠란은 유대교와 다양한 기독교 종파가 존재하고 경쟁하는 메소포타미아에서 유대교나 기독교와는 다른 일신교를 믿던 공동체 사이에서 전해지던 예언자의 어록이 합쳐져 만들어졌다. 유대인과 기독교도를 비판하고 새로운 신앙만이 올바른 진리라고 주장하는 구절들은 이처럼 다른 종교와 치열하게 경쟁해야 하던 상황에서 쿠란에 포함되었다.[2]

쿠란의 구성적 특징 또한 완스브로가 여러 어록과 전승이 모여 쿠란이 되었다고 보는 근거다.[3] 쿠란은 체계적으로 구성된 책이 아니다. 쿠란에서는 같은 내용과 주제가 여러 장과 절에서 비슷하게 반복되고, 장과 절을 배열하는 분명한 기준도 보이지 않는다. 1장을 제외하고 나머지 장은 시대순도 주제순도 아닌 길이순으로 배열되어 있고 앞선 장과 뒤따르는 장 사이에서 어떤 관련성을 찾아보기 어렵다. 한 장 속에 여러 주제가 섞여 있고 어떤 절에서는 주어가 1인칭 단수형으로 나타나다가 다른 절에서는 1인칭 복수형을 사용한다. 한 구절과 다른 구절 사이에 일관성이 없는 경우도 있다. 한 예가 74장이다. 74장은 전체적으로 짧고 간결한 절로 구성되어 있지만, 31절만은 다른 구절과 어울리지 않게 엄청나게 길다.

....

27. 지옥이 무엇인지 너희가 어떻게 알겠느냐?

28. 지옥은 무엇도 남겨두지 않고

29. 인간을 불태워 버리며

30. 그 위에 열아홉 천사가 있노라.

31. 신은 천사들을 지옥의 감시자로 두었으니 그 수를 정한 것은 불신자들에 대한 시련이자 경전의 백성들에게 확신을 주고 믿는 자들에게 믿음을 더 깊게 하고 경전의 백성들과 믿는 자들이 어떤 의심을 가지지 못하게 하기 위함이며 마음이 병든 위선자들과 불신자들이 "신이 그런 비유로써 원하는 것이 무엇이냐."고 말하도록 하기 위함이다. 이렇게 신은 그분께서 원하는 자를 방황하게 하시고 그분께서 원하는 자를 인도하시니 그분 외에는 누구도 그분의 감시자들을 알 수 없으니 이는 인간에게 주는 경고다.

32. 달에 걸고 맹세하고

33. 사라져가는 밤에 걸고 맹세하고

34. 밝아오는 새벽에 걸고 맹세하니

35. 실로 지옥은 가장 큰 재앙이며

....

31절이 본래는 74장의 일부가 아니었는데 어느 시점에 알 수 없는 이유로 74장에 삽입된 것은 아닐까? 이처럼 쿠란의 주제, 문체, 배열에서 통일성을 찾아보기 어려운 것은 완스브로의 주장대로 쿠란이 서로 따로 존재하고 전해지던 어록을 모아놓았기 때문은 아닐까?

그렇다면 예언자의 전승은 언제 쿠란이 되었을까? 완스브로는 아랍인들이 중동을 정복하고 약 200년이 지난 9세기에 현재와 같은 형태의 쿠란이 나타났다고 본다. 중동을 정복한 아랍인이 메소포타미아 지역의 유일신신앙으로부터 영향을 받는 과정에서 이름을 알 수 없는 어떤 예언자의 어록이 모여 아랍어로 된 쿠란이 되었다.[4] 쿠란과 마찬가지로 이슬람 또한 7세기 아라비아에서 예언자 무함마드에 의해 완성된 종교가 아니었다. 유대교와 기독교가 경쟁하고 유일신 신앙의 핵심 개념이 널리 전파되어 있던 중동의 종교적 환경에서 등장한 유일신 신앙이 점진적으로 발전하며 형성된 결과가 이슬람이었다.[5]

쿠란이 아랍 일신교의 경전이 되자 예언자가 아랍인이었으며 새로운 종교가 아라비아반도에서 태어났다는 '역사'가 만들어졌다. 쿠란 주석, 예언자 전기, 초기 무슬림 공동체의 역사에 관한 기록이 9세기 이후부터 등장한 것도 쿠란이 바로 그 시기에 나타나 경전으로 인정받기 시작했기 때문이다. 쿠란의 형성과 무함마드의 생애에 관한 무슬림 기록은 실제 역사가 아니라 후대 무슬림들이 자신들의 경전과 예언자, 공동체의 기원을 설명하기 위해 종교적 목적으로 창작된 "구원사salvation history"라는 것이 완스브로의 주장이다.[6] 그렇다면 무슬림 기록으로 쿠란과 이슬람의 기원을 설명하려는 시도는 모두 무의미하다. 기록이 전하는 것은 무슬림들이 상상한 자신들의 과거일 뿐 실제 역사적 사실이 아니기 때문이다.

완스브로는 초기 이슬람에 관한 기록의 신뢰성에 전면적으로 의문을 제기하고 쿠란이 9세기에 아라비아반도 밖에서 만들어졌다고 주장하며 학계에 큰 반향을 불러일으켰다. 완스브로는 이전까지 당연하게 여겨졌던 쿠란의 형성 과정에 근본적인 의문을 제기했다. 이러한 이유로 완스브로의 책이 출판된 1977년이 "쿠란 연구에서 중요한 해"라는 평가를 받기도 한다.[7] 공교롭게도 같은 해에 패트리샤 크론과 마이클 쿡이 완스브로와 같은 문제를 제기한 『하가리즘Hagarism』을 출판했다. 이 책에서 크론과 쿡은 초기 이슬람 역사를 올바르게 재구성하려면 신뢰성이 의심스러운 후대 무슬림 기록 대신에 동시대 자료에 의존해야 한다고 지적하고 초기 이슬람이 유대교 메시아 신앙의 영향을 받았다고 주장했다.

그러나 완스브로의 주장을 수용하기 어려운 이유가 있다. 적어도 7세기 후반에 만들어진 것으로 추정되는 초기 쿠란 사본들이 존재하기 때문이다. 1972년 예멘의 사나 대모스크에서 발견된 사나 사본이 대표적이고, 독일 튀빙겐대학교와 영국 버밍엄대학교에도 쿠란 초기 사본의 일부가 보관되어 있다. 방사성탄소연대 측정 결과에 따르면 이 사본들은 이르면 640년대, 늦어도 670년대에 제작된 것으로 추정된다. 측정치가 정확하다면 무함마드와 같은 시대를 살았던 사람들이 만들고 읽은 쿠란이 지금까지 남아

쿠란 2장 265~271절, 사나 사본
스탠퍼드대학교 소장

있으며 쿠란은 7세기에 이미 존재하고 있었던 것이다. 대표적인 수정주의 역사가 패트리샤 크론마저도 사나 사본에 관한 연구 결과가 발표된 뒤인 2014년에 쿠란의 형성에 관한 무슬림 전승을 의심할 이유가 없으며 7세기 후반에 완전한 형태의 쿠란이 존재했다는 것이 분명하다고 말할 정도다.[8]

우마이야 칼리프조의 칼리프 압둘 말리크Abdul Malik(재위 685~705년)가 691/692년에 예루살렘에 건설한 바위의 돔의 외벽과 명판에도 쿠란 구절이 있다. 바위의 돔에는 신의 유일성을 강조하고 기독교의 삼위일체 신앙을 비판하는 쿠란 구절이 쓰여 있다. 적어도 쿠란의 일부 구절은 이미 7세기 말이나 8세기 초에 종교적 선전 목적으로 사용될 수 있을 정도로 사람들 사이에서 널리 알려져 있었다고 추정할 수 있다.[9]

물론 이러한 증거가 7세기에 완전한 쿠란이 존재했다는 뜻이 아니라 완

3. 쿠란의 역사에 관한 도발적 해석

스브로가 말한 예언자의 어록을 담은 단편에 불과할 가능성은 있다.[10] 오차 범위가 50~100년에 이르는 방사선탄소연대 측정 결과만으로는 쿠란 사본이 제작된 시점을 정확하게 특정할 수도 없다는 문제도 있다. 초기 사본 발견도 탄소연대 측정도 여전히 쿠란 형성 시점에 관한 수수께끼를 완전히 풀어주지 못했다.

하지만 만약 쿠란이 정말 9세기에야 완성되었다면, 왜 쿠란에서는 정복과 제국의 탄생, 내전, 우마이야 왕조의 수립과 붕괴 등 7세기부터 8세기까지 일어났던 중요한 사건에 관한 어떠한 암시도 찾아볼 수 없을까? 쿠란이 정복 이후에 완성되었다면 정복과 승리, 왕조의 형성과 붕괴에 관한 예언이 하나쯤은 쿠란에 포함될 법도 하다. 쿠란이 신의 참된 계시이고 무함마드가 신의 진정한 예언자라는 점을 증명하기에 예언만큼 효과적인 것이 또 있겠는가? 무함마드가 정복과 무슬림 공동체의 분열, 압바스 칼리프조의 등장을 예언했다는 전승은 있다. 그러나 쿠란에는 무함마드가 사망한 이후에 일어난 사건에 관한 언급은 전혀 없다. 왜 그런 것일까? 그러한 사건이 일어나기 전에 이미 쿠란 본문의 형태가 갖춰져 있었기 때문에 정복과 정복 이후의 역사적 사건에 관한 언급이 끼어들 자리가 없었던 것은 아닐까?[11]

쿠란에 나타나는 유대교와 기독교의 영향 또한 쿠란과 이슬람이 등장한 땅을 굳이 아라비아 밖으로 끌고 가지 않더라도 설명할 방법이 있다. 외경을 사용하거나 유대교 율법을 지키는 기독교도가 7세기까지 시리아나 팔레스타인, 이라크 지역에 남아 있을 가능성은 작다. 주류 기독교도가 보기에 '이단'인 이들이 살아남을 수 있는 곳은 아라비아와 같은 중동의 변방 지역이었을 것이다. 실제로 5세기까지만 하더라도 기독교 교부들은 아라비아가 이단의 소굴이었다고 비난하기도 했다. 그렇다면 쿠란에 나타나는

기독교의 영향은 오히려 쿠란이 형성된 곳이 아라비아였다는 증거가 될 수도 있다.[12]

　오늘날 많은 학자는 무슬림 기록을 있는 그대로 받아들이기는 어렵다는 완스브로의 문제의식에는 공감한다. 그러나 쿠란의 형성과 이슬람의 기원에 관한 완스브로의 설명 역시 학계에서 일반적으로 수용되는 '정설'과는 거리가 멀다. 모두가 받아들일 수 있는 설명을 찾는 것은 아직도 학계가 마주한 과제로 남아 있다.

예언자의 계시가 완성된 쿠란이 되기까지

3대 정통 칼리프인 우스만의 명령에 따라 구전으로 전해지던 쿠란 구절이 한데 모여 유일한 정본定本이 만들어졌으며, 우스만 시대에 만들어진 쿠란 정본이 오늘날 무슬림이 사용하는 쿠란의 뼈대가 된 것으로 알려져 있다. 그러나 전승학자 알부하리Al-Bukhari(870년 사망)에 따르면 1대 정통 칼리프인 아부 바크르가 우스만보다 먼저 쿠란 정본을 만들었다. 아부 바크르는 무함마드의 서기였던 자이드 이븐 사비트Zayd ibn Thabit에게 쿠란 구절을 수집해 사본으로 만들 것을 지시했다.

　이렇게 만들어진 사본은 아부 바크르가 죽은 이후 2대 정통 칼리프인 우마르가 가지고 있다가 우마르가 사망한 뒤에는 우마르의 딸 하프사가 보관하고 있었다. 그러다가 우스만이 칼리프가 된 이후, 카프카스로 원정을 나간 이라크와 시리아 병사들이 올바른 쿠란 낭송법을 두고 다툼이 발생한 일이 있었다. 이에 우스만은 하프사의 사본을 바탕으로 최종적으로 쿠란 정본을 만들었고 나머지 사본은 모두 태워버렸다고 전한다.[13] 그런데 아부 바크르 때에 이미 쿠란이 한 권의 책으로 편찬되었다면 왜 병사들은 서로 다르게 쿠란을 읽었던 것이며, 왜 우스만은 새 정본을 다시 만들어야 했던 것일까?

이와 같은 이유로 현재 쓰이는 쿠란 정본이 우스만이 아닌 우마이야 칼리프조 시대에 이라크 총독을 지낸 알핫자즈 이븐 유수프(Al-Hajjaj ibn Yusuf, 714년 사망)에 의해 최종적으로 완성되었다고 보기도 한다. 이에 따르면 알핫자즈는 그가 제작한 사본을 정본으로 지정해 제국 각지로 보내고 나머지 사본은 모두 폐기했다. 심지어 기독교도 기록에서는 알핫자즈가 처음으로 쿠란 사본을 만들면서 많은 부분을 삭제하거나 덧붙인 인물로 언급된다.[14]

이미 우스만 시대에 쿠란 정본이 완성되었는데 왜 알핫자즈가 새로 정본을 만들어야 했을까? 먼저 모든 무슬림이 우스만 정본을 받아들이지 않은 것이 이유였다. 우스만 시대에 모든 사람이 한 사본을 정본으로 받아들이게 할 강력한 행정력이 존재했는지 의문이 있기 때문이다.[15] 실제로 이라크 쿠파 지역의 사람들은 자신들이 가진 사본이 더 정확하다는 이유로 우스만 정본을 받아들이기를 거부했다.

우스만 정본은 쿠란을 정확히 전달하기에도 한계가 있었다. 아랍어는 자음을 점의 개수와 위치로 구분한다. 가령 선 위에 점이 하나만 있으면 n(ن), 두 개가 있으면 t(ت), 세 개가 있으면 th(ث), 점이 아래에 한 개가 있으면 b(ب), 두 개가 있으면 y(ي)인 식이다. 하지만 초기 아랍 문자에는 자음을 서로 구분하는 점이 없었고 우스만 사본도 마찬가지였다. 원래 쿠란 구절을 이미 알고 있지 않은 한 우스만 정본만 가지고는 쿠란을 읽기 어렵기 때문에 알핫자즈는 자음을 구분하는 점을 추가했다. 또한 아랍어는 모음을 표기하지 않기 때문에 같은 단어도 서로 다른 방식으로 읽을 수 있다. 그래서 알핫자즈는 읽는 방식도 통일하기 위해 모음 부호도 덧붙였다.

그러나 우스만 정본과 마찬가지로 알핫자즈의 '정본'도 모든 무슬림들이 받아들이는 유일무이한 정본이 되지는 못했다. 쿠란을 읽는 방식은 알핫자즈의 정본 외에도 여러 개가 존재했으며, 9세기가 되어서야 이븐 무자히드Ibn Mujahid(860년 사망)라는 인물에 의해서 7개의 '정통' 독법이 확립된다. 오늘날 정본으로 쓰이는 쿠란은 이 7개 독법 중 하나를 따라 1924년 이집트에서 만들어진 판본이다.

기독교 문헌에서 이슬람의 경전으로

완스브로의 주장도 충분히 급진적이지만, 이후 몇몇 학자는 더욱더 급진적인 설명을 제기했다. 이들에 따르면 쿠란은 본래 기독교 성구집과 찬가 등을 모은 문헌이었으나 이후에 이슬람의 경전이 되었다.

권터 륄링Günter Lüling은 쿠란이 이슬람 이전 메카에 살던 기독교도가 사용하던 성구집과 찬가, 무함마드 시대에 추가된 부분, 그리고 무함마드 이후에 추가된 부분으로 구성되어 있다고 주장한다.[16] 륄링에 따르면 97장 1절에서 말하는 신이 쿠란을 계시했다는 '거룩한 밤laylat-qadr'은 크리스마스를 말하는 것이며, 무함마드가 받은 첫 계시인 96장 1절("읽어라, 만물을 창조하신 너희 주님의 이름으로!")부터 5절은 사실은 기독교 찬가였다.[17]

륄링은 메카 카바 성원에 아라비아의 다른 신상神像뿐만 아니라 예수와 마리아의 초상이 있었다는 전승을 메카에 기독교도가 있었다는 근거로 제시한다. 이 전승에 따르면 무함마드가 카바 성원에서 아라비아 다신교도가 믿던 신상을 파괴할 때 예수와 마리아의 초상만은 남겨두었다. 무함마드의 가장 큰 적은 다신교도가 아니라 삼위일체를 믿는 기독교도였고, 무함마드의 목적은 다른 무언가를 신과 같은 위치에 두지 않는 확고한 유일신 신앙을 세우는 것이 륄링의 주장이다.[18]

크리스토프 룩센베르크Christoph Luxenberg는 쿠란이 원래 아랍어가 아니라 아랍어 이전 중동에서 널리 쓰이던 아람어의 방언 중 하나인 시리아어로 쓰였다고 주장한다. 메카에는 아랍어와 시리아어가 섞인 언어를 쓰던 기독교도가 살고 있었으며, 따라서 쿠란 구절의 상당 부분은 시리아어로 해석해야 원래 의미를 알 수 있다는 것이 룩센베르크의 주장이다.[19]

일반적으로 학계에서 이루어지는 논의가 대중적 관심을 받는 일은 드물다. 그러나 룩센베르크의 주장 가운데 하나는 특히 대중의 주목을 받았다. 바로 천국에서 순교자들을 기다리고 있다는 '눈이 큰 여인들'(쿠란44장54절, 52장20절, 56장22절)에 관한 새로운 해석이다. 룩센베르크에 따르면 '눈이 큰 여인들hur 'in'은 원래 시리아어 단어며, 시리아어로 바꾸어 해석하면 '밝게 빛나는 포도hewara 'ayna'다.[20] 그리고 천국에는 밝게 빛나는 포도가 있다는 이야기는 4세기부터 시리아 기독교도 내에서 전해지고 있었다.[21] 따라서 '천국의 여인들'에 관한 구절은 시리아 기독교 전승이 시리아어를 통해 쿠란에 포함된 결과다.

륄링과 룩센베르크가 쿠란에서 기독교의 흔적을 읽어내기 위해 사용한 방법이 과연 타당한지는 의문이 따른다. 먼저 메카에 시리아어를 사용하는 기독교도 공동체가 존재했다는 근거가 없다. 메카에 많은 수의 기독교도가 살았다거나, 메카에서 시리아어와 아랍어가 혼합된 언어가 사용되었음을 입증할 문헌적, 고고학적 증거는 발견되지 않았다(물론 지금까지 메카에서 고고학 조사가 진행된 적이 없다는 점을 고려해야 하겠지만). 메카에 기독교도가 있었다는 것이 확인되지 않으면 륄링과 룩센부르크의 주장은 설득력을 잃는다.

다른 근거가 없는 상황에서 쿠란 구절에 대한 륄링과 룩센부르크의 창조적 재해석은 그들이 이미 내린 결론에 따라 자의적으로 해석한다는 비판을 피하기 어렵다. 특히 룩센부르크는 쿠란이 시리아어로 되어 있음을 보여주기 위해 단어를 임의로 바꾸기도 한다. '천국의 처녀들'에 관한 룩센부르크의 해석이 한 예다. 룩센부르크는 'hur'를 'hewara'로 읽어야 한다고 주장한다. 모음을 표기하지 않고 자음만 쓰는 아랍 문자는 쓰기는 'h-w-r'라고 쓰지만 'hur'라고도 또는 'hewara'로 읽을 수도 있다. 하지만 룩센베르크는 왜 'hur'를 'hewara'로 읽어야 하는지 타당한 근거는 제시하지 않는다.

왜 룩센베르크는 '천국의 처녀들'을 '밝게 빛나는 포도'로 읽으려고 한 것일까? 천국에 여성들이 기다리고 있다는 유혹은 적절하지 않다고 생각해서였을까? 실제로 천국의 여인들에 관한 쿠란 구절은 이슬람을 성적으로 문란하며 여성을 소유물로 취급하는 종교라고 비판하는 근거가 되기도 한다. 그러나 중요한 것은 쿠란이 21세기가 아니라 1400년 전의 책이라는 것이다. 쿠란이 21세기의 도덕관을 따라야만 하는 이유는 없다. 거칠고 열악한 삶을 살아야만 했고 금욕적 삶의 자세에는 전혀 흥미가 없었던 7세기 아라비아의 아랍인에게 비단옷, 황금, 과일, 야자수, 석류, 풍부한 음식, 숙취가 없는 포도주가 흐르는 강, 맑은 물에 아름다운 여인들이 있는 천국이야말로 가고 싶은 장소가 아니었을까? 새로운 신앙을 따른다면 사람들이 가장 바라던 곳으로 갈 수 있다는 약속만큼 효과적인 선교 방식이 있었을까? 천국, 그것도 아름다운 여인이 기다리는 천국을 약속하며 쿠란은 기독교나 유대교가 아닌 새로운 신앙이 지닌 매력을 강조한다.[22] 천국에 아름다운 여인이 기다리고 있다고 말하는 쿠란 구절 자체는 7세기 아라비아의 상황에서는 전혀 문제가 되지 않는다. 문제는 이 구절을 21세기에 7세기와 똑같은 방식으로 받아들이면서 나타나는 것이다.

뤼링과 룩센베르크는 '쿠란의 진정한 의미'를 밝혀냈다고 주장하며 이슬람의 기원에 관한 통념에 도발적 질문을 던지지만, 그들을 '반이슬람적'이라고 비난하는 것은 부당하다. 질문할 권리는 누구에게나 있으며 억압될 수 없기 때문이다. 설령 그 질문이 기존 관점을 뒤흔든다고 하더라도 합당한 근거만 있다면 질문 자체를 금지할 수는 없다. 어떤 학자가 특정한 종교적, 문화적 배경을 가졌다는 이유로 그가 제시한 연구 결과와 주장이 부정되어서는 안 된다. 즉 어떤 연구자가 쿠란 또는 초기 이슬람 역사에 관해 질문을 던질 때 그 연구자가 기독교도 또는 서구 출신이라는 이유로 질문 자체를 '이슬람에 대한 서구 기독교권의 위협'으로 단정할 수는 없다는 것이다. 진지한 질문은 합리적인 비판과 논쟁의 주제가 되어야 한다. 타당한 근거를 갖추었다면 질문이 단순히 통념에 부합하지 않는다는 이유만으로 반이슬람적인 주장으로 치부되고 배제되는 것은 올바른 학문적 자세가 아니다.

그러나 도발적인 모든 주장이 타당하고 옳은 것은 아니다. 그러한 주장을 아무 비판 없이 수용해 이슬람을 공격하는 근거로 이용하는 것 또한 무슬림들의 주장을 있는 그대로 받아들이는 것만큼이나 진지한 학문적 자세와는 거리가 멀다. 그러나 이슬람을 공격하기 위해 쿠란과 이슬람의 기원에 관한 도발적인 해석을 맹목적으로 따르는 사람들도 있다. 비판적 태도가 결여되어 있다는 점에서 이들도 쿠란 계시의 절대적 진리를 주장하며 모든 학문적 접근을 거부하는 사람들과 크게 다르지 않아 보인다.

역사 속 무함마드를 찾아서

사막에서 오아시스 찾기: 무함마드의 생애 재구성하기

현재 전해지는 무함마드 전기는 거의 모두가 8~9세기에 쓰인 것이다. 과거에 학자들은 무함마드 전기가 역사적 사실을 담고 있다고 생각했고 전기를 바탕으로 무함마드의 생애를 재구성했다. 그러나 무함마드 전기가 역사 기록이 아니라 쿠란을 해석하기 위해 후대에 만들어진 이야기라면 상황은 달라진다. 즉 어떤 구절이 어떤 맥락에서 계시되었는지를 설명하기 위해 쿠란과 무함마드의 생애를 연결하는 전승이 창작되었다고 볼 수도 있는 것이다.[1]

한 예로 쿠란 105장이 있다. 무슬림 학자들은 570년 남부 아라비아를 다스리던 에티오피아 장군 아브라하^{Abraha}가 코끼리 군단을 이끌고 메카를 공격했으나, 신이 새 떼를 보내 하늘에서 돌을 떨어뜨려 아브라하의 군대를 전멸시켰다고 전한다. 그리고 바로 이 해에 무함마드가 태어났다.

1. 너희 주님께서 코끼리의 백성들에게 한 것을 보지 못했느냐?
2. 신께서 그들의 계획을 좌절시키지 아니하셨느냐?
3. 신께서는 새 떼를 그들에게 보내시어
4. 돌무더기를 쏟아부었으니
5. 그들을 지푸라기처럼 꺾어놓았다.

그러나 위에서 보이듯이, 쿠란 105장에는 아브라하의 침공과 무함마드의 탄생을 연결할 수 있는 어떤 근거도 나오지 않는다. 애당초 무함마드와 아브라하라는 이름도, 이 사건이 언제 일어났는지도 언급되지 않는다. 105장만 보면 코끼리를 가진 무리가 있었고 신이 보낸 새 떼에 의해 전멸했다는 것만 알 수 있다.

에티오피아의 아브라하로 추정되는 인물이 히자즈 지역을 침공했다는 사실 자체는 동로마 제국의 역사가 프로코피우스^{Procopius}(565년 사망)의 기록과 1951년 사우디아라비아의 무라이간^{Murayghan}이라는 곳에서 발견된 비문에서도 확인된다. 문제는 이 증거들에 따르면 아브라하의 원정은 무함마드가 태어난 570년이 아니라 550년대에 있었다는 것이다.[2]

아브라하가 코끼리를 몰고 처들이온 해에 무함마드가 태어났다면 610년에 계시를 받을 때 그의 나이는 60세가 넘었을 것이다. 그러나 무슬림 전승은 무함마드가 나이 마흔에 계시를 받았다고 말한다. 그렇다면 가능성은 네 가지다. 무함마드가 570년에 태어난 것이 아닐 가능성, 계시를 받은 때가 610년이 아닐 가능성, 마흔이 되었을 때 계시를 받은 것이 아닐 가능성. 마지막으로 전승 모두가 후대에 창작된 이야기일 가능성, 무함마드가 코끼리의 해, 즉 570년에 태어났다는 이야기가 배경 상황에 관한 아무런 설명 없이 코끼리 이야기를 하는 쿠란 105장을 설명하기 위해 만들어낸 이야기일 수도 있다는 것이다. 무함마드가 나이 마흔에 계시를 받았다는 전승도 나이 마흔이 되어야 성년이 된다는 쿠란 46장 15절에 따라 만들어진 것이 아닐까?[3]

이와 같은 이유로 수정주의 역사가들은 무슬림 기록에서 벗어나 오직 쿠란만을 이용해 이슬람의 시작과 무함마드의 생애를 연구해야 한다고 본다. 이미 1926년에 아서 제프리Arthur Jeffery가 "쿠란만이 견고한 기반"이라는 말로 쿠란으로 돌아갈 필요를 강조한 바 있다.[4]

그러나 쿠란에서 얻을 수 있는 무함마드에 관한 정보는 극히 부족하다. 마이클 쿡의 말을 빌리자면 "우리가 추정할 수 있는 것은 주인공이 무함마드이고, 그가 아라비아 서부에 살았으며 자신이 예언자라는 주장을 사람들이 거부하자 매우 분개했다는 것뿐이다. 그러나 성지가 메카였는지, 무함마드가 메카 출신이었는지 확신할 수 없다. 무함마드가 야스립에 자리를 잡았다는 것도 오직 추정만 가능할 뿐이다."[5]

쿠란은 이슬람의 예언자가 언제 태어났고 계시를 받았는지, 어떻게 활동했는지 말해주지 않는다. 쿠란에는 무함마드라는 이름이 4번 나오지만, 이 중 무함마드를 신의 예언자라고 강조하는 3개 구절을 빼면 무함마드의 생애와 관련되어 보이는 구절은 단 하나, 33장 40절("무함마드는 너희들 중 누구의 아버지도 아니다.")이다. 무슬림 역사가들은 이 구절이 무함마드의 아들 4명이 모두 어른이 되기 전에 죽은 것과 관련이 있다고 해석하지만, 구절만

떼어놓고 보면 이런 구체적인 사건이 있었다고는 말하기 어렵다.

메카 무역에 관한 전승이 서로 다르듯이 무함마드의 생애에 관한 기록 역시 서로 일치하지 않는다. 한 예로 이븐 이스하크가 쓴 전기에 따르면 무함마드의 아버지 압둘라는 무함마드가 태어나기도 전에 죽었다. 그러나 무함마드가 태어나고 28개월이 되었을 때(또는 2개월이 되었을 때) 압둘라가 죽었다는 전승도 있다.[6] 압둘라는 대체 언제 죽었는가? 왜 무슬림 역사가들은 예언자의 아버지가 언제 죽었는지 정확히 알지 못하는가? 무함마드가 어렸을 때(또는 태어나기 전에) 아버지가 죽었다는 전승이 93장 6절("그가 고아인 너를 찾아서 피난처를 주지 않았느냐?")을 설명하기 위해 창작된 이야기는 아닐까? 그렇다면 이야기를 지어낸 사람이 누구냐에 따라 이야기의 세부적인 사실도 달라질 수 있는 것이다. 무함마드의 탄생, 계시, 히즈라, 사망이 모두 같은 날, 이슬람력 3월 12일 월요일에 일어났다는 믿기 어려운 전승도 지어낸 이야기라면 납득된다.[7]

그러나 전승 전체를 모조리 신뢰성이 없는 창작으로 치부하고 부정하는 것이 과연 타당한가? 그 수많은 전승이 모두 후대에 창작되는 것이 현실적으로 가능할까? 전승 중 일부라도 무함마드의 생애에 관한 실제 사실을 담고 있을 가능성은 정말 없을까? 이에 전승을 각기 따로 보고 신뢰성을 판단해야 한다는 의견도 있다. 즉 같은 사건을 전하는 여러 전승을 비교해 나머지 전승과 다른 이야기를 하는 전승을 찾아내고, 문제가 되는 전승이 전해진 경로와 다른 전승이 전해진 경로를 비교하면 전승들의 공통 출처가 무엇인지, 언제 새로운 내용이 추가되었는지를 파악할 수 있다는 것이다. 여러 전승이 공유하는 부분은 같은 출처에서 왔을 가능성이 크며, 전승이 전해지는 경로에서 한 전승이 나머지 전승과 달라지는 바로 그 지점이 원

래 전승에 새로운 내용이 추가되는 지점일 것이기 때문이다.[8]

　한 예로 이러한 방법을 쿠라이쉬 부족의 박해와 히즈라, 코란 본문의 수집 과정에 관한 여러 전승에 접목해보면, 여러 전승에서 공통된 내용은 이븐 쉬합 알주흐리Ibn Shihab al-Zuhri(742년 사망)와 우르와 이븐 알주바이르'Urwa ibn al-Zubayr(713년 사망)라는 사람까지 거슬러 올라간다. 무슬림 기록의 신뢰성에 회의적인 학자들의 주장과 달리 무함마드의 생애에 관한 전승이 7세기 말이나 8세기 초에 이미 존재했다는 뜻이다.[9] 그렇다면 무함마드와 함께 살았던 사람들로부터 전해진 이야기가 후대에까지 전해졌을 가능성을 완전히 배제할 수만은 없게 된다. 물론 전승이 7세기 말까지 거슬러 올라가더라도 그것이 정확하다고 할 수 있는지, 처음부터 이븐 쉬합과 우르와가 사실을 정확히 전했는지는 확신할 수 없다. 한때는 분명해 보였던 무함마드의 생애를 재구성하는 작업은 오늘날에는 드넓은 사막에서 오아시스를 찾는 것처럼 어려운 문제로 남아 있다.

무함마드라고 불린 예수

이슬람의 예언자의 이름이 정말 무함마드였는지는 이미 19세기 말의 동양학자인 알로이스 스프렝거Aloys Sprenger(1893년 사망)가 의문을 제기한 바 있다. 쿠란이 예수 뒤에 올 예언자의 이름을 명확히 밝히는 유일한 구절인 61장 6절에 따르면 예언자의 이름이 무함마드가 아니라 아흐마드이기 때문이다. 무슬림 전승에도 예언자의 원래 이름은 쿠삼Qutham이었으며, 메디나로 이주한 뒤에 무함마드라고 자칭했다는 이야기가 있다.[10]

여기서 더 나아가 몇몇 학자는 무함마드 전기의 신뢰성을 의심하는 것을 넘어 무함마드가 과연 실존 인물이었는지를 의심하기도 한다. 무함마드의 이름이 쓰인 가장 최초의 고고학 증거는 680년대에 이란 지역에서 발행된 주화이다. 무함마드가 사망한 뒤 약 50년 동안 무슬림들은 어떤 주화에도, 어떤 금석문에도 무함마드의 이름을 쓰지 않았다. 왜 그랬던 것일까?

예후다 네보Yehuda Nevo와 주디스 코렌Judith Koren의 답은 간단하다. 무함마드가 실존 인물이 아니라 7세기 후반에 창작된 가상의 인물이기 때문이다. 무함마드의 이름은 우마이야 칼리프조의 압둘 말리크가 다스리던 시기인 680년대에 만들어진 주화에서 처음으로 등장한다. 네보와 코렌에 따르면 압둘 말리크는 자신이 믿는 종교를 기독교와 차별화하고자 했고, 기독교도들이 신의 아들로 믿는 예수와는 다른 자신들만의 예언자가 필요해졌다. 이를 위해 무함마드, 즉 '신의 선택을 받은 자'라는 이름의 예언자가 만들어졌다. 무함마드라는 아랍어 단어는 문자 그대로 옮기면 '찬양을 받는 자'라는 뜻이지만, 네보와 코렌은 선택을 받은 자라고 해석했다.[11] 즉 무함마드는 역사 속에 살았던 실존 인물의 이름이 아니라 상상 속에 존재하는 예언자를 부르는 칭호였다.

무함마드가 실존 인물이었지만 우리가 아는 그 무함마드는 아니라는 주장하는 학자들도 있다. 볼커 포프Volker Popp와 카를헤인츠 올리흐Karl-Heinz Ohlig에 따르면 무함마드는 사실 예수의 다른 이름이었다. 뒷날 이슬람으로 알려지는 종교는 사실 기독교의 한 분파였고 찬양을 받는 자, 즉 무함마드는 이들이 예수를 부르는 칭호 중 하나였다. 쿠란 3장 144절("무함마드는 한 예언자일 뿐이다. 그 이전에 다른 예언자들도 왔다가 떠나갔다.")과 5장 75절("마리아의 아들 예수는 한 예언자일 뿐이다. 그 이전에 다른 예언자들도 왔다가 떠나갔다.")이 완전히 같은 것은 단순한 우연일까?[12] 무함마드는 메카에서 태어나 메디나에서 활동하던 사람이 아니었다. 삼위일체를 거부하고 예수를 신의 아들이 아니라 신의 선택을 받은 예언자로 여기던 아랍 유일신교도들이 예수를 부르던 다른 명칭이었다.

당연하게도 네보, 코렌, 포프, 올리흐의 충격적인 주장에는 비판이 뒤따랐다. 무함마드라는 이름이 주화나 기념비 등에 나타나지 않았다는 것이 무함마드가 실존 인물이 아니라는 뜻일까? 그러나 어떤 인물의 이름이 쓰인 증거가 없다는 것이 곧 그 인물이 존재하지 않았다는 뜻은 아니다. 국가가 주화를 발행하거나 통치자가 기념비를 세울 때 어떤 인물의 이름을 새겨 넣는다는 것은 정치적인 의도를 담고 있다. 고고학 증거에서 무함마드의 존재가 확인되지 않는 것은 무함마드를 예언자로 믿는 무슬림이 소수였던 7세기의 상황에서 통치자들이 그저 무함마드를 내세울 정치적 필요를 느끼지 못했기 때문일 수도 있다.[13]

무함마드의 이름이 새겨진 주화가 680년대에 처음으로 발행된 것을 이해하려면 시대적 배경을 살펴볼 필요가 있다. 680년대는 무슬림 사이에 치열한 내전이 벌어지던 때였다. 683년 히자즈 지역의 쿠라이쉬 부족의 지지를 받은 압둘라 이븐 알주바이르'Abdullah Ibn al-Zubayr(692년 사망)가 칼리프를 자처하며 압둘 말리크의 권력에 도전했다. 이븐 알주바이르의 근거지는 히자즈였지만, 이란 동부 지역의 무슬림도 그의 편을 들었다. 무함마드의 이름이 새겨진 주화도 바로 이란 동부 지역의 이븐 알주바이르 지지자들이 발행한 것이다.

왜 이븐 알주바이르의 지지자들은 주화에 무함마드의 이름을 새겨 넣은 것일까? 여기에는 정치적 의도가 담겨 있다.[14] 이븐 알주바이르의 세력은 자신들이야말로 무함마드의 적법한 후계자이자 무슬림의 진정한 지도자라는 것을 주장하기 위해 무함마드의 이름이 새겨진 주화를 선전 용도로 이용했다. 압둘 말리크도 이에 지지 않고 무함마드의 이름이 담긴 주화를 발행하기 시작했다. 680년대부터 무함마드의 이름이 주화에 등장하기 시작한 것은 무함마드가 그때 만들어졌기 때문이 아니라 바로 그때에 공동체의 적법한 지도자 자리를 둘러싼 경쟁에서 무함마드의 이름을 언급하는 것이 필요해졌기 때문이다.

무함마드 전기가 후대인들이 남긴 기록이라 믿을 수 없다면, 동시대 기독교도가 남긴 기록은 어떨까? 아랍인을 이끌던 무함마드라는 인물은 637년에 시리아어 성경의 한 귀퉁이에 쓰인 기록에서부터 640년 연대기, 660년의 『후지스탄 연대기』 등 무함마드와 거의 동시대에 살았던 기독교도가 남긴 기록에서도 확인된다. 661년 이후에 쓰인 것으로 추정되는 아르메니아 연대기에서는 무함마드가 원래 상인이었으며 유일신을 믿을 것을 가르치고 율법을 따르도록 했다는 점까지 찾을 수 있다. 아랍 예언자의 본명이 무엇이었든 그는 실존했고 동시대에 살았던 사람들은 그를 무함마드라고 불렀다.

동시대 기독교도가 본 무함마드는 결코 예수가 아니었다. 7세기 중반의 기록인 『새롭게 세례를 받은 야곱의 가르침』에서 말하는 '사라센의 예언자'는 예수가 아니라 칼과 전차를 몰고 온 거짓 예언자에 불과하다.[15] 아랍인이 예수를 무함마드로 불렀다면 다른 사람들도 아니고 기독교도들이 그것을 몰랐을까?

이집트 남부 아스완에는 압바사 빈트 주라이즈라는 여인이 살고 있었다. 그녀는 691년에 죽었다. 그녀의 비문에는 이렇게 쓰여 있다. "자비롭고

자애로우신 신의 이름으로, 실로 무함마드의 죽음은 이슬람의 사람들에게 큰 재난이었으니, 신께서 그분을 축복하시고 평화를 주시기를… 신은 오직 한 분이시고 그분과 같은 자는 아무도 없으며 무함마드는 그분의 종이자 예언자시다."[16]

이 비문이 8세기 후반 또는 9세기 후반에 만들어졌다고 보는 학자들도 있다.[17] 그러나 비문에는 분명히 이슬람력 71년, 즉 691년이라고 쓰여 있다. 무함마드가 누구였든 간에 그를 신이 보낸 예언자로 믿는 신앙은 7세기 후반 이집트 남부에 살던 평범한 사람이 분명히 표현할 정도로 이른 시기부터 널리 존재했다.[18] 무함마드가 완전한 가공의 인물이라면, 압바사의 묘비에서 나타나는 무함마드에 대한 깊은 애착심이 어떻게 그렇게 빠르게 사람들 사이에 널리 퍼질 수 있었는지 설명하기 어렵다.

고고학 증거를 바탕으로 무함마드가 실존하지 않았다고 주장하는 학자들이 가정하는 것과 달리, 고고학 증거라고 다 무슬림 기록과 충돌하는 것은 아니다. 한 예로 정통 칼리프인 우마르와 우스만이 실존 인물이었다는 점은 사우디아라비아에서 발견된 7세기 중후반의 비문에서도 확인된다.[19] 고고학 증거 그 자체가 역사적 사실을 있는 그대로 보여주는 것이 아니다. 결국 같은 증거와 자료를 어떻게 해석하느냐에 따라 완전히 다른 결론에 도달할 수도 있다. 그렇기에 다른 해석의 가능성을 배제한 채 주화나 기념비에서 무함마드의 이름이 보이지 않는다고 무함마드가 존재하지 않았다고 단언하기는 어렵다.

무함마드, 유대인의 학살자

무함마드의 생애에서 가장 비판을 받고 논란이 되는 사건을 꼽으라면 아마 무함마드가 메디나의 유대인에게 보여준 잔혹성일 것이다. 이븐 이스하크와 알와키디가 쓴 무함마드 전기에 따르면 메디나의 주요 유대인 부족인 카이누카Qaynuqa, 나디르Nadir, 쿠라이자Qurayzah 부족은 무함마드와 갈등한 끝에 결국 추방, 학살당하는 처지에 놓였다. 카이누카 부족은 624년 바드르 전투에서 무함마드가 승리한 이후 메디나에서 추방되었으며 이어 625년 우후드 전투가 끝난 뒤 나디르 부족이 추방되었다. 마지막까지 남은 쿠라이자 부족은 메카 쿠라이쉬 부족이 메디나를 포위했을 때 무슬림을 배신하고 쿠라이쉬 부족에 호응했다는 이유로 400~900명에 달하는 모든 성인 남성은 처형당하고 여성과 아이들은 노예로 팔렸다.

세 부족과의 충돌, 특히 쿠라이자 부족을 학살한 사건은 무함마드의 도덕성과 이슬람의 본질적 성격이 무엇인지에 관한 논쟁과 직결되어 있다. 이슬람에 부정적인 측에서는 이 사건을 이슬람이 본질적으로 타 종교에 배타적이며 폭력적인 종교라는 점을 보여주는 증거라고 주장한다. 반대로 이슬람을 옹호하는 측에서는 세 부족이 먼저 무함마드를 적대하고 배신했기 때문에 무슬림들은 자기 방어를 위해 세 부족을 추방하고 학살할 수밖에 없었다고 정당화하며, 이 사건 이후에는 무함마드가 유대인을 박해하지 않았다는 점을 강조한다. 또한 세 부족의 추방과 학살은 승자가 패자의 생사여탈권을 쥐는 당대의 일반적 관습에 따른 것이었다고 주장한다.

학자들은 무함마드와 유대인 부족 중 누구에게 책임이 있는지를 두고서도 다양한 의견을 제시해왔다. 특히 무함마드와 세 부족이 상호 불가침 협정을 맺었는지가 관건이다. 만약 세 부족이 먼저 협정을 위반한 것이라면 무함마드가 정당하게 처벌했다고 볼 여지가 있지만, 세 부족과 무함마드 사이에 어떠한 협정도 체결된 적이 없다면 무함마드의 잔혹한 행위는 비판을 피하기 어렵다.

메디나로 이주한 뒤 무함마드는 메디나 유대인과 서로를 적대시하지 않기로 약속하는 협정을 맺었다. 이븐 이스하크가 전하는 협정문에서 무함마드와 협정을 맺었다고 언급되는 유대인 부족 중에 세 부족은 없다. 그렇다면 세 부족은 처음부터 무함마드와 협정을 맺지 않은 것이 아닐까? 하지만 알와키디가 쓴 무함마드 전기에서는 세 부족이 무함마드와 협정을 맺었다고 나온다.[20]

연구자들의 견해는 다양하다. 먼저 무함마드는 아랍 부족의 보호를 받던 유대인하고만 협정을 체결했기에 다른 아랍 부족의 보호를 받지 않을 정도로 세력이 크던 세 부족은 처음부터 협정 대상이 아니었다는 해석이 있다.[21] 반대로 세 부족이 아랍 부족의 보호를 받았으며, 협정문에는 '~~ 부족의 유대인'이라는 식으로 간접적으로 언급되었다고 해석하는 학자들도 있다.[22] 메디나 문서 자체가 세 부족이 모두 쫓겨나고 학살당한 뒤에 체결되었거나,[23] 아니면 무함마드가 세 부족과 각기 따로 협정을 맺었으나 협정문만 전해지지 않았을 것이라는 추정도 있다.[24]

무함마드와 쿠라이자 부족 중 잘못이 누구에게 있는지도 의견이 갈린다. 쿠라이자 부족이 실제로 무함마드와 협정을 맺었기 때문에 협정 위반에 따른 책임도 쿠라이자 부족에게 있다거나 7세기 아라비아의 시대적 환경에서는 무함마드의 판결이 당연한 것이었다고 옹호하는 시각이 있다.[25] 반면에 무함마드가 쿠라이자 부족을 학살한 이유는 유대인 부족이 가진 부와 땅을 탐냈기 때문이며, 학살을 정당화하기 위해 쿠라이자 부족이 무슬림을 배신했다는 이야기를 지어냈다고 보는 학자들도 있다.[26]

세 유대인 부족의 추방과 학살에 관한 이야기 자체가 거짓이라는 의견도 있다. 이에 따르면 이 이야기는 마사다 항전과 같은 팔레스타인 유대인의 반反로마 항쟁과 반란 이야기를 토대로 만들어졌다.[27] 반대로 모셰 길 Moshe Gill 은 무함마드가 처음부터 반유대주의자였다고 노골적으로 비판하며 무슬림들이 무함마드를 변호하기 위해 세 부족이 먼저 협정을 위반했다는 전승을 꾸며냈다고 주장한다.[28]

하지만 완전히 다른 접근도 가능하다. 이븐 이스하크가 쓴 전기와 알와키디가 남긴 전기 모두 우리가 무함마드의 생애를 알기 위해 의존하는 핵심 사료지만, 두 기록이 일치하지는 않는다. 이븐 이스하크는 무함마드가 유대인 부족들과 협정을 맺었다고 말하지만, 이 협정에는 세 유대인 부족이 포함되어 있지 않다. 그러나 알와키디가 쓴 무함마드 전기에서는 메디나의 유대인 중 오직 세 부족만이 무함마드와 협정을 맺은 것으로 언급된다. 둘 중 어느 쪽이 사실일까? 메디나 유대인이 직접 남긴 기록이나 고고학적 증거와 같이 어느 한쪽의 신뢰성을 판별할 수 있는 다른 자료가 없는 상황에서 이 질문이 의미가 있을까?

이븐 이스하크와 알와키디 모두 과거 사실을 있는 그대로 전하기 위해 기록을 남기지 않았다. 고대와 중세시대의 많은 역사가처럼 이븐 이스하크와 알와키디도 특정한 의도와 목적을 위해 글을 썼다. 이븐 이스하크는 무함마드를 신의 진정한 예언자로 그려내고자 했다. 이에 따라 이븐 이스하크가 전하는 무함마드는 메디나의 유대인에게 새로운 신앙을 전달하고 유대인을 무슬림과 함께 하나의 공동체로 결속하기 위해 협정을 체결한다.

이 과정에서 나디르, 카이누카, 쿠라이자 부족은 무함마드를 예언자로 받아들이기를 거부했을 뿐만 아니라 오히려 적극적으로 조롱하고 비웃었기 때문에 처음부터 협정의 대상이 될 수 없었다.

반면에 알와키디는 무함마드의 탄생, 메디나로의 히즈라, 사망과 같은 개인 생애에 관해서는 말하지 않는다. 이븐 이스하크와 같은 출처에서 나온 자료를 참고하면서도 알와키디가 주목한 부분은 출정, 전투, 승리와 같은 무함마드의 군사적, 정치적 성과였다. 알와키디의 무함마드는 유대인을 새로운 신앙 공동체로 끌어들이는 데에 관심을 보이지 않는다. 알와키디의 무함마드에게 메디나 유대인 부족들은 무슬림과 별개로 살아가는 집단으로서 협상과 거래 상대일 뿐 신앙 공동체의 일원이 아니었다. 알와키디의 관심사는 메디나 유대인 중 가장 강력하고 정치적으로 중요하던 나디르, 카이누카, 쿠라이자 세 부족과 무함마드 사이의 정치적 관계였고, 따라서 알와키디는 무함마드와 세 부족 사이의 협정만 기록했다.

두 저자의 차이는 무함마드와 유대인 사이의 갈등에 관한 서술에서도 분명하게 나타난다. 이븐 이스하크에게 나디르, 카이누카, 쿠라이자 부족이 맞이한 결말은 인과 관계에 따라 설명되어야 할 문제가 아니었다. 그들은 신이 보낸 예언자의 계시와 경고를 거부하고 예언자를 적대했기 때문에 파멸했다. 반면에 알와키디는 세 부족이 무함마드와 맺은 협정을 위반했음을 강조한다. 카이누카 부족은 무슬림의 적을 돕지 않는다는 협정을 어기고 무함마드의 원정 정보를 메카인들에게 제공한 대가로 추방되었다. 나디르 부족은 무함마드를 암살하려고 시도해 협정을 위반했고 그 대가로 추방당했다. 마지막으로 쿠라이자 부족 역시 일방적으로 협정을 위반하고 무슬림을 공격한 대가로 몰살당했다. 심지어 알와키디는 쿠라이자 부족이 무함마드와 체결한 협정을 위반하면 대가를 치르게 될 것이라는 점을 이미 알고 있었다고 전한다. 알와키디의 서술에서 세 유대인 부족 모두 파멸의 원인은 그들 자신에게 있다.[29]

이븐 이스하크와 알와키디의 기록 사이에서 나타나는 차이를 바탕으로 리즈위 파이제르Rizwi Faizer는 무함마드와 메디나 유대인의 관계에 관한 두 저자의 서술은 서로 완전히 다른 목적을 위해 구성되었다고 지적한다. 즉 두 기록이 서로 다른 이유는 이븐 이스하크와 알와키디가 각기 다른 자료를 참고했기 때문이 아니라 서술 목적과 의도가 서로 달랐기 때문이다.[30] 조금 더 과격하게 표현하자면 두 저자는 각자의 목적에 따라 서로 다른 이야기를 만들어냈다고 할 수 있다. 무함마드가 세 부족과 충돌하고 결국 세 부족을 쫓아내고 학살했다는 것은 역사적 사실로 보인다. 이븐 이스하크와 알와키디 모두 그러한 사건 자체가 있었다고 공통적으로 전하기 때문이다. 그러나 참고할 수 있는 기록 모두가 그 신뢰성을 확신할 수 없는 상황에서 누가 잘못했는지, 무함마드가 정말 잔혹한 반유대주의자였는지 단언하기는 어려워 보인다.

'믿는 자'에서 무슬림으로

무함마드와 메디나의 유대인: "무슬림과 유대인은 한 공동체다"

622년, 메카 쿠라이쉬 부족의 박해를 피해 무함마드는 추종자들을 거느리고 야스립, 훗날 메디나라고 불리는 곳으로 떠났다. 이븐 이스하크의 전기에 따르면 무함마드는 메디나 주민들과 협정을 체결하고 최초의 무슬림 공동체를 세웠다. 메디나 문서, 메디나 협정, 또는 거창하게 '메디나 헌법'이라고까지 불리는 이 협정은 무함마드를 신의 예언자이자 공동체의 지도자로 규정하고 무함마드의 추종자들과 메디나 주민들이 서로를 보호하고 협력할 의무를 지닌다고 명시했다.

무함마드의 생애에 관한 무슬림 기록을 역사적으로 신뢰하기 어렵다고 보는 학자들도 메디나 문서만큼은 실제 무함마드 시대에 작성된 글일 가능성이 크다고 보고 있다. 대표적인 수정주의파 학자인 패트리샤 크론마저도 메디나 문서를 "폐허 가운데 견고히 서 있는 바위"라고 표현하며 신뢰성을 인정할 정도다.[1] 그렇다면 왜 메디나 문서만은 무함마드 시대의 사료로서 인정받는 것일까?

먼저 메디나 문서가 8~9세기의 후대 무슬림 학자들에게도 낯설고 이해하기 어려운 고어古語로 쓰였다는 점이 한 가지 이유다. 그러나 무엇보다도 메디나 문서에는 후대 무슬림이라면 절대 쓰지 않을 표현이 들어 있기 때문이다. 메디나 문서는 무함마드를 따르는 사람들과 유대인이 모두 한 움마ummah, 즉 한 공동체에 속한다고 말한다.

무슬림과 유대인을 분명히 구분하는 오늘날의 시각에서 무슬림과 유대인이 한 공동체에 속한다는 말은 쉽게 이해하기 힘들다. 그러나 메디나 문서는 무슬림과 유대인을 구분하는 경계가 무함마드 시대에는 오늘날처럼 분명하지 않았을 가능성을 내비친다. 이뿐만 아니라 무함마드 시대에는 쿠란을 신의 계시로, 무함마드를 신의 예언자로 믿는 사람들이 유대인과 분명히 구분되는 정체성을 가진 '무슬림'이라는 집단으로 존재하지 않았을 가능성도 있다.

이러한 주장을 뒷받침하는 근거는 쿠란과 메디나 문서이다. 쿠란 그리고 메디나 문서에서 신을 믿는 사람들을 가리킬 때 주로 사용하는 표현은 무슬림이 아니라 '무으민mumin', 즉 '믿는 자'다. 쿠란에서 무슬림이라는 단어가 75회 언급되는 반면 무으민 또는 같은 어원에서 파생된 표현은 1,000회가 넘게 나타난다.[2] 메디나 문서에서도 무슬림은 단 3번 사용될 뿐이지만 무으민은 24번 사용된다. 그리고 메디나 문서는 유대인이 무으민과 같은 공동체에 속한다고 분명히 말하고 있다. 그렇다면 유대인 또한 무함마드를 예언자로 믿는 사람들의 공동체에 함께할 수 있었다는 의미가 아닐까?[3]

그렇다면 무함마드의 시대에 무슬림은 누구를 말하는 것이었을까? 프레드 도너Fred Donner는 이슬람 초창기에는 무슬림 또는 이슬람이 고유명사가 아니었다고 주장한다. 아랍어로 무슬림은 '(신에게) 복종하는 자', 이슬람은 '(신에 대한) 복종'을 의미한다. 따라서 무슬림과 이슬람은 신에게 복종하는 사람과 복종하는 행위를 통틀어서 가리키는 일반명사로도 사용될 수 있다.

실제로 쿠란에서는 무슬림, 이슬람 그리고 두 단어의 원형인 '복종하다(아슬라마aslama)'는 다양한 의미로 쓰인다. 쿠란 49장 14절은 자신들이 신을 믿는다고 말하는 아랍 유목민들에게 무함마드가 "너희들은 믿는 것이 아니라 다만 복종한 것"이라고 말하며 복종과 믿음을 구분하기도 한다. 동시에 쿠란에서는 무슬림이 기독교도와 유대인을 모두 포함하는 의미로 사용되기도 한다. 경전을 가진 백성, 즉 기독교도와 유대인이 "우리는 신에게 복종하는 사람(즉 무슬림)이다."라고 말하는 구절이 그 예다(29장 46절). 경전의 백성들 가운데에도 신과 계시를 진정으로 믿는 사람들이 있다고 말하는 3장 199절도 기독교도와 유대인 중에서 적어도 일부는 무함마드를 따르는 사람들과 함께했다는 의미로 해석할 수 있다.

한편 메디나 문서에는 유대인과 무슬림 모두 각자의 종교din(또는 법)를 가진다는 내용이 있다. 그렇다면 여기서 말하는 무슬림은 누구일까? 도너에 따르면 무함마드가 메디나에서 만든 무으민 공동체는 크게 두 집단으로 구성되어 있었다. 한 집단은 유대인이었고, 나머지는 원래 다신교도였다가 무함마드의 가르침에 따라 유일신 신앙을 가지게 된 사람들이었다. 도너는 바로 후자가 메디나 문서에서 무슬림으로 지칭된 집단이라고 본다.[4] 즉 무슬림은 기독교도와 유대인 등 유일신 신앙을 가진 모든 사람을 아우르는 명칭으로 무으민과 같은 의미를 가진 동시에 무으민 공동체 내의 한 집단을 가리키기도 하는 것이다. 이러한 점에서 무함마드 시대에 메디나 공동체는 자신들의 고유한 종교와 법을 지키는 유대인까지 아우르는 열린 공동체였다고 말할 수 있다. 심지어 메디나 문서가 "이슬람에서 종교적 다원주의를 제도화"하는 결과를 가져왔다고 주장하는 학자도 있다.[5]

　이런 점에서 보면, 무함마드가 메디나에서 만든 '무슬림' 또는 무으민 공동체는 21세기에나 있을 법한 종교적 개방성과 다양성을 추구하는 공동체였던 것처럼 보인다. 그러나 이에 의문을 표하는 학자들도 많다. 도너는 유대인과 기독교도에 우호적인 쿠란 구절을 예로 들지만, 쿠란에는 유대인과 기독교도를 비판하는 구절도 많다. 5장 66절은 많은 기독교도와 유대인이 잘못된 짓을 하고 있다고 꾸짖으며, 4장 46절은 유대인 중 오직 소수만이 올바른 믿음을 가지고 있다고 말한다. 4장 171절, 5장의 17절, 72절, 73절은 기독교의 삼위일체 신앙이 잘못된 것이라고 비판한다. 이 구절들은 무함마드를 신의 예언자로 믿는 올바른 신앙을 가진 사람들과 잘못된 신앙을 고수하는 기독교도와 유대인을 분명히 구분하고 있다. 도너는 쿠란이 구전으로만 전해지던 무함마드 시대에는 이러한 구절들이 공동체 내에서 널리 알려지지 않았을 가능성이 있다고 주장하지만, 주장을 뒷받침할 구체적인 근거는 제시하지 않는다.[6]

　메디나 문서를 무함마드의 공동체가 종교적으로 개방되고 유대인도 진정한 일원으로 받아들였다는 증거로 볼 수 없다는 비판도 있다. 메디나 문서는 무함마드가 유대인을 건드리지 않는 대가로 유대인은 무함마드에게 자금을 지원하고 메카 쿠라이쉬 부족을 돕지 않는다는 약속을 담고 있다. 이는 무함마드와 추종자들이 메카 쿠라이쉬 부족의 위협에 맞설 동맹이 필요해서 유대인과 일시적으로 협약을 맺은 것일뿐, 유대인을 공동체의 일원으로 받아들이려고 한 것이 아니었다는 의미로 해석될 수 있다. 유대인이 무함마드의 추종자들과 함께 공동체를 구성한다는 말에 거창한 의미를 부여해서는 안 된다는 것이 비판 측의 입장이다.[7]

메디나 문서가 유대인과 '무슬림'이 각자의 종교/법을 가진다고 말하는 점 또한 무함마드 시대에도 유대인이 무슬림과 다른 종교와 법을 가진 집단으로 인식되었을 가능성을 보여준다.[8] 자료가 극히 부족한 상황에서 무함마드 시대에 무슬림이 정확히 어떤 집단을 말하는 것이었는지, 무슬림과 유대인의 관계는 어땠는지는 여전히 어려운 문제로 남아 있다.

초기 이슬람 신앙의 모호한 형태

7세기 무슬림들이 신앙을 실천하는 방식이 오늘날 우리가 알고 있는 이슬람과는 달랐다고 볼 수 있는 증거는 많다. 무슬림이라는 이름부터가 그렇다. 무슬림과 비무슬림의 구분이 현재처럼 분명하지 않았을 가능성은 메디나 문서뿐만 아니라 기독교도 기록에서도 나타난다. 기독교도는 무슬림 공동체에 참여하고 무슬림은 기독교도 성인의 축복을 받았으며 유대인은 무슬림의 정복을 구원으로 여기고 칼리프 우마르를 '이스라엘의 친구'라고 불렀다(2부 2장 참고). 심지어 무슬림이 교회에서 기독교도처럼 동쪽을 향해 예

배를 드리는 경우도 있었다.[9]

　이런 점에서 7세기에 무함마드를 예언자로 믿던 사람들을 기독교도나 유대인과 구분되는 의미로써 '무슬림'이라고 부르는 것은 적절하지 않을 수도 있다. 이들은 자신들을 무슬림이 아니라 믿는 자들, '무으민'이라고 불렀을 가능성이 크다. 677년 칼리프 무아위야Mu'awiyah(재위 661~680년)가 사우디아라비아 타이프 지역에 댐을 건설하면서 세운 비문에서 무아위야의 칭호는 '무슬림들의 지도자'가 아니라 '믿는 자들의 지도자(아미르 알무으미닌amir al-muminin)'다. '믿는 자들'의 공동체는 무함마드를 신의 예언자로 믿는 사람들 외에도 유일신을 믿는 모든 사람을 포함했다. 이러한 공동체를 다스리는 통치자가 공동체 구성원 중 일부만이 예언자로 인정하는 무함마드를 전면으로 내세울 이유는 크지 않았을 것이다. 주화나 기념비에서 무함마드의 이름이 나타나지 않는 것은 이러한 이유 때문이 아닐까?[10]

　무함마드를 예언자로 믿던 사람들이 수행하던 종교 의례 또한 지금과는 달랐을 가능성도 있다. 신은 한 분이시고 무함마드는 신의 예언자라는 신앙고백, 즉 샤하다shahadah도 지역에 따라서 조금씩 달랐다. 기독교도 인구가 많은 이집트나 시리아 지역의 샤하다에는 삼위일체 신앙을 명백히 부정하는 내용이 포함되었지만, 이라크와 이란 지역의 샤하다에는 그런 내용이 포함되지 않았다.[11]

　무슬림은 하루에 다섯 번 예배한다고 알려져 있지만, 처음부터 그러지 않았을 수도 있다. 쿠란이 하루 다섯 번 예배하라고 분명히 말하지 않기 때문이다. 쿠란 11장 114절에 따르면 예배 횟수는 하루 세 번이며, 20장 130절에 따르면 해가 뜨기 전과 해가 진 후, 밤과 낮 총 네 번이다. 무함마드 시대에는 예배 횟수가 오늘날과 달리 하루 다섯 번이 아닐 가능성도 있다는 뜻

이다.[12]

　예루살렘은 오늘날에도 메카와 메디나와 함께 이슬람의 성지이지만, 이슬람 초창기에는 지금보다 더 중요하게 여겨졌던 곳이었을 가능성도 있다. 무함마드는 메카에서 포교할 때에는 예루살렘을 향해 예배를 드렸고 메디나로 옮겨간 이후에야 메카를 향해 예배하기 시작했다. 기독교도 기록에 따르면 예루살렘을 점령한 이후 무슬림들은 과거 유대교 성전이 있었던 성전산에 사원을 건설했으며 무아위야는 예루살렘에서 대관식을 거행했

예루살렘, 바위의 돔

다. 아르메니아 연대기에서는 무함마드가 아랍인에게 '약속된 땅'인 팔레스타인을 내놓으라고 동로마 제국 황제에게 요구하기도 했다.[13]

이슬람 초창기에 무슬림들이 예루살렘을 중요하게 여겼을 가능성을 보여주는 또 다른 증거는 691~692년에 건설된 바위의 돔이다. 압둘 말리크가 왜 예루살렘 성전산 위에 이 건물을 세웠는지는 여전히 논쟁거리다. 가장 일반적인 설은 무함마드의 야간 여행을 기념하기 위해서 지어졌다는 것이다. 쿠란 17장 1절에 따르면 무함마드는 하룻밤 사이에 메카에서 '가장 먼 곳의 모스크', 즉 예루살렘까지 갔다. 이어 무함마드는 예루살렘의 한 바위 위에서 천국으로 올라가서 모세와 다른 예언자들을 만났다고 한다. 그러나 정작 바위의 돔에 쓰인 글 어디에서도 무함마드의 야간 여행에 관해 언급하지 않는다는 점에서 이 설은 설득력이 떨어진다.[14]

압둘 말리크의 적이었던 이븐 알주바이르가 메카와 메디나를 통제하는 상황에서 압둘 말리크가 예루살렘을 새로운 순례지로 만들기 위해 바위의 돔을 세웠다고 전하는 기록도 있다. 그러나 이 기록은 우마이야 칼리프조에 적대적이었던 역사가들이 압둘 말리크를 메카 성지의 신성함을 모독한 인물이라고 비난하기 위해 만들어낸 이야기일 가능성이 크다.[15] 한편 건물 외벽과 내벽에 쓰인 삼위일체 교리를 비판하는 쿠란 구절에 주목하여 바위의 돔이 기독교 신앙을 비판하고 이슬람의 승리를 과시하기 위한 건축물이라는 보는 시각도 있다.[16]

스테판 슈메이커Stephen Shoemaker는 이슬람 초창기에는 예루살렘이 무슬림의 순례지였으며, 바위의 돔이 바로 순례가 이루어지던 장소였다고 주장한다.[17] 실제로 바위의 돔은 건물 한가운데에 있는 바위를 따라 원을 그리며 돌게 되어 있는데, 이는 메카 대모스크에 있는 검은 돌, 즉 카바를 가운데에 두고 원을 그리며 도는 현재의 순례 방식과 매우 유사하다. 체이스 로빈슨Chase Robinson 또한 7세기 후반에 메카 순례가 이루어졌다는 근거가 없다는 점을 지적하며 이슬람 초창기에는 메카 대신에 예루살렘이 무슬림의 순례지였을 가능성을 제기한다. 이처럼 초창기 무슬림들이 중요하게 여기던 예루살렘과 팔레스타인 지역은 시리아와 팔레스타인에 근거지를 둔 우마이야 칼리프조가 무너지고 이라크 바그다드를 수도로 하는 압바스 칼리프조가 세워지면서 그 중요성이 줄어들었다. 이슬람의 성지로서 메카의 입지는 이런 변화 속에서 정착된 것으로 보인다.[18]

압둘 말리크 시대에 큰 변화가 있었다는 것은 주화에서도 나타난다. 동로마 제국과 페르시아 황제의 초상이 새겨진 주화는 정복 이후에도 계속해서 사용되었다. 그러나 압둘 말리크는 쿠란 구절을, 특히 삼위일체 신앙을 비판하는 구절(쿠란 112장, "신은 누군가에 의해 태어나지도, 누군가를 낳지도 않으신다.")을 새긴 주화를 새롭게 발행해 새로운 통치 질서의 정체성과 신앙이 무엇인지를 분명히 드러내기 시작했다. 이처럼 압둘 말리크 시대는 무함마드를 예언자로 믿는 사람들이 자신들은 무슬림이고 자신들이 믿는 종교는 기독교와 유대교와 다른 종교, 즉 이슬람이라는 인식을 분명히 표현하기 시작한 시기였다.

무함마드 이후 약 70년에 걸쳐 믿는 자들은 무슬림으로 변해갔고, 믿는 자들의 신앙은 우리가 아는 형태의 이슬람으로 모습을 갖춰나가기 시작한다. 이슬람의 시작에 관해 아직 많은 질문이 남아 있지만, 이슬람이 하루아침에 완성되지 않았다는 것만큼은 분명하다.

5. '믿는 자'에서 무슬림으로

1. 수정주의 역사학, 전통에 도전하다

1   Markus Gross. "Early Islam: An Alternative Scenario of Its Emergence." In *Routledge Handbook on Early Islam*, edited by Herbert Berg, London and New York, 2018, 322.

2   Aaron W. Hughes. "Religion without Religions: Integrating Islamic Origins into Religious Studies." *Journal of the American Academy of Religion* 85, no. 4 (2017): 874.

2. 쿠란, 수수께끼가 가득한 책

1   Montgomery Watt. *Muhammad at Mecca*, Oxford: Oxford University Press, 1953, 3.

2   위의 책, 24-25.

3   Maxime Rodinson. *Muhammad*, translated by Anne Carter. Harmondsworth: Penguin Books, 1985, 36.

4   Rodinson, 위의 책, 81.; Watt 1953, 19-20.

5   Stephen J. Shoemaker. "Muḥammad." In *Routledge Handbook on Early Islam*, edited by Herbert Berg, London and New York: Routledge, 2018, 54.

6   Patricia Crone. *Meccan Trade and the Rise of Islam*, Piscataway: Gorgias Press, 2004.

7   위의 책, 23-25.

8   위의 책, 98-108.; 157-162.

9   위의 책, 205-206.

10   위의 책, 206-208.

11   위의 책, 210-211.

12   위의 책, 213.

13   F. E. Peters. "The Quest of the Historical Muhammad." *International Journal of Middle East Studies* 23 (1991): 300.

14   M. J. Kister. "'*An Yadin*'(Qur'an IX. 29): An Attempt at Interpretation." *Arabica* 11 (1964): 274.

15   Alena Kulinich. " 'Textual Encouters': The Sabians in Qur'ānic Exegesis." 『인문논총』 75권 4호 (2018): 19-31; Gabriel Said Reynolds. *The Qur'ān and Its Biblical Subtext*, London and New York: Routledge, 2010, 20-21.

16   Michael Cook. *The Koran: A Very Short Introduction*, Oxford: Oxford University

Press, 2000, 139.

17 Sidney Griffith. "Christian Lore and the Arabic Qur'ān: The "Companions of the Cave" in Sūrat al-Kahf and in Syriac Christian tradition." In *The Qur'ān in Its Historical Context*, edited by Gabriel Said Reynolds, London and New York: Routledge, 2008, 121, 130.

18 위의 글, 125.

19 Kevin van Bladel. "The Alexander Legend in the Qur'ān 18:83-102." In *The Qur'ān in Its Historical Context*, edited by Gabriel Said Reynolds, London and New York: Routledge, 2008, 178-180.

20 위의 글, 189-190.

21 위의 글, 195.; Griffith, 127.

22 『마태의 유년 복음서』를 포함한 외경 원문은 http://www.gnosis.org/library/cac.htm 또는 http://www.earlychristianwritings.com/apocrypha.html 에서 볼 수 있다.

23 Stephen J. Shoemaker. "Christmas in the Qur'an: the Qur'anic Account of Jesus' Nativity and Palestinian Local Tradition." *Jerusalem Studies in Arabic and Islam* 28 (2003): 15-22.

24 http://www.gnosis.org/library/infarab.htm; Cornelia Horn. "Jesus, the Wondrous Infant, at the Exegetical Crossroads of Christian Late Antiquity and Early Islam." In *Exegetical Crossroads: Understanding Scripture in Judaism, Christianity and Islam in the Pre-Modern Orient*, edited by Georges Tamer, Regina Grundmann, Assaad Elias Kattan and Karl Pinggéra, Berlin: De Gruyter, 2019, 34-35.

25 http://www.earlychristianwritings.com/text/infancythomas-hock.html; Cornelia Horn. "Syriac and Arabic Perspectives on Structural and Motif Parallels Regarding Jesus' Childhood in Christian Apocrypha and Early Islamic Literature: the 'Book of Mary', the Arabic Apocryphal Gospel of John and the Qur'ān." *Apocrypha* 19 (2008): 282.

26 Segey Minov. "Satan's Refusal to Worship Adam: A Jewish Motif and Its Reception in Syriac Christian Tradition." In *Tradition, transmission, and transformation from Second Temple literature through Judaism and Christianity in Late Antiquity*, edited by Menahem Kister, Hillel Newman, Michael Segal, and Ruth Clements, Leiden: Brill, 2015, 232.

27 위의 글, 248, 257.

28 François de Blois. "Naṣrānī (Ναζωραῖος) and ḥanīf (ἐθνικός): studies on the religious vocabulary of Christianity and of Islam." *Bulletin of the School of Oriental and African Studies* 65, no. 1 (2002): 15.

29 위의 글, 8, 15.

3. 쿠란의 역사에 관한 도발적 해석

1   Nicolas Sinai. *The Qur'an: A Historical-Critical Introduction*, Edinburgh: Edinburgh University Press, 2017, 59.

2   Herbert Berg. "The Implications of, and Opposition to, the Methods and Theories of John Wansbrough." *Method & Theory in the Study of Religion* 9, no. 1 (1997): 10.

3   Harald Motzki, "Alternative Accounts of the Qur'ān's Formation." In *The Cambridge Companion to the Qur'ān*, edited by Jane Dammen McAuliffe, Cambridge: Cambridge University Press, 2006, 60.

4   위의 글, 61.; Berg 1997, 10.

5   G. R. Hawting. "John Wansbrough, Islam, and Monotheism." *Method & Theory in the Study of Religion* 9, no. 1 (1997): 32.

6   위의 글, 33.

7   Stephen J. Shoemaker. *Creating the Qur'an: A Historical-Critical Study*, Oakland: University of California Press, 2022, 22.

8   Patricia Crone. *The Qur'ānic Pagans and Related Matters: Collected Studies in Three Volumes*, vol. 1, edited by Hanna Siurua, Leiden and Boston: Brill, 2016, xiii.

9   Estelle Whelan. "Forgotten Witness: Evidence of the Early Codification of the Qur'ān." *Journal of the American Oriental Society* 118, no. 1 (1998): 10.

10   Berg 1997, 16-17.

11   Fred M. Donner. *Narratives of Islamic Origin: The Beginning of Islamic Historical Writing*, Princeton: Princeton University Press, 1998, 48-49.

12   de Blois, 27.; Samir Khalil Samir. "The Theological Christian Influence on the Qur'ān: A Reflection." In *The Qur'ān in Its Historical Context*, edited by Gabriel Said Reynolds, London and New York: Routledge, 2008, 160.

13   Al-Bukhari. *Sahih al-Bukhari*, Damascus and Beirut: Dar Ibn Kathir, 2002, 1274-1275.

14   Nicolas Sinai. "When Did the Consonantal Skeleton of the Quran Reach Closure? Part I." *Bulletin of the School of Oriental and African Studies* 77, no. 2 (2014): 279-281.

15   Herbert Berg. "The Collection and Canonization of the Qur'ān." In *Routledge Handbook on Early Islam*, edited by Herbert Berg, London and New York, 2018, 44.

16   Gabriel Said Reynolds. "Introduction: Qur'ānic Studies and Its Controversies." In *The Qur'ān and Its Historical Context*, edited by Gabriel Said Reynolds, London

and New York: Routledge, 2008, 10.

17 Karel Steenbrink. "New Orientalist Suggestions on the Origins of Islam." *The Journal of Rotterdam Islamic and Social Sciences* 1, no. 1 (2010): 155-156.

18 Marcin Grodzki. "Günter Lüling - Islam as a non-Trinitarian faith of Semitic forefathers." In *Die Entstehung einer Weltreligion V: Der Koran als Werkzeug der Herrschaft*, edited by Markus Groß and Karl-Heinz Ohlig, Berlin und Tübingen: Hans Schiler & Tim Mücke GbR, 2020, 406-407.

19 Reynolds, 15; Steenbrink, 158.

20 Devin J. Stewart. "Notes on Medieval and Modern Emendations of the Qur'ān." In *The Qur'ān in Its Historical Context*, Edited by Gabriel Said Reynolds, London and New York: Routledge, 2008, 242-243.

21 Griffith, 112.

22 Stefan Wild. "Lost in Philology?: The Virgins of Paradise and the Luxenberg Hypothesis." In *The Qur'ān in Context: Historical and Literary Investigation into the Qur'ānic Milieu*, edited by Angelika Neuwirth, Nicolai Sinai, and Michael Marx, Leiden, Boston: Brill, 2010, 643.

4. 역사 속 무함마드를 찾아서

1 Gabriel Said Reynolds. *The Emergence of Islam: Classical Traditions in Contemporary Perspective*, Minneapolis: Fortress Press, 2012, 136.

2 Lawrence I. Conrad. "Abraha and Muḥammad: Some Observations Apropos of Chronology and Literary "topoi" in the Early Arabic Historical Tradition." *Bulletin of the School of Oriental and African Studies* 50, no 2 (1987): 227.

3 Mun'im Sirry. *Controversies over Islamic Origins: An Introduction to Traditionalism and Revisionism*, Newcastle upon Tyne: Cambridge Scholars Publishing, 2021, 215.

4 Shoemaker 2018, 52.

5 Cook, 70.

6 Michael Lecker. "The death of the Prophet Muḥammad's father: did Wāqidī invent some of the evidence?" *Zeitschrift der Deutschen Morgenländischen Gesellschaft* 145, no. 1 (1995): 23-24.

7 Sirry, 208.

8 Andreas Görke and Gregor Schoeler. "Reconstructing the Earliest sīra Texts: The Hiğra in the Corpus of 'Urwa b. al-Zubayr." *Der Islam* 82, no. 2 (2005): 209-220.; Harald Motzki. "Historical-Critical Research of the Sīra of the Prophet

Muhammad: What Do We Stand to Gain." In *Late Antique Responses to the Arab Conquests*, edited by Josephine van den Bent, Floris van den Eijnde and Johan Weststeijn, Leiden and Boston: Brill, 2022, 74-88.

9   Motzki, 86; Görke and Schoeler, 219.

10   Gabriel Said Reynolds. "Remembering Muḥammad." *Numen* 58 (2011): 190-191.

11   Yehud D. Nevo and Judith Koren. *Crossroads to Islam: The Origin of the Arab Religion and the Arab State*, New York: Prometheus Books, 2003, 263-267.

12   Reynolds 2011, 197-198.

13   Jonathan E. Brockopp. "Interpreting Material Evidence: Religion at the "Origins of Islam"." *History of Religions* 55, no. 2 (2015): 134-135.

14   Jeremy Johns. "Archaeology and the History of Early Islam: The First Seventy Years." *Journal of the Economic and Social History of the Orient* 46, no. 4 (2003): 432.

15   Stephen J. Shoemaker. *A Prophet Has Appeared: The Rise of Islam through Christian and Jewish Eyes*, Oakland: University of California Press, 2021, 39-40.

16   Ilkka Lindstedt. "Arabic Rock Inscriptions up to 750." In *The Umayyad World*, edited by Andrew Marsham, London: Routledge, 2020, 420.

17   위의 글, 420.

18   Brokpopp, 136-137.

19   Lindstedt, 424.

20   Rizwi S. Faizer. "Muhammad and the Medinan Jews: A Comparison of the Texts of Ibn Ishaq's Kitāb Sīrat Rasūl Allāh with al-Waqidi's Kitāb al-Maghāzī." *International Journal of Middle East Studies*, 28, no. 4 (1996): 468-469.

21   Spoerl, 13; Uri Rubin. "The "Constitution of Medina": Some Notes." *Studia Islamica* 62 (1985): 5-23.

22   Saïd Amir Arjomand. "The Constitution of Medina: A Sociolegal Interpretation of Muhammad's Acts of Foundation of the "Umma"." *International Journal of Middle East Studies* 41, no. 4 (2009): 570.; Paul Lawrence Rose. "Muhammad, The Jews and the Constitution of Medina: Retrieving the Historical Kernel." *Der Islam* 86, no. 1 (2001): 18-19.; R. B. Serjeant. "The "Sunnah Jāmi'ah" Pacts with the Yaṯhrib Jews, and the "Taḥrīm" of Yaṯhrib: Analysis and Translation of the Documents Comprised in the So-Called 'Constitution of Medina'." *Bulletin of the School of Oriental and African Studies* 41, no. 1 (1978): 32, 36.

23   W. Montgomery Watt. *Muhammad at Medina*, Oxford: Oxford University Press, 1956, 226-227.

24 Akira Goto. "The Constitution of Medina." *Orient: Report of the Society for Near Eastern Studies in Japan* 18 (1982): 12-14.; Michael Lecker "Did Muḥammad conclude treaties with the Jewish tribes Naḍīr, Qurayẓa and Qaynuqāʻ?" *Israel Oriental Studies* 17 (1997): 29-36.

25 Searjent, 36.; Watt 1956, 296.

26 M. J. Kister. "The Massacre of the Banū Qurayẓa: A Re-Examination of a Tradition". *Jerusalem Studies in Arabic and Islam* 8 (1986): 85-87, 95-96.

27 Sadik Kirazli. "Re-Examining the Story of Banū Qurayẓah Jews in Medina with a Reference to the Account of Ibn Isḥāq." *Australian Journal of Islamic Studies* 4, no. 1 (2019): 1-17.; Walid. N. Arafat. "New Light on the Story of Banū Qurayẓa and the Jews of Medina." *The Journal of the Royal Asiatic Society of Great Britain and Ireland* 2 (1976): 100-107.

28 Moshe Gil. "The Constitution of Medina: A Reconsideration." *Israel Oriental Studies* 4 (1974): 44-66.

29 Faizer, 470-475.

30 위의 글, 482.

5. '믿는 자'에서 무슬림으로

1 Patricia Crone. *Slaves on Horses: The Evolution of the Islamic Polity*, Cambridge: Cambridge University Press, 1980, 7.

2 Fred M. Donner. *Muhammad and the Believers at the Origin of Islam*, Cambridge and London: The Belknap Press of Harvard University Press, 2010, 58.

3 위의 책, 73.

4 Fred M. Donner. "From Believers to Muslims: Confessional Self-Identity in the Early Islamic Community." *Al-Abhath: Journal of the Faculty of Arts and Sciences American University of Beirut* 50-51 (2002-2003): 33.

5 Arjomand. 560.

6 Fred M. Donner. "Early Muslims and Peoples of the Book." In *Routledge Handbook on Early Islam*, edited by Herbert Berg, London and New York: Routledge, 2018, 186; Robert G Hoyland. "Reflections on the Identity of the Arabian Conquerors of the Seventh-Century Middle East." *Al-ʿUṣūr al-Wusṭā* 25 (2017): 118.

7 Joseph Spoerl. "Fred Donner and Tilman Nagel on Muslims and Believers." *The Journal of the Middle East and Africa* 12, no.1 (2021): 1-18.; Rose, 20-21.

8   Frederick M. Denny. "Ummah in the Constitution of Medina." *Journal of Near Eastern Studies* 36, no. 1 (1977): 44.

9   Suliman Bashear. "Qibla Musharriqa and Early Muslim Prayer in Churches." *The Muslim World* 81, no. 3-4 (1991): 277-278.

10 Robert Hoyland. "New Documentary Texts and the Early Islamic State." *Bulletin of the School of Oriental and African Studies* 69, no. 3 (2006): 409-410.

11 Jere L. Bacharach and Sherif Anwar. "Early Versions of the shahāda: A Tombstone from Aswan of 71 A.H., the Dome of the Rock, and Contemporary Coinage." *Der Islam* 89, no. 2 (2012): 60-69.

12 Donner 2010, 61-62.

13 Shoemaker 2021, 65, 153.

14 Nasser Rabbat. "The Meaning of the Umayyad Dome of the Rock." *Muqarnas* 6 (1989): 12.

15 Shelomo Dov Goitein. "The Historical Background of the Erection of the Dome of the Rock." *Journal of the American Oriental Society* 70, no. 2 (1950): 105.

16 Chase E. Robinson. *'Abd al-Malik*, Oxford: Oneworld Publications, 2005, 7; Oleg Grabar, "Umayyad Dome of the Rock in Jerusalem." *Ars Orientalis* 3, (1959): 55, 57.

17 Stephen J. Shoemaker. *The Death of A Prophet: The End of Muhammad's Life and the Beginning of Islam*, Philadelphia: University of Pennsylvania Press, 2012, 235.

18 Robinson, 96-100.

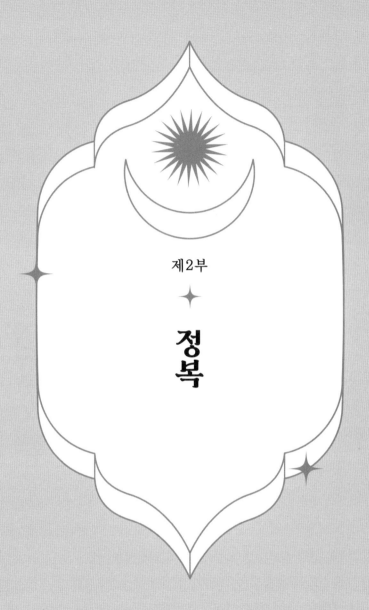

제2부

정복

사막의 아랍인, 중동을 정복하다

이슬람, 고대 후기의 계승자

타임머신을 타고 서기 600년으로 돌아가 유럽, 지중해권, 북인도, 중국, 나일강과 메소포타미아 지역을 방문할 수 있다면 어떤 모습을 만나게 될까? 기독교가 자리를 잡은 유럽 지역은 로마제국의 붕괴를 극복하고 새로운 중세 문명으로 나아가는 과정에서 분투하고 있었고, 지중해권과 이집트, 메소포타미아 지역에서는 동로마 제국과 페르시아가 치열하게 대립하고 있었다. 중국에서는 당나라가 전성기를 향해 가고 인도에서는 힌두교가 점차 불교를 밀어내며 고유한 문화적 전통을 확립해나가기 시작했다.

600년대의 세계와 오늘날의 모습을 비교해보면 많은 변화를 찾아볼 수 있는 동시에 중요한 연속성 역시 발견할 수 있다. 인더스 문명, 황하 문명, 그리스-로마 문명은 인도와 중국, 유럽 문화의 핵심적인 토대가 되었고 오늘날까지도 이어지는 유산과 영향을 남겼다. 인도의 힌디어는 고전 시대의 산스크리트어의 후손이며 황하 문명의 갑골문에서 발전한 한자 문화는 동아시아 전역에서 공유되는 소통 수단으로 기능했다. 유럽 대륙의 여러 언어는 로마제국의 공용어인 라틴어의 직계 후손이거나 라틴어와 그리스어의 강한 영향을 받으며 발전해왔다.

종교 역시 마찬가지다. 로마제국 후기부터 주류 종교로 성장하기 시작한 기독교는 유럽 대륙에서 지배적 위치를 차지한 뒤 전 세계로 뻗어나갔으며, 인더스 유역에서 탄생한 베다 전통은 인도 최대 종교인 힌두교로 발전했다. 불교는 본향인 인도에서는 밀려났지만, 동아시아와 동남아시아 지역에 전파되어 오늘날까지 동아시아와 동남아시아 문화를 구성하는 핵심 요소 중 하나로 남아 있다. 마지막으로 춘추전국시대에 등장한 유교는 중국을 넘어 동아시아 전역의 기층 문화로서 위치를 굳혔다. 기원전에 형성된 고대 문명이 남긴 유산은 수천 년의 세월에도 불구하고 완전히 사라지지 않은 채 여전히 유럽과 동아시아, 인도에서 살아 숨 쉬고 있다.

그러나 이러한 장기적 연속성에서 예외라고 할 수 있는 지역이 한 곳 있다. 바로 마셜 호지슨Marshall Hodgson이 "나일강에서 옥수스강까지Nile to Oxus"라고 부른, 일반적으로 중동이라고 불리는 지역이다. 호지슨은 급격한 문화적 변화를 이 지역의 특징으로 꼽는다.[1] 여러 문화와 문명의 교차로에 위치한 나일-옥수스 지역의 특징, 즉 외부의 침입과 침투에 노출되어 있고 다른 문화와의 접촉과 교류가 활발하게 이루어지던 지리적 환경을 이러한 변화의 이유 중 하나로 꼽을 수 있을 것이다.

다른 지역과 달리 나일에서 옥수스를 아우르는 지역의 역사는 연속성보다는 변화가 더욱 뚜렷이 나타난다. 유럽, 동아시아, 북인도에서 형성된 고대 문명의 유산이 오늘날까지 그 영향력을 발휘하고 있는 반면, 고대 이집트 문명과 메소포타미아 문명이 남긴 흔적은 오늘날 중동에서는 극히 일부 경우를 제외하고는 박물관에서나 찾아볼 수 있다. 그리스어와 라틴어, 한자와 산스크리트어 전통에 뿌리를 두고 문화가 발전한 유럽, 중국, 인도와 달리 고대 이집트어와 메소포타미아의 수메르어, 아카드어 등은 18세기 유럽 학자들이 재발견하기 전까지는 잊힌 언어였으며, 한때 시리아와 이라크 지역의 지배적 언어였던 아람어 또한 주류 언어의 지위를 잃어버린 채 간신히 명맥을 유지하고 있다. 유일한 예외라면 유대교와 히브리어 전통으로 결속된 유대인과 이란계 언어인 페르시아어가 여전히 지배적인 이란 고원 지역이지만, 이란 역시 이슬람화와 아랍어의 영향이라는 변화를 피해 가지는 못했다.

종교의 변화는 이슬람 이전과 이후 나일-옥수스 지역이 경험한 문화적 변화를 가장 극명하게 보여준다. 서기 600년으로 시간 여행을 간다면 유럽, 중국, 인도와 동남아시아에서 기독교와 유교, 불교와 힌두교를 믿는 공동체를 만날 수 있겠지만, 이슬람의 모습은 어디에서도 찾아볼 수 없을 것이다. 서기 600년에는 그 누구도 이슬람이라는 새로운 종교가 등장하여 광범위한 지역에 퍼지리라고는 상상하지 못했다. 나일-옥수스 지역의 종교는 이슬람 이전에도 여러 차례 변화를 겪었다. 고대 이집트와 메소포타미아 문명이 꽃피웠던 땅은 그리스-헬레니즘 문화의 중심지가 된 이후 기독교 교부와 성인, 순교자의 땅으로 탈바꿈했고, 7세기 아랍인들이 정복하면서 나일-옥수스 지역은 최종적으로 이슬람의 땅이 되었다. 고대 후기Late antiquity 나일-옥수스 지역에서 지배적 문화였던 이란-셈계 문화Irano-Semitic culture의 언어와 종교는 아랍어와 이슬람으로 대체되었다.

그렇다면 이슬람의 등장을 중동 역사를 구분하는 분기점이라고 말할 수 있다. 그러나 이슬람은 고대 후기 나일-옥수스 지역의 정치적, 사회적, 종교적 배경에서 탄생한 종교였다. 이란-셈계 문화의 유산 또한 나일-옥수스 지역에서 완전히 사라지지 않았다. 이슬람도 유대교와 기독교와 마찬가지로 셈계 문화의 대표적 특징인 유일신 종교와 예언자 전통을 계승한다. 구원에 이르는 길로 율법 준수를 강조한다는 점에서 이슬람과 유대교의 유사성을 찾아볼 수 있고, 신은 오직 한 분이며 예수는 신의 아들이 아닌 예언자일 뿐이라는 이슬람의 선언은 고대 후기 기독교도 사이에서 치열하게 전개되던 예수의 신성과 인성에 관한 논쟁과 관련되어 있다. 종말이 다가왔다는 무함마드의 가르침은 동시대 유대인과 기독교도에게도 익숙한 믿음이었다. 쿠란이 성경 속 이야기와 기독교도 내에서 전해지던 전승을 담고 있으며 유대인과 기독교도에 경고하고 올바른 신앙을 따를 것을 촉구한다는 점은 이슬람이 처음부터 유대교와 기독교와 밀접한 관계를 맺고 있었다는 증거다.

새로운 종교 공동체가 다른 종교와 접촉하는 과정에서 기독교도와 유대인과 구분되는 고유한 무슬림 정체성이 만들어졌다. 이와 같은 이유로 이슬람을 고대 후기의 산물로 보기도 한다. 이슬람은 고대 후기에 중동의 유대인과 기독교도 사이에 널리 퍼져 있고 공유되던 종교적 개념이 수용되고 재해석되는 과정을 거쳐 등장했기 때문이다.[2]

이슬람이 등장하기 전과 마찬가지로 이슬람화 이후에도 나일-옥수스 지역에서 종교는 개인의 집단 정체성과 소속을 결정하고 지배 계층과 피지배 계층을 구분하는 기준이었다.[3] 무슬림과 비무슬림을 구분하기 위해 의복 등 일상생활에서 적용되는 규제와 비무슬림에게 부과되는 인두세도 모두 이슬람이 등장하기 이전에 이란 지역을 통치하던 사산조 페르시아의 제도에서 온 것이다.[4] 한편 페르시아의 제국 전통은 이슬람에 통합되어 이상적 정치 질서가 무엇인지에 대한 인식을 구성했다. 사회 안정과 정의를 유지하기 위해서는 강력한 권력을 가진 군주가 필요하다는 페르시아의 전통은 이슬람 이후에도 나일-옥수스 지역의 정치 전통에서 중요한 위치를 차지했다.

고대 그리스 문명 또한 이슬람의 등장으로 탄생한 문명을 풍요롭게 만들었다. 무슬림 과학자들은 고대 그리스 학자들이 남긴 지적 유산을 계승해 수학과 천문학 등 여러 방면에서 뛰어난 성취를 남겼고 철학자들은 그리스 철학을 이어받아 유일신 신앙과 철학을 조화시키는 방법을 모색했다. 철학자들의 노력은 다른 방향으로 무슬림 공동체에 영향을 미쳤다. 유일신의 존재와 신앙을 이성으로 이해할 수 있는 대상으로 접근한 철학자들에 대응해 울라마'ulama, 즉 종교학자들을 중심으로 계시와 율법의 절대적인 중요성을 강조하는 경향이 나타난 것이다. 이슬람 문명의 고전 시대에 치열하게 전개된 철학자와 울라마의 논쟁은 이슬람 문명이 그리스-헬레니즘 문명의 지적 전통과 셈계 문화의 종교적 전통 모두의 영향 위에 세워졌음을 말해준다.

이슬람의 등장은 중동에 큰 변화를 가져왔다. 그러나 그 변화가 곧 과거와의 완전한 단절을 의미하는 것은 아니었다. 무슬림이 만들어낸 독창적인 이슬람풍 문화는 이슬람을 중심으로 형성된 동시에 고대 후기의 유산에도 토대를 두고 있다. 유구한 역사에 걸쳐 중동 지역은 수많은 변화를 경험해

왔으며 이슬람과 이슬람풍 문화 역시 이러한 변화의 흐름 속에서 나타난 것이다.

아랍인의 정복이 성공한 비결

630년, 무함마드가 메카를 정복한다. 메카 유력자들의 박해를 피해 메카를 떠나 메디나로 간 지 8년이 지난 뒤였다. 이후 632년 사망하기까지 무함마드는 아라비아반도의 아랍 부족을 이슬람의 이름 아래 복속시킨다. 무함마드가 사망하고 뒤를 이은 1대 정통 칼리프 아부 바크르는 반란을 일으킨 아랍 부족들을 정벌하고 아라비아반도 정복을 완수한다. 이제 새롭게 탄생한 아랍 무슬림 공동체가 나아갈 곳은 아라비아반도 바깥의 더 넓은 세계였다.

무함마드와 아부 바크르의 시대에도 소규모 원정대가 팔레스타인 지역까지 파견된 적이 있었지만, 본격적인 정복은 634년 2대 칼리프로 즉위한 우마르에 의해 시작된다. 아랍 군대는 엄청난 속도로 진격했다. 634년 시리아의 다마스쿠스를 점령한 아랍 군대는 636년 야르무크Yarmuk 전투에서 동로마 제국군을 패배시키고 637년에는 예루살렘까지 점령하며 시리아와 팔레스타인 지역에 대한 통제권을 장악한다. 한편 동부 전선에서 아랍 군대는 636년 카디시야Qadisiyya 전투에서 페르시아군을 격퇴한 뒤 637년에는 사산조 페르시아의 수도 크테시폰Ctesiphon까지 점령해 이라크를 차지한 데 이어 이란 고원과 중앙아시아까지 진출해나갔다. 650년경이 되면 이란 전역뿐만 아니라 지금의 투르크메니스탄 지역인 메르브Merv, 아프가니스탄 북부의 발흐Balkh 등 중앙아시아로 향하는 주요 관문들이 모두 아랍인의 지배 아래로 들어간다. 이집트는 640년 오늘날 카이로에 있는 바빌론Babylon 요새가 아랍인에게 함락당한 뒤 무슬림 지배 아래에 놓이게 되었다. 아랍인은 670년에는 북아프리카의 튀니지 지역까지 점령한다.

아랍 군대는 50년도 되지 않는 짧은 기간에 팔레스타인과 시리아를 시작으로 이집트, 이라크, 이란 고원, 북아프리카와 중앙아시아 지역을 휩쓸었고, 중동의 동로마 제국과 사산조 페르시아 제국은 속절없이 무너졌다. 페르시아 제국은 멸망했고, 마지막 황제인 야즈드게르드 3세Yazdgerd Ⅲ(재위632~651년)는 수도를 버리고 도망가던 중 651년 메르브에서 살해당했다. 동로마 제국은 멸망은 피했지만 중동과 북아프리카의 모든 영토를 상실하고 아나톨리아 반도로 내몰렸다. 아랍 무슬림이 그토록 짧은 기간 내에 두 거대 제국을 무너뜨리고 북아프리카에서 중앙아시아까지 아우르는 넓은 지역을 정복할 수 있었던 비결은 무엇이었을까?

정복이 성공한 이유 중 하나로 이슬람이 가진 중요성을 무시할 수 없다.

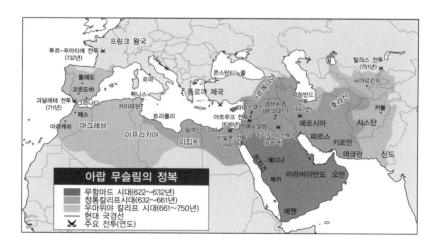

아랍인의 정복과 주요 전투

1. 사막의 아랍인, 중동을 정복하다

이슬람이 등장하기 이전에 아라비아의 유목민은 서로 싸우기도 하고 때로는 제국의 변방을 노략질하며 살아가는 부족들로 분열되어 있었다. 그러나 무함마드의 계시는 아라비아의 유목민을 같은 신앙을 공유하는 공동체로 통합하고 그들의 삶에 새로운 의미와 목표를 부여했다. 무함마드를 예언자로 따르던 사람들은 최후 심판의 날이 가까이 왔다고 믿었고 올바른 신앙을 따르는 공동체를 지상에 건설하고 심판이 다가왔다는 경고를 널리 퍼뜨려야 한다고 생각했다. 이슬람은 약탈하고 떠나가는 유목민을 새로운 공동체를 건설하려는 열의에 가득 찬 정복자로 탈바꿈시켰다.

그러나 이슬람이 정복을 촉발한 원인이라고 할 수는 있어도 정복을 성공하게 만든 유일한 요소라고는 보기 힘들다. 아무리 강력하더라도 군사력이 뒷받침되지 않는다면 종교적 열정만으로는 한계가 있기 때문이다. 이슬람은 분명히 아랍인을 결속시키고 싸울 목표와 의지를 주었다. 그러나 정복이 성공한 이유를 설명하기에는 충분하지 않다.

아랍인들은 병력이나 무기 모든 면에서 동로마 제국과 페르시아보다 열세였다. 동로마 제국의 시리아-팔레스타인 방어선을 붕괴시킨 결정적인 전투인 야르무크 전투가 한 예다. 무슬림 역사가들은 아랍인 병사들은 약 2만 4,000명에서 3만 6,000명에 불과했던 반면, 동로마 제국군은 최소 20만 명에서 최대 60만 명에 달했다고 전한다. 한편 동로마 제국의 기록에 따르면 동로마 군대 병력은 약 8만 명에서 최대 20만 명에 달했다. 동로마 제국이 전투 한 번에 수십만 명의 병력을 투입했다는 기록은 아마 과장된 수치일 것이며, 실제 전투에 투입된 수는 약 4만 명 정도였을 것이다.[5] 카디시야 전투에서도 아랍 군대는 약 6,000~1만 2,000명으로 추산되지만, 페르시아군은 수십 마리의 코끼리와 최소 3만 명에서 최대 21만 명에 달했다고 언급된다.[6] 이 역시 과장일 가능성이 크지만, 카디시야 전투에서도 페르시아 군의 규모가 아랍인들을 압도했던 것은 분명해 보인다. 아랍 병사들의 무기 또한 동로마 제국과 페르시아가 운용하던 중장기병에 비하면 초라했다.

이처럼 열세인 상황에서도 아랍인이 승리한 이유로는 야르무크 전투를 지휘한 아부 우바이다 이븐 알자라흐^{Abu 'Ubaydah ibn al-Jarrah}, 칼리드 이븐 알왈리드^{Khalid ibn al-Walid}, 카디시야 전투의 사으드 이븐 아비 왁카스^{Sa'd ibn Abi Waqqas} 등 아랍 지휘관들의 전술적 역량을 꼽을 수 있다. 야르무크 전투에서 아랍 지휘관들은 비잔틴 제국군의 공세에 밀리는 상황에서도 군대가 대형을 유지하도록 지휘력을 발휘했으며 보병대가 중기병을 묶어놓은 사이에 기병대가 동로마 제국군 후위를 공격해 포위 섬멸하는 전술적 역량을 보여주었다.[7]

개별 전투에서는 지휘관의 뛰어난 능력으로 승리할 수 있었다면, 전쟁에서는 어떻게 성공한 것일까? 한 가지 가능한 설명은 아랍인이 정복에 나서기에 가장 적절한 때에 등장했다는 것이다. 이러한 설명에 따르면 동로마 제국과 페르시아는 이슬람이 등장하기 전 수십 년에 걸쳐 전쟁을 벌이며 피폐해졌고, 결국 아랍인의 침입에 제대로 대응하지 못하고 무너져 내렸다.

그러나 야르무크와 카디시야 전투에 참여한 병력 규모에서 알 수 있듯이 두 제국은 아랍인이 침공하던 시기에도 상당한 병력을 동원할 능력을 여전히 갖추고 있었다. 왕위 계승 분쟁을 겪었던 페르시아에서도 코카서스의 속국들이 야즈드게르드 3세의 명령에 따라 군대를 파견할 정도로 황제의 권위는 확고했다.[8] 카디시야에서 패배하고 메소포타미아 지역을 상실한 이후에도 페르시아는 여전히 대규모 병력을 동원할 수 있었다. 역시 과장된 수치이겠지만 무슬림 역사가 알타바리에 따르면 642년 벌어진 니하

1. 사막의 아랍인, 중동을 정복하다

반드Nihavand 전투에서 페르시아군 규모는 약 3만 명이던 아랍 군대의 3~4배인 9만~12만 명에 달했다.[9] 아르메니아 연대기에서도 아랍 군대가 4만명이었던 반면 페르시아 제국은 총 6만 명을 동원했다고 전한다.[10]

압도적인 힘의 차이도, 획기적인 군사 기술도, 두 제국의 쇠퇴도 원인이 아니라면 대체 무엇이 아랍인의 정복 성공을 가능하게 했을까? 무엇보다도 지리적 장벽이 없고 두 제국의 대응 전략이 실패했다는 점을 꼽을 수 있다. 동로마 제국과 페르시아의 남쪽 경계에는 아랍인의 침공을 막을 강이나 산맥과 같은 자연 장벽이 없다. 오직 아랍인에게는 익숙한 사막만이 있을 뿐이다. 이에 동로마와 페르시아 제국은 이슬람이 등장하기 오래전부터 아라비아반도 북부의 아랍 왕국을 아랍 유목민의 침입과 약탈을 막는 장벽으로 삼아왔다. 동로마 제국의 동맹인 갓산Ghassan 왕조, 페르시아 제국의 동맹인 라흠Lakhm 왕조는 두 제국과 아라비아반도가 만나는 경계에 자리를 잡고 아랍 유목민의 움직임을 억제해왔다.

그러나 602년 페르시아의 황제 호스로우 2세Khosrow II(재위 590~628년)는 라흠 왕조의 마지막 왕인 알누으만 3세Al-Nu'man III를 처형하고 북부 아라비아를 직접 통제하기 시작했다. 628년 호스로우 2세가 사망하고 왕위 계승 분쟁으로 제국이 혼란에 빠지자 아랍 유목민에 대한 페르시아의 통제력은 흔들렸고, 아랍인은 이를 이용해 페르시아의 중심부인 메소포타미아까지 진출할 수 있었다.[11]

동로마 제국은 시리아와 팔레스타인 지역의 방어를 갓산 왕조와 기독교도 아랍 부족에 의존했다. 그러나 사산조 페르시아와 마찬가지로 동로마 제국도 갓산 왕조가 지나치게 성장하는 것을 경계해 결국 6세기 후반에 갓산 왕조에 대한 지원을 중단하고 581년에는 왕 알문디르Al-Mundhir를 강제로 폐위시켰다. 알문디르가 폐위된 이후 갓산 왕조의 왕들은 과거와 같은 권력을 누리지 못했다. 물론 동로마 제국과 갓산 왕조의 관계가 완전한 파탄에 이른 것은 아니었다. 야르무크 전투에는 갓산 왕조의 왕 자발라Jabala가 이끄는 기독교도 아랍인들이 비잔틴 제국군과 함께 참전하기도 했다. 그러나 동로마 제국의 지원을 받지 못하고 힘을 잃어버린 갓산 왕조가 아랍인의 대규모 침공을 미리 저지하지 못했을 가능성은 충분하다.[12]

동로마 제국의 방어 역량도 문제였다. 아랍 유목민의 소규모 약탈에만 대비해온 동로마 제국은 아라비아 방면에서 아랍인이 대규모 침공할 것은 예상하지도 준비하지도 못했다.[13] 동로마 제국은 막대한 자원과 인력을 들여 변경에 방어선을 촘촘하게 구축해 침략자들의 침입을 원천 차단하기보다는 침략자들의 영토 진입을 허용한 뒤에 후방에 배치되어 있던 군대를 파견하여 격퇴하는 전략을 택했다. 이러한 전략은 소규모 약탈에 대응하기에는 효과적이었지만, 아랍인이 대규모로 침공해오자 한계를 드러냈다. 주력군 대부분을 메소포타미아 북부와 아르메니아 지역 등 페르시아 방면에 주둔시킨 동로마 제국은 남쪽에서의 침입에 대해서는 준비되어 있지 않았다.[14] 시리아와 팔레스타인 지역의 도시와 마을에 배치된 소수의 수비대는 대규모 침입을 막기에는 역부족이었고, 야르무크 전투에서 주력군이 패배하자 항복하는 것 외에는 다른 방법이 없었다.

이집트에서도 주력군의 패배는 곧 지역 전체의 상실로 이어졌다. 639년 아므르 이븐 알아스'Amr ibn al-'As(664년 사망)가 이집트 원정을 시작했을 때 이집트 수비 병력 대부분은 바빌론 요새와 알렉산드리아 등 행정과 군사 중심부에 주둔해 있었다. 이집트 인구의 대다수를 차지하는 콥트 기독교도는 무기도 군사 훈련을 받은 경험도 없었다. 그 덕분에 아랍 군대는 별다른 저항을 받지 않고 마을과 촌락을 손쉽게 차지할 수 있었다.[15] 결국 약 1년간의 포위 끝에 640년 바빌론 요새와 알렉산드리아의 수비군이 아랍 군대에 항복하면서 동로마 제국은 이집트를 지킬 힘을 상실했다.

반대로 아랍 군대는 험준한 지리를 이용해 현지 세력이 끈질기게 저항한 지역에서는 저지당했다. 시리아와 팔레스타인, 이집트와 달리 아나톨리아 반도는 토로스산맥과 아르메니아 고원지대라는 자연 장벽으로 분리되어 있으며, 동로마 제국은 이에 의존하여 아랍 군대의 진격을 막아낼 수 있었다. 이란 지역에서도 엘부르즈산맥으로 가로막힌 카스피해 연안의 타바리스탄Tabaristan과 다일람Daylam 지역 통치자들은 아랍 침공에 오랫동안 저항했고 결국 자치를 인정받는 데 성공했다. 오늘날의 아프가니스탄과 중앙아시아 지역에서도 아랍인은 험준한 지형과 현지 통치자들의 강력한 저항에 부딪혔다. 페르시아도 이란 남부의 자그로스산맥을 이용해 아랍인을 막으려고 했지만, 자그로스산맥을 넘어 이란으로 진입하는 통로인 니하반드에서 패배하며 계획은 실패로 돌아갔고 결국에는 아랍인에게 이란 지역을 빼앗기게 되었다.

아랍인이 알렉산드리아 도서관을 파괴했을까?

프톨레마이오스 왕조 시기에 건설된 알렉산드리아 도서관은 고대 지중해 지역에서 가장 크고 뛰어난 학문 연구 기관으로 수십만 권의 장서를 보유하고 수많은 학자가 연구하던 곳이었다고 한다. 알렉산드리아 도서관을 파괴한 원흉으로는 여러 후보가 지목된다. 그중 하나가 바로 이집트를 정복한 아랍 무슬림이다. 전해지는 이야기에 따르면 칼리프 우마르가 도서관을 파괴하라고 명령했다고 한다.

641년, 아므르 이븐 알아스가 이끄는 무슬림 군대가 알렉산드리아를 정복했다. 도서관을 발견한 아므르는 칼리프 우마르에게 서한을 보내 도서관에 소장된 책을 어떻게 해야 할지 물었다. 칼리프 우마르는 다음과 같이 답했다.

"만약 그대가 말한 책들이 쿠란에 부합한다면 쿠란으로 충분하니 그 책들은 필요하지 않다. 만약 그 책들이 쿠란에 어긋난다면 역시 그 책들은 필요하지 않다. 그러니 가서 책들을 파괴하라."

이에 따라 아므르는 책들을 알렉산드리아의 여러 목욕탕으로 보내 모두 태워버렸다. 책들이 모두 타는 데에 여섯 달이 걸렸다고 한다.

이 이야기는 사실일까? 이미 로마 시대와 기독교 시대에 심각하게 파괴되어 있었던 알렉산드리아 대도서관을 최종적으로 끝장낸 사람들은 바로 아랍인이었을까?

그러나 이 이야기를 실제 역사적 사실로 받아들이기에는 한 가지 문제가 있다. 이 이야기의 최초 출처는 아랍인이 이집트를 정복하고 약 600년이 지난 뒤의 기록이기 때문이다. 1200년(또는 1203년) 이집트를 여행한 압둘 라티프 알바그다디'Abd al-Latif al-Baghdadi는 "알렉산드로스가 도시를 건설할 때 학당을 세웠으며, 그곳에는 우마르의 명령에 따라 아므르가 불태운 도서관이 있었다."고 짧게 언급한다. 도서관의 책이 필요하지 않다거나 책이 타는 데에 여섯 달이 걸렸다는 이야기는 언급되지 않는다.[16] 맘루크 술탄조(1260~1517년) 시대 이집트의 주요 역사가인 타키 알딘 알마크리지Taqi al-Din al-Maqrizi(1442년 사망) 또한 알바그다디와 거의 같은 이야기를 전한다.[17]

아므르와 우마르가 주고받은 편지는 자말 알딘 이븐 알키프티Jamal al-Din ibn al-Qifti(1246년 사망)의 기록에서 처음 언급된다. 알키프티에 따르면 당시 알렉산드리아에 살던 문법학자 야히야Yahiya al-Nahwi라는 사람이 아므르에게 도서관의 책을 넘겨줄 것을 부탁했지만, 우마르는 책을 모조리 파괴하라는 명령을 내렸다. 명령에 따라 아므르는 5만 4,120권에 달하는 책들을 알렉산드리아 각지의 목욕탕으로 보내 모조리 태워버렸다.[18] 시리아 교회의 주교였던 바르 헤브라에우스Bar Hebraeus(1286년 사망) 또한 같은 내용을 전한다.[19]

이처럼 알렉산드리아 도서관이 칼리프 우마르의 명령에 따라 파괴되었다는 이야기는 아랍인들이 이집트를 정복하고 약 600년이 지난 뒤에야 나타난다. 알바그다디나 알키프티보다 앞선 시대인 8~9세기에 활동했던 무슬림 역사가들이나 13~14세기의 다른 이집트 역사가들 누구도 알렉산드리아 도서관의 운명에 관해서는 말하지 않는다. 심지어 니키우의 요한John of Nikiu과 같이 이집트 정복을 직접 경험한 동시대 콥트 기독교도나 동로마 제국의 기록에서도 도서관에 관한 기록은 찾아볼 수 없다.[20]

결정적으로 19세기 말과 20세기 초에 살았던 동양학자였던 아서 존 버틀러Arthur John Butler는 이븐 알키프티가 말한 문법학자 요한이 540년대에 활동한 요한 필로포누스John Philoponus라는 사람임을 밝혀냈다. 따라서 요한이 아므르에게 도서관의 책을 넘겨 달라고 요청하거나 도서관의 책이 모조리 불에 타는 것을 보았을 가능성은 없다.[21]

버나드 루이스Bernard Lewis 역시 알렉산드리아 도서관에 관한 이야기가 동시대 사료나 13세기 이전 사료에서는 전혀 등장하지 않는다는 점을 들어 이 이야기가 사실인지 의문을 제기한다. 이뿐만 아니라 똑같은 이야기가 배경만 달라진 채 반복되기도 한다. 이븐 할둔Ibn Khaldun(1406년 사망)에 따르면 우마르가 쿠란 이외의 다른 책은 필요하지 않다고 선언하며 파괴한 것은 알렉산드리아 도서관이 아니라 페르시아의 도서관이었다.[22] 우마르가 알렉산드리아 도서관뿐만 아니라 페르시아의 도서관도 똑같은 이유로 파괴한 것일까? 도서관을 파괴했다는 것 자체가 하나는 이집트를 배경으로, 다른 하나는 페르시아를 배경으로 지어낸 이야기일 가능성도 있지 않을까? 루이스는 그렇다고 보았다.[23]

흥미로운 점은 알렉산드리아 도서관에 관한 이야기를 최초로 전한 인물이 기독교도가 아닌 무슬림이었다는 것이다. 왜 무슬림이 우마르를 야만적인 책 파괴범으로 그려낸 것일까? 루이스와 카셈 압두 카셈Qassem Abdou Qassem은 이 이야기가 13세기에 처음 등장했다는 점에 주목했다. 우마르가 알렉산드리아 도서관을 불태웠다는 이야기는 이집트에서 파티마 칼리프 조(909~1171년)가 멸망하고 살라흐 알딘Salah al-Din(재위 1174~1193년)이 아이유브 왕조(1171~1260년)를 세운 12세기 말과 13세기 초의 시대적 상황과 관련되어 있다.

왜 13세기 이집트 역사가들은 이런 이야기를 지어내야 했을까? 이집트의 실권을 잡은 살라흐 알딘은 일종의 문화 정화 정책을 실시한다. 쉬아 이스마일파 왕조였던 파티마 칼리프조는 카이로에 이스마일파 교리와 사상에 관한 책을 보관하는 도서관을 세웠다. 독실한 순니파였던 살라흐 알딘에게 파티마 칼리프들이 건설한 도서관은 이단의 소굴일 뿐이었기에 도서관을 폐쇄하고 책들을 처분하거나 팔아버렸다. 그러나 이집트의 지식인들

1. 사막의 아랍인, 중동을 정복하다

은 아무리 이단 신앙을 담은 책이라도 함부로 파괴하는 것은 옳지 못하다고 여겼던 것 같다.

이에 살라흐 알딘을 열렬히 옹호하던 이븐 알키프티나 알바그다디는 살라흐 알딘의 도서관 파괴가 정당한 행위임을 주장할 필요를 느꼈다. 그래서 우마르와 알렉산드리아 도서관 이야기가 만들어졌다. 살라흐 알딘이 이스마일파 이단의 책을 없앤 것은 불신자의 책을 모조리 파괴한 우마르의 모범을 따른 것이기 때문에 정당하다고 주장하기 위해서였다. 알렉산드리아 도서관을 불태운 우마르의 이야기가 살라흐 알딘을 변호하기 위해 만들어졌다는 것이 루이스와 카셈의 주장이다.[24]

결국 알렉산드리아 도서관을 파괴한 장본인이 누구인지는 여전히 정확히 알 수 없다. 알렉산드리아 도서관이 남아 있었더라면 인류 문명이 어떻게 바뀌었을지는 아무도 모른다. 하지만 적어도 아랍인들은 책임이 없어 보인다.

오늘날 이집트 콥트 기독교도 가운데에는 자신들을 파라오 문명에서 시작해 헬레니즘과 로마 문명으로 이어지는 이집트 문명의 직계 후손으로 여기는 사람들도 있다. 이들은 위에서 살펴본 무슬림 기록을 토대로 아랍 무슬림이 알렉산드리아 도서관을 파괴했다는 '신화'를 분명한 '역사적 사실'로 주장하기도 한다.[25] 순니파 무슬림이 순니파 통치자를 옹호하기 위해 만들어낸 이야기가 오늘날에는 역설적이게도 기독교도가 무슬림을 비판하기 위해 이용되는 것이다.

패자가 쓴 역사: 피정복자의 눈으로 본 아랍인의 정복

중동의 기독교도는 아랍인의 정복과 지배를 환영했을까?

사람은 박해를 받고 동물과 가축은 죽고 숲의 나무는 베어지며 나라는 지나는 사람 없이 황폐해질 것이다. 대지는 피로 더럽혀지고 그 소출을 빼앗길 것이다. 이 야만스러운 폭군들은 사람이 아니기 때문이다. 그들은 파괴하기 위해 온 파괴의 자손들이요, 학살을 위해 보내진 학살자들이며 모든 것을 무너뜨리기 위해 온 파멸이다. 그들은 더럽혀진 존재이자 모독을 사랑한다. … 그들은 반역자, 살인자, 학살자, 도살자들이다. 기독교도에게 그들은 곧 시련이다.

『위傷 메소디우스의 묵시록』, 692년

우리가 아랍인의 정복에 관해 알고 있는 거의 모든 사실은 정복 이후 약 100년에서 200년이 지난 뒤 무슬림 역사가들이 쓴 기록에 의존한다. 그리고 무슬림 기록은 오직 승자의 시각을 반영한다. 그렇다면 정복을 직접 겪은, 특히 정복을 당한 사람들은 정복을 어떻게 바라보았을까?

흔히 중동의 기독교도가 아랍 정복자를 환영한 덕분에 아랍인이 손쉽게 중동을 정복할 수 있었다고 말한다. '기독교도'라고 간단하게 말하지만, 사실 아랍 정복자들이 등장하던 시기 중동의 기독교도는 서로 같지 않았다. 동로마 제국의 국교는 451년 칼케돈 공의회에서 정통 교리로 선포된 믿음을 따르는 칼케돈파 기독교였다. 반면 시리아와 이집트의 기독교도 대부분은 칼케돈 공의회를 거부하는 합성론파에 속해 있었고, 메소포타미아 지역에서는 칼케돈 공의회에 앞서 431년 에페소스 공의회에서 이단으로 단죄된 네스토리우스파가 우세를 차지했다.

아랍인의 정복이 환영을 받았다는 주장에 따르면 중동의 합성론파 기독교도는 자신들을 이단으로 간주하고 탄압한 동로마 제국보다 아랍인이 낫다고 여겼다. 조로아스터교가 국교인 사산조 페르시아의 네스토리우스파 기독교도 역시 마찬가지였다. 중동의 기독교도들이 동로마 제국과 사산조 페르시아에 가졌던 반감도 정복이 성공적으로 이루어질 수 있었던 요인으로 지적된다. 동로마 제국과 페르시아의 착취에 시달리던 중동 사람들이 관용적이고 개방적인 아랍인의 지배를 구원이자 해방으로 여겨졌다는 것이다. 아랍 정복 이후 세금 부담이 줄어들었다는 점 또한 아랍인이 환영을 받은 이유로 거론된다. 이러한 주장에 따르면 아랍인의 정복은 현지인의 적극적인 협조를 받은 '평화적인 정복'이었다.

그러나 아랍인의 정복과 지배가 환영을 받았다는 주장에는 한 가지 심각한 문제가 있다. 바로 근거가 없다는 것이다. 합성론파 기독교도가 동로마 제국에 불만을 품었다는 것도, 아랍 정복자에 협력했다는 것도 모두 동시대 기록에서는 확인되지 않는다. 오히려 합성론파 기독교도는 교회 간 화해를 위한 헤라클리우스Heraclius(재위 610~641년) 황제의 노력을 지지했다.[1]

당대인들이 남긴 많은 기록에서는 아랍인의 정복이 해방이나 구원이 아닌 파괴와 약탈을 수반한 무시무시하고 충격적인 사건으로 그려진다. 아랍 정복에 관한 가장 최초의 기록은 시리아어 복음서 사본의 한 귀퉁이에 쓰인 짧은 글이다. 637년에 쓰인 이 글은 무함마드를 언급하는 최초의 기록이기도 하다. 이 글에는 무함마드가 이끄는 아랍 유목민(타야예tayyaye) 무리가 시리아와 팔레스타인을 침공해 많은 사람을 죽이고 포로로 잡았다고 쓰여 있다. 640년에 시리아 합성론파 사제가 쓴 연대기에도 무함마드의 유목민들이 팔레스타인에서 기독교도, 유대인, 사마리아인 4,000명을 죽이고 팔레스타인 전역을 황폐화시킨 것으로 언급된다.[2]

네스토리우스파 기독교도가 그려내는 정복 역시 '평화적 정복'과는 거리가 멀다. 네스토리우스파 저자에 의해 660년경에 쓰인 것으로 추정되는 『후지스탄 연대기』에 따르면 정복자들은 이란 남부의 슈스타르Shushtar를 점령한 뒤 주교와 신학생, 사제를 포함해 많은 사람을 "피가 물처럼 흐를 정도로" 살해했다.[3]

이집트의 콥트 기독교도 또한 정복자들에게 우호적이지 않았다. 7세기 콥트교회 문헌에서 정복과 정복자들은 부정적으로 그려진다. 콥트교회 주교로 7세기 후반에 활동했던 니키우의 요한의 기록에는 동로마 제국의 압제에서 벗어나 정복자들을 환영하는 기독교도는 등장하지 않는다. 오히려 요한은 이집트의 기독교도가 정복자들이 저지르는 파괴와 약탈을 피해 모든 재산을 버리고 알렉산드리아로 도망쳤다고 쓴다.[4] 640년대의 설교문 또한 정복자들을 "사람을 노예로 파는 학살자, 압제자"라고 비난한다.[5]

중동의 기독교도가 정복과 정복자들에 대해 가진 반감은 7세기 후반에 형성된 여러 묵시문학에서도 나타난다. 하갈과 이스마엘의 자손, 즉 아랍인이 자행한 악행과 압제 그리고 기독교의 궁극적 승리에 대한 기대를 담은 묵시문학은 기독교도가 정복을 구원이나 해방으로 여기지 않았음을 보여준다.

640년경에 작성된 『위僞 에프렘의 묵시록』은 사막에서 나타난 하갈의 자손들, 즉 아랍인을 사람을 살해하고 노예로 만들며 지상의 모든 왕국을 굴복시키고 약탈과 파괴를 자행하는 무시무시한 존재로 그려낸다. 하갈의 자손들은 두려울 정도로 많은 공물을 요구하고 그들의 악행과 죄악은 구름을 가리고 온 세상을 덮을 정도다. 결국 분노한 신은 알렉산드로스 대왕이 가두어 놓은 곡Gog과 마곡Magog의 군세를 풀어 하갈의 자손들을 멸망시킨다.[6]

다른 묵시문학도 정복과 정복자들의 지배를 비슷한 방식으로 그려낸다. 7세기 후반에 등장한 『위 메소디우스의 묵시록』, 8세기 초의 『소小 요한의 묵시록』은 사제를 살해하고 성소를 모독하며 주의 이름을 증오하는 정복자들에 의해 예수를 그리스도로 증언하는 사람들이 겪는 박해와 환란을 강조한다.[7]

『위 메소디우스의 묵시록』은 이스마엘의 자손, 즉 정복자들이 요구하는 공물과 세금 부담으로 인해 이집트와 시리아의 사람들은 포로로 잡힌 것보다 70배는 심한 고통을 겪는다고 말한다. 이스마엘의 자손들은 또한 상인, 농부, 귀족의 소유물과 성직자의 성물聖物까지 지상 위의 모든 것을 차지하고 죽은 사람에게까지 세금을 걷으며 고아와 과부, 성인聖人에게도 인두세를 부과한다. 이스마엘의 자손들의 지배를 받는 동안 산 자는 죽은 자를 부러워하고 사제는 살해당하며 교회는 모독을 당하고 기독교도는 시련에 놓인다. 『위 메소디우스의 묵시록』은 이스마엘의 자손은 사람이 아니라고 선언한다. 그들은 오직 파괴와 살육을 위해 온 타락한 존재들일 뿐이다.[8]

『소 요한의 묵시록』에서도 정복자들은 귀금속뿐만 아니라 입은 옷까지 빼앗아가는 탐욕스러운 착취자로, 그들의 지배는 압제와 학정, 기근이 만연한 시대로 그려진다. 7세기 후반의 묵시문학인 『에데사 묵시록』은 남쪽에서 나타난 정복자들이 사람들을 약탈하고 노예로 삼으며 마을과 도시를 파괴할 뿐만 아니라 누구도 들어본 적 없는 엄청난 세금을 부과해 사람들이 자식을 팔 지경에 이르렀다고 쓴다.[9]

아랍인의 지배 아래에서 기독교도가 겪어야 했던 가혹한 세금과 고통은 묵시문학에서만 나타나는 주제가 아니다. 니키우의 요한은 정복자들이 기독교도의 모든 소유물을 빼앗고 "파라오가 이스라엘 사람들에게 씌운 굴레보다" 무거운 굴레를 기독교도에게 씌웠다고 전한다.[10] 775년 작성된 『주크닌 연대기』와 텔 마흐레의 디오니시우스Dionysius of Tel Maḥre(845년 사망)가 쓴 것으로 알려진 『연대기』에 따르면 7세기 후반에 칼리프 압둘 말리크가 기독교도에 부과되는 인두세를 늘리자 많은 사람이 세금 부담을 이기지 못해 기독교를 버리기도 했다.[11] 시리아와 이집트의 기독교도보다 아랍인에 우호적이었던 네스토리우스파 기독교도의 기록에서도 정복자들이 요구한 세금이 결코 적지 않았던 것으로 나타난다. 아랍 정복 시기 네스토리우스파 총대주교였던 이쇼으야흡 3세Isho'yahb III(659년 사망)는 한 편지에서 신앙을 유지하려면 재산의 절반을 내야 한다고 말했다.[12]

그렇다면 기독교도가 정복자들을 환영했다는 주장은 대체 어디서 나온 것일까? 중동의 기독교도가 정복을 동로마 제국으로부터의 해방으로 여겼다는 시각이 아예 근거가 없는 것은 아니다. 시리아 합성론 교회의 텔 마흐레의 디오니시우스는 정복을 구원이라고 보던 대표적인 기독교도 저자다. 그는 다음과 같이 썼다.

로마인이 끝없이 악행을 저지르고 우리와 우리 교회에 대해 온갖 탄압을 가하고 우리의 신앙이 사라질 위기에 처하자 신께서 남쪽에서 이스마엘의 자손들을 일으켜 데려오셨다. 이스마엘의 자손들은 실로 경멸과 멸시를 받는 이들이었으며 지상의 모든 민족 가운데에 가장 알려지지 않은 이들이었다. 그리고 우리는 그들을 통해 구원을 얻었다. 우리는 많은 것을 얻었다. 폭정을 일삼는 로마인의 왕국에서 벗어난 것이다.[13]

디오니시우스의 기록에서 악당은 동로마 제국이다. 동로마 제국군은 말로 다 할 수 없는 범죄를 저질렀고 패배한 뒤 시리아를 떠날 때 시리아가 마치 적의 땅인 것처럼 약탈했다. 반면에 무함마드는 아이와 노인, 여자를 죽이거나 약탈하는 것을 금지했으며 현지 주민들의 관습과 법을 존중하고 항복한 현지인들의 권리를 보장할 것을 지시했다.[14] 정복자들이 기독교도와 협정을 맺고 권리를 보장해주었다는 내용은 에데사의 테오필루스 Theophilus of Edessa(785년 사망)가 예루살렘 함락에 관해 남긴 기록에서도 찾아볼 수 있다.[15]

정복 직후에 나타났던 정복자들에 대한 두려움과 적의가 가득한 인식이 정복을 구원으로 보는 서사로 바뀐 이유는 무엇이었을까? 이는 아마도 무슬림 지배 아래에서 살아가야 하는 기독교도들의 생존 전략이었을 수도 있다. 정복자들이 기독교도를 존중하고 보호했다는 역사를 강조해 기독교도가 가진 권리가 역사적으로 정당한 것임을 주장한 것이다.[16] 무슬림의 지배 아래에서 동로마 제국의 칼케돈 교회와 구별되는 시리아 교회만의 고유한 정체성이 형성된 것도 서술 경향 변화의 배경에 있다는 주장도 있다.[17]

그 이유가 무엇이든간에 정복을 우호적으로 서술하는 기독교도 기록 대부분은 정복 당대가 아닌 정복으로부터 약 100년이 지난 8~9세기에 나타났다. 정복과 동시대에 쓰인 기록에서는 동로마 제국과 페르시아의 압제에서 해방된 기쁨이나 세금 부담을 줄여준 관대한 정복자들을 환영하는 반응은 찾아보기 힘들다. 정복을 직접 경험한 기독교도에게 정복은 그리 반가운 일은 아니었다.

정복, 기독교도에게는 징벌, 유대인에게는 구원

중동의 기독교도는 아랍인의 정복이라는 재앙과 비극이 신의 뜻이라고 생각했다. 그렇다면 왜 신은 기독교도가 아랍인의 지배를 받도록 한 것일까? 왜 기독교도를 비참한 상황에 빠지도록 한 것일까? 『위 메소디우스의 묵시록』의 저자는 "이스마엘의 자손들이 기독교도 왕국을 점령한 것은 신이 이스마엘의 자손들을 사랑해서가 아니라 기독교도가 저지른 죄악과 악행 때문이었다."고 설명한다.[18]

신이 사막의 유목민을 통해 기독교도를 벌하고 있다는 인식은 중동의 기독교도 사이에서 일반적이었다. 634년 예루살렘의 칼케돈파 총대주교 소프로니우스는 이스마엘의 자손들이 베들레헴을 차지하고 기독교도의 순례를 가로막는 상황을 개탄하면서도 기독교도가 참회하고 올바른 신앙을 따른다면 이스마엘의 자손들을 몰아낼 수 있을 것이라고 설교했다.[19]『위 에프렘의 묵시록』도 신이 하갈의 자손을 일으켜 불의와 죄악을 저지르는 동로마 제국을 징벌한 것이라고 말한다.[20] 시리아 합성론 교회의 에데사 주교였던 야곱Jacob of Edessa(708년 사망)은 신이 이스라엘 민족을 벌하기 위해 이집트의 지배를 받게 했듯이 유목민의 지배 또한 기독교도의 죄악에 대한 징벌이라고 설명한다.[21]

특히 여러 종파로 나뉜 중동의 기독교도는 이단 종파의 발흥이 신을 분노하게 한 원인이라고 주장하며 책임을 다른 종파에 전가했다. 니키우의 요한은 콥트교회를 박해한 동로마 제국에 책임을 돌렸고, 네스토리우스 교회의 요한난 바르 펜카예Yohannan bar Penkaye는 네스토리우스 교회가 칼케돈파 이단 신앙의 확산을 막지 못해 신을 노하게 했다고 주장했다.[22] 710년대에 쓰인 콥트 교회 연대기인『알렉산드리아 총대주교의 역사』에서도 정복은 동로마 제국의 타락한 교리에 대한 신의 징벌이라고 설명된다.[23]

기독교도는 사막에서 온 야만인들의 지배를 받게 된 것이 신의 뜻에 따른 것이었다면 마찬가지로 신의 뜻에 따라 구원도 이루어질 것이라고 생각했다. 정복자들이 펼치는 학정과 압제가 영원하지는 않을 것이며 결국에는 기독교가 승리할 것이라는 7세기 기독교도의 기대는 묵시문학에 나타난다.『위 메소디우스의 묵시록』과『에데사 묵시록』은 언젠가 그리스의 왕이 일어나 이스마엘의 자손들을 파멸시키고 기독교도들을 구원할 것이며 이어 예수가 재림하여 심판할 것이라고 예언한다.『소 요한의 묵시록』에 따르면 신은 이스마엘의 자손이 저지르는 악행에 분노해 그들 사이에 내분을 일으킬 것이다. 그 뒤에는 북방의 왕이 나타나 정복자들을 다시 남쪽으로

몰아낼 것이다.[24]

한편 유대인은 정복을 기독교도와는 완전히 다르게 이해했다. 유대인 역시 이스마엘의 자손들이 기독교도의 지배를 무너뜨린 것이 신의 뜻이라고 생각했다. 그러나 유대인에게 이는 징벌이 아니라 구원의 약속이 실현되는 것이었다. 이스마엘의 자손들이라는 표현에서 드러나듯이 7세기 중동 사람들은 아랍인의 조상이 아브라함의 아들 이스마엘이라고 생각했다. 따라서 아브라함의 아들 이삭의 후손을 자처하는 유대인에게 아랍인은 어떤 의미에서는 형제였다. 아랍인이 약속된 땅을 정복하고 기독교도 지배를 무너뜨린 것은 곧 유대인의 형제 민족이 승리한 것이었다.

이스마엘의 자손들에 대해 유대인이 가진 기대는 660년경에 작성된 것으로 추정되는 유대 묵시문학인 『랍비 시므온 벤 요하이의 묵시록』에 드러난다. 벤 요하이가 "에돔 왕국(동로마 제국)이 우리에게 한 것으로는 충분하지 않았습니까? 이제 이스마엘의 왕국까지 견뎌야 하는 것입니까?"라고 불평하자, 천사 메타트론이 나타나 벤 요하이를 깨우친다.

> "두려워 말아라, 인간이여, 찬양을 받으실 신께서는 오직 너희들을 사악한 이들로부터 구원하기 위해 이스마엘의 왕국을 보내신 것이다. 신께서는 당신의 뜻에 따라 이스마엘의 자손들 가운데에서 예언자를 세우셨고 열방이 그 앞에 복종하게 하실 것이다."[25]

이에 벤 요하이가 이스마엘의 자손들을 어떻게 유대인의 구원으로 볼 수 있냐고 묻자, 메타트론은 이사야서 21장 7절에 나오는 '낙타를 탄 사람'이 등장한 이후에야 나귀를 타고 올 이스라엘의 구원자가 올 것이라고 설명한다. 이 맥락에서 메타트론이 말한 낙타를 탄 사람은 곧 무함마드와 그가 이끄는 유목민을 가리키는 것으로 해석된다.[26]

이뿐만 아니라 『랍비 시므온 벤 요하이의 묵시록』은 이스마엘 왕국의 두 번째 왕은 이스라엘의 친구로, 예루살렘의 성전 폐허를 수리하고 성전산에 예배당을 세우며 동로마 제국을 무찌를 것이라고 예언한다.[27] 예루살렘을 정복한 칼리프 우마르를 '이스라엘의 친구'라고 부를 정도로 당시 유대인은 정복자에 대한 기대를 가졌던 것이다.

유대인이 정복을 구원으로 보았을 가능성은 다른 기록에서도 확인된다. 이르면 630년대, 늦어도 670년대에 쓰인 것으로 추정되는 『새롭게 세례를 받은 야곱의 가르침』이라는 책에는 메시아가 올 것이라고 선언한 예언자가 사막의 유목민 가운데에서 나타났으며, 동로마 제국군이 유목민에게 패배하자 유대인이 기뻐했다는 이야기가 나온다.[28] 이 예언자는 바로 무함마드다. 무함마드의 등장을 환영한 유대인이 있었다는 것이다.

여러 기독교도 기록은 유대인이 정복에 참여했다고 언급한다. 660년경에 쓴 것으로 추정되는 아르메니아 연대기에는 유대인과 이슬람의 관계에 관한 흥미로운 이야기가 실려 있다. 이 기록을 요약해보면 다음과 같다.

동로마 제국의 박해를 피해 아라비아반도로 이주한 유대인은 이스마엘의 자손들을 만나 그들이 유대인과 형제라는 점을 설득시켰다. 이스마엘의 자손들은 유대교로 개종하지 않았지만, 그들 가운데에서 무함마드라고 하는 상인이 등장해 아브라함의 신을 믿을 것과 율법을 이스마엘의 자손들에게 가르쳤다. 무함마드가 신이 아브라함과 그 자손들에게 약속한 땅을 되찾아야 한다고 설교하고 동로마 제국을 침공하자 유대인도 이스마

엘의 자손들과 함께 침공에 참여했다.[29]

이 연대기에 따르면 이스마엘의 자손들은 또한 유대인을 예루살렘 총독으로 임명했다.[30] 동로마 제국의 신학자인 고백자 막시무스Maximus the Confessor(662년 사망)도 유대인이 정복자를 환영하고 정복자에 적극적으로 협조했다고 기록한다.[31] 이처럼 여러 동시대 기록은 정복자들과 유대인이 가까운 관계에 있었음을 시사한다.

정복 직전 헤라클리우스 황제는 제국 내 유대인을 강제로 기독교로 개종시킬 것을 명령했다. 『새롭게 세례를 받은 야곱의 가르침』에 등장하는 야곱이라는 인물이 유대인이었다가 '새롭게' 기독교 세례를 받은 것도 이러한 이유에서였다. 기독교 제국의 소수자로서 박해를 받던 유대인에게 자신들과 마찬가지로 아브라함의 후손을 자처한 아랍인의 등장은 구원에 대한 기대를 불러일으키는 사건으로 이해되었을 수도 있다. 적어도 유대인에게 있어 정복은 환영할 변화였다.

정복은 곧 탄압과 파괴였을까?

기독교 묵시문학은 정복자들을 지옥에서 올라온 악마이자 순수한 악으로, 기독교도는 정복자들이 자행하는 살육, 파괴, 각종 악행의 일방적인 피해자로 그려낸다. 그러나 현실은 그렇게 단순하지 않았다. 정복은 묵시문학에서 말하는 선과 악의 우주적 대결보다 훨씬 더 복잡한 사건이었다.

먼저 정복자들과 기독교도의 관계는 일방적인 탄압과 박해의 관계가 아니었다. "그들 가운데에 있는 기독교도가 적지 않다."는 요한난 바르 펜카예의 기록은 정복자에 협력한 기독교도가 분명히 존재했음을 시사한다.[32] 7세기에 쓰인 성인전聖人傳에서는 예루살렘 성전산 위에 모스크를 건설하려는 정복자들을 자발적으로 도와주는 기독교도가 등장한다.[33] 정복자들은 기독교도와 음식을 나누어 먹고 결혼하기도 했으며 기독교도 성인의 설교를 듣고 축복을 받기 위해 모여들었다.[34] 심지어 칼리프 무아위야가 예루살렘에서 대관식을 올리고 골고다 언덕에서 기도를 드렸다는 기록도 있다.[35]

특히 네스토리우스파 기독교도는 시리아나 이집트 기독교도보다 정복과 새로운 통치자에 우호적인 편이었다. 이쇼으야흡 3세는 사막의 유목민들이 기독교도의 적이 아니며 오히려 기독교 신앙을 존중하고 사제를 공경하며 교회와 수도원에 지원을 제공한다고 말한다. 이쇼으야흡 3세는 비록 재산의 절반을 요구하기는 하지만 정복자들이 기독교 신앙을 버릴 것을 강요하지 않는다고 쓴다. 요한난 바르 펜카예도 무아위야가 다스리던 시기를 정의로운 통치가 이루어지는 평화로운 시대였으며 무아위야가 기독교를 존중했다고 기록한다.[36]

새로운 통치자에 대한 시각 차이는 아마도 네스토리우스파의 상황이 이집트와 시리아의 기독교도들과는 달랐기 때문이었을 것이다. 이집트와 시리아의 기독교도는 종파는 달라도 기독교도 황제의 지배를 받았기에 정복은 곧 기독교도의 지배가 끝났음을 의미했다. 그러나 네스토리우스파는 조로아스터교의 쇠퇴와 페르시아 제국의 붕괴를 안타까워 할 이유가 전혀 없었다.[37] 오히려 네스토리우스파는 정복 이후 교세가 팔레스타인 지역에 이를 정도로 확장되었다.[38]

묵시문학이 말하는 대로 정복이 항상 폭력적이고 파괴적인 방법으로 이루어졌다고도 보기 어렵다. 평화적으로 항복하는 대가로 정복자들이 안전 보장을 약속한 사례가 동시대 기록에서도 확인되기 때문이다. 한 예로 정복에 관한 가장 오래된 기록인 637년 성경 사본 주석에는 에메사Emesa 주민들이 안전을 보장받는 대가로 항복했다는 언급이 나온다. 예루살렘이 총대주교 소프로니우스가 칼리프 우마르와 체결한 협정에 따라 평화적으로 항복한 것도 그 예다. 기독교도 기록에 따르면 우마르는 협정을 철저히 지키고 예루살렘 주민들의 안전과 재산을 보장했다. 우마르의 옷이 낡고 더러운 것을 본 소프로니우스가 새 옷을 주려고 하자, 예루살렘 주민의 소유물을 함부로 취할 수 없다고 거절할 정도였다.[39]

고고학적 증거 또한 정복이 세계 종말과는 거리가 멀었다는 주장을 뒷받침한다. 아랍인의 정복 과정에서 대규모 파괴가 있었다는 흔적이 보이지 않기 때문이다. 시리아와 팔레스타인에서 이루어진 고고학 조사에서는 정복 이전과 이후 도시 구조나 농촌에서의 촌락 분포 양상, 경제와 무역 활동 등에서 큰 변화가 있었다는 뚜렷한 증거가 발견되지 않았다. 페테르 펜츠Peter Pentz는 이를 근거로 아랍인의 정복을 '보이지 않는 정복'이라고 부른다.[40]

로버트 쉬크Robert Schick에 따르면 정복 이후 약 100년 동안에는 모스크로 개조된 교회는 거의 없었을 뿐만 아니라 이미 있던 교회가 수리되거나 새로운 교회가 지어지는 경우가 더 많았다.[41] 한편 동로마 제국의 탄압으로 6세기부터 감소하기 시작한 콥트교회 수도원 수는 오히려 정복 이후에 늘어나는 양상이 확인된다.[42]

'이슬람의 평화적 정복' 또는 '이슬람의 폭력적 본질'이라는 이분법

7세기 아라비아반도에서 등장해 중동을 정복한 정복자들은 무함마드를 신의 계시를 받은 예언자로 믿던 사람들이었고 이후 무슬림이라는 이름으로 불리게 되었다. 이들의 정복은 따라서 무함마드가 전한 계시인 이슬람의 본질이 무엇인지에 관한 논쟁과 밀접하게 관련되어 있다. 정복이 평화적으로 이루어졌으며 현지인들의 환영을 받았다고 주장하는 편에서는 이슬람이 평화적이고 관용적인 종교라는 점을 강조한다. 그러나 정복은 본질적으로 파괴나 인명 피해를 수반하는 폭력적인 현상이며, '평화로운 정복'이라는 표현은 형용모순이다. 정복이 현지인들의 환영을 받으며 평화적으로 이루어졌다는 주장은 증거에 토대를 둔 역사적 사실보다는 이슬람을 긍정적으로 해석하려는 목적으로 구성된 신화에 가깝다.

반면에 이슬람을 폭력적이고 배타적이며 비관용적인 종교로 보고자 하는 편에서는 동시대 기독교도의 기록을 근거로 정복 과정에서 일어난 파괴와 약탈, 탄압을 강조한다. 이러한 관점에서 정복이 평화적으로 이루어졌다는 주장은 역사 왜곡이나 이슬람 미화로 치부된다. 한국의 '친이슬람 학자'들이 이슬람 이데올로기의 위험성을 은폐하고 역사를 왜곡하고 있으며, 따라서 '객관적'이고 '비판적'인 연구를 통해 이슬람의 '올바른 본질'을 꿰뚫어 보아야 한다는 것이다. 이러한 맥락에서 니키우의 요한이 남긴 기록을 국내 최초로 소개한 단체가 중동·이슬람 학계가 아닌 기독교문서선교회라는 점은 흥미롭다.[43]

조너선 브라운Jonathan Brown은 기독교도 기록만을 가지고 7세기의 정복역사를 재구성하는 것은 한쪽의 일방적 시선에만 의존한다는 점에서 "미국

신문만 보고 냉전 역사를 쓰는 것"과 같다고 지적한다.[44] 기독교도 기록은 동시대 목격자들의 생생한 증언을 담고 있기에 매우 가치 있는 자료다. 그러나 기독교도 기록 역시 특정한 목적이나 의도에 따라 집필된 기록임을 염두에 두고 조심스럽게 다루어야 한다. 묵시문학을 포함한 기독교도 기록이 그려내는 참상은 정복이라는 거대한 사건이 가져온 충격과 혼란, 두려움과 불안함을 표현하기 위해 크게 과장된 서술일 가능성도 충분히 있기 때문이다.

정복이 전적으로 평화적이고 관용적으로 이루어졌다는 쪽이나 정복을 피에 굶주린 광신도들의 일방적 파괴와 학살로 규정하는 쪽이나 모두 정복이라는 다면적이고 복잡한 사건을 지나치게 단순화한다는 점에서는 서로 비슷하다고 할 수 있다. 7세기 아랍인의 정복은 중동의 정치적, 사회적, 종교적 환경에 큰 변화를 가져왔다는 중동 역사에서 가장 중요한 사건 중 하나라고 할 수 있다. 그러나 역사적으로 중요한 이 사건에 관한 우리의 이해는 안타깝게도 이슬람을 맹목적으로 옹호하거나 무조건 비하하는 이분법 사이에 갇혀 있다.

중동은 어떻게 아랍인과
이슬람의 땅이 되었을까?

아랍인, 성공한 유목민

로마제국을 침입한 게르만족이나 중국을 점령한 여진족, 거란족, 만주족과
같이 유목민 또는 '야만인'이 정주민의 국가를 군사적으로 점령한 사례는
세계사에 걸쳐 쉽게 찾아볼 수 있다. 그러나 청나라를 세운 만주족의 만주
어가 소멸 위기에 놓였듯이 많은 경우 정복자들은 정주 국가의 문화에 동
화되어 결국에는 자신들의 문화와 언어를 상실하기에 이르렀다. 반면에 사
막의 유목민이던 아랍인은 동로마 제국과 페르시아라는 두 거대 제국을 점
령하고도 동화되지 않았을 뿐만 아니라 오히려 피정복자를 동화시키는 데

성공했다.

이런 차이는 무엇으로 설명할 수 있을까? 왜 아랍인은 게르만족과 만주족과 다른 길을 걸을 수 있었을까? 어떻게 소수였던 아랍인이 지중해 연안과 북아프리카 지역을 지배하고 문화적으로 발전한 피정복자들을 아랍화할 수 있었을까? 한때 기독교권이었던 지중해 지역과 조로아스터교의 영역이었던 메소포타미아와 이란 고원은 어떻게 이슬람의 땅이 되었을까?

아랍인의 '성공'을 보여주는 가장 대표적인 척도는 바로 언어다. 아랍인이 새 지배자로 등장하기 전 중동 지역에서는 그리스어, 아람어, 콥트어, 페르시아어 등 다양한 언어가 사용되고 있었으며, 아랍어는 아라비아반도와 인근 지역을 떠돌던 유목민들 사이에서나 사용되던 언어였다. 오늘날에는 상황이 완전히 뒤집혔다. 아랍어는 이란과 튀르키예를 제외한 중동 지역 대부분에서 지배적인 언어다. 그리스어는 중동 지역에서는 사라졌고, 한때 중동의 공용어 역할을 하던 아람어는 시리아의 마을룰라Ma'lula와 인근 마을에서만 사용되는 언어로, 콥트어는 이집트 콥트 기독교도의 전례 언어로만 남아 있다. 7세기에 아라비아의 유목민들에게 정복된 지역 중 오직 이란만이 아랍어에 저항할 수 있었다. 그러나 현대 페르시아어 어휘 중 많은 수가 아랍어일 정도로 아랍어의 영향력은 강력했다.

아랍어는 아랍인이 아라비아반도에서 중동으로 이주하면서 확산되었다. 정복 이후 아랍인은 이미 존재하던 도시에 정착하는 대신 그들만을 위한 새로운 도시를 세웠다. 이라크의 바스라, 쿠파, 모술, 와시트와 이집트의 푸스타트, 팔레스타인의 아카바와 라믈라 등이 대표적인 예다. 아랍 정복자와 현지 주민이 분리되어 사는 환경은 아랍인들이 현지 문화와 언어에 동화되는 결과를 막을 수 있었다. 같은 언어를 쓰고 쿠란과 예언자 무함마드의 가르침에 토대를 둔 신앙을 공유하는 부족들이 한 도시에 모여 함께 살아가는 환경은 정복자들이 공유하는 공통의 정체성을 만들어냈다. 이런 점에서 아라비아의 여러 부족을 결속하는 아랍인과 무슬림 정체성은 정복이 만들어낸 산물이라고 할 수 있다.

아랍인이 자신들의 언어와 문화, 정체성을 확고히 유지하는 환경에서 아랍인과 비아랍인의 접촉은 피지배자인 비아랍인이 지배자인 아랍인의 언어와 문화를 받아들이는 방향으로 이루어졌다. 아랍어가 지배적 위치를 차지하는 도시에서 살며 아랍인 지배자들과 소통하기 위해 아랍어를 배워야 했던 비아랍인 출신의 노예, 전쟁 포로, 관료 등을 통해 아랍어는 점차 비아랍인들에게로 확산되었다. 정복 이후에도 그리스어나 페르시아어가 여전히 행정 언어로 쓰였지만, 아랍어를 할 줄 아는 관리들이 늘어남에 따라 아랍어도 공문서에서 사용되기 시작했다. 제국의 공식 행정 언어를 아랍어로 지정한 칼리프 압둘 말리크의 정책은 7세기 후반과 8세기 초에 아랍어를 할 줄 아는 관료가 충분히 있었다는 것을 보여준다.[1]

아랍어는 시리아와 팔레스타인 지역에서 가장 빠르게 퍼진 것으로 보인다. 정복 이후 많은 그리스어 사용자가 동로마 제국으로 떠났을 뿐만 아니라 동로마 제국의 위협에 대응하기 위해 아랍 군대가 넓은 지역에 주둔했기 때문에 아랍인과 현지인의 접촉도 늘어났고 이 과정에서 아랍어도 빠르게 확산된 것으로 추정된다. 이슬람 이전부터 많은 아랍인이 시리아와 팔레스타인 지역에 살고 있었다는 점도 아랍어 확산에 영향을 미쳤다. 이미 팔레스타인의 기독교도는 8세기부터 그리스어나 시리아어 대신에 아랍어로 글을 쓰기 시작했다.[2] 특히 행정, 학문 분야에서 아랍어가 그리스어를 대체하면서 동로마 제국 시기에 일상 언어보다는 행정과 학문 언어로서

사용되던 그리스어의 필요성은 빠르게 줄어들었다.[3]

　이라크와 이집트는 시리아와 팔레스타인보다 아랍어화가 느리게 이루어졌다. 페르시아 제국이 완전히 붕괴한 이라크, 외부 위협에서 비교적 안전한 이집트에서는 아랍인이 정복 이후에 세워진 도시에 주로 정착했고, 따라서 시리아나 팔레스타인과 달리 현지인과 접촉할 일이 드물었다. 그 결과 이라크와 이집트에서 아랍어는 일상 언어로 자리를 잡기까지 시리아나 팔레스타인보다 더 오랜 시간이 걸렸고 9~10세기가 되어서야 아랍어로 된 기독교도 문헌이 나타나기 시작한다.[4] 압둘 말리크가 아랍어화 정책을 시행한 이후인 8세기 중반에도 이집트에서는 많은 행정 문서가 여전히 그리스어와 콥트어로 쓰였다.[5]

　시리아, 이라크, 이집트 세 지역 사이에 나타나는 아랍어화의 차이는 이슬람권 내의 정치적 변동과도 관련이 있다. 정치권력의 중심지와 가까울수록 중앙정부도 더 강력한 통제력을 행사하고 아랍인 지배자와 현지인 사이의 접촉이 늘어나기 때문이다. 가장 빠르게 아랍화가 이루어진 시리아와 팔레스타인 지역은 최초의 칼리프 제국인 우마이야 칼리프조의 근거지였다. 이후 이라크 바그다드를 수도로 하는 압바스 칼리프조가 세워지며 이라크에서도 아랍어화가 빠르게 이루어졌다. 시리아나 이라크와 달리 이집트는 우마이야 시대와 압바스 시대에는 사실상 중앙정부의 식민지였고, 중앙정부는 오직 세금을 걷는 데에만 관심이 있었다. 아랍인 지배자들과 이집트 현지인들의 접촉은 세금을 걷고 바치는 관계로 제한되었다. 그러나 10세기 이집트 카이로를 수도로 하는 파티마 칼리프조가 세워지면서 이집트는 변방에서 정치적 중심지로 부상했고 아랍인 지배자들과 현지인 사이의 접촉도 늘어났다. 그 결과 이집트에서는 10세기부터 아랍어가 일상 언

어로서 콥트어의 위치를 대체해가기 시작했다.[6]

　반면에 이란에서는 오히려 아랍인이 페르시아어를 받아들이는 결과가 나타났다. 시리아와 팔레스타인, 이라크, 이집트와 달리 아라비아반도에서 멀리 떨어진 이란에서는 아랍인은 그들만의 새 도시를 세우지 않고 현지인 사이에 정착했으며, 페르시아어를 쓰는 사람들 가운데 살면서 소수의 아랍인은 자연스럽게 페르시아어를 일상 언어로 사용하게 되었다. 페르시아어를 사용하는 지방의 유력 세력이 정복 이후에도 영향력을 유지했다는 점도 중요한 요인이었다. 로버트 호이랜드Robert Hoyland에 따르면 사산조 페르시아 제국이 멸망한 것도 오히려 페르시아어의 생존에 유리하게 작용했다. 동로마 제국의 그리스어와 달리 페르시아어는 멸망한 제국의 언어로 아랍 무슬림의 패권에 위협으로 여겨지지 않았기 때문이다.[7] 이러한 이유로 인해 페르시아어는 이란 지역이 이슬람화한 이후에도 이슬람권 동부에서 지적 활동과 창작, 문학과 행정에서 사용되는 언어로서 독보적인 위치를 지켜냈다.

기독교의 땅에서 이슬람의 땅으로

아랍어가 퍼질 수 있게 한 요인으로 이슬람을 빼놓을 수 없다. 이슬람은 게르만족이나 몽골인, 만주족이 가지지 못한 아랍인의 가장 큰 무기였다. 이슬람을 통해 아랍인은 피정복자들에 동화되는 것이 아니라 피정복자를 동화시킬 수 있었다. 이슬람이 표방하는 유일신 신앙은 중동의 기독교도나 유대인에게도 낯설거나 결코 받아들일 수 없는 것이 아니었다. 이슬람으로의 개종은 피정복자에게 낮은 지위에서 벗어날 수 있는 문을 열어주었으며, 특히 노예나 전쟁 포로 등 사회 최하층에 놓인 사람들에게 개종은 자유를 되찾고 지위를 상승시킬 수단으로써 충분히 매력적인 선택이었다.

이슬람으로의 개종은 아랍화와 함께 이루어졌다. 비아랍인들은 이슬람으로 개종하기 위해서는 아랍 무슬림의 보호를 받는 사람, 즉 마왈리 mawali가 되어야 했고 이 과정에서 개종자는 아랍어와 아랍 문화를 받아들이게 되었다. 마왈리의 후손들은 '순수한' 아랍인의 후예는 아니지만, 이슬람을 믿고 아랍어를 모어로 사용하며 자신을 아랍인으로 생각했다. 아랍화한 마왈리들과 그들의 후손이 늘어나면서 아랍어를 모어로 사용하고 아랍인의 문화와 도덕적 가치와 규범을 따르는 사람은 모두 아랍인이라는 인식이 자리를 잡았다.[8]

물론 이슬람화는 아랍어화보다 느리게 이루어졌다. 언어는 필요에 따라 비교적 쉽게 바꿀 수 있어도 종교를 바꾸는 것은 곧 정체성을 바꾸는 것이기에 더 어려웠기 때문이다. 시리아어를 사용하는 기독교도가 아랍어를 사용하는 것은 간단했을지 몰라도 아예 무슬림이 되는 것은 다른 문제였다. 무슬림 통치자들이 비무슬림을 개종시키는 데에 큰 의지가 없었다는 점도 이슬람화가 점진적으로 이루어진 원인이었다. 무슬림 통치자들은 지배자로서 배타적 특권을 유지하는 것이 목적이었지 비무슬림이 개종하여 무슬림으로서 권리를 요구하고 나서는 것은 바라지 않았다.

무슬림 통치자들이 개종에 큰 의지가 없었다는 것을 보여주는 한 예는 바로 비무슬림에게 부과되는 세금인 인두세, 즉 지즈야jizyah다. 지즈야 수입은 토지세와 함께 우마이야 칼리프조의 주요 수입원이었다. 비무슬림이 개종하면 지즈야를 내지 않는 것이 원칙이지만, 무슬림 통치자들은 개종자가 늘어나 재정 수입이 줄어들 것을 우려했다. 우마이야 시대에는 개종자가 정식으로 무슬림으로 인정받기 위해서는 무슬림의 피보호자, 즉 마왈리가 되어야 했으며, 그러지 못한 자는 개종하더라도 여전히 비무슬림으로 간주되었다.[9] 칼리프 우마르 2세'Umar II(재위 717~720년)가 칙령을 내리기 전까지는 마왈리로 인정받지 못한 개종자는 계속해서 지즈야를 내야 했으며, 칙령 이후에도 개종자들에게 지즈야가 부과되는 경우는 완전히 사라지지 않았다.[10]

지즈야 부담으로 인해 기독교도들이 이슬람으로 개종하는 경우는 우마이야 시대에도 있었다. 네스토리우스 교회의 총대주교인 이쇼으야흡 3세의 서한과 7세기 후반의 기독교 묵시문학인 『위 메소디우스의 묵시록』에는 세금 부담을 이기지 못해 기독교도들이 신앙을 버리는 상황이 언급된다.[11] 그러나 압바스 시대가 되어서야 개종자도 지즈야를 내지 않는다는 원칙히 확고하게 자리 잡았고, 지즈야를 피하기 위한 개종도 늘어나기 시작한다.[12]

이와 같은 이유로 인해 역설적으로 전쟁 포로로 끌려와 노예가 된 사람들이 무슬림 주인에 의해 마왈리로 인정받을 가능성이 더 컸고, 자유를 찾고 노예와 포로라는 가장 낮은 지위에서 벗어나기 위해 개종할 동기도 강했다. 마왈리는 '순수한' 아랍 무슬림의 피보호자로서 아랍 무슬림 보호자보다 낮은 지위에 있었지만, 노예나 포로 신세보다는 나았다. 종교를 바꾸더라도 잃어버릴 사회적 지위가 없는 사람들이 제일 먼저 개종했다.[13] 마왈리가 된다는 것은 예속된 신분에서 벗어날 뿐만 아니라 새로운 기회가 되기도 했다. 마왈리는 무슬림 군대의 일원이 되어 아랍 무슬림 병사와 똑같이 봉급을 받을 수 있었기 때문이다. 한 예로 카디시야 전투에서 페르시아가 패배한 이후 페르시아군의 정예 병력 4,000명이 이슬람으로 개종해 마왈리로 무슬림 군대에 편입되었다.[14]

압바스 시대에 들어 마왈리에 대한 차별이 약화되고 개종자에게도 지즈야가 면제되면서 개종 속도는 더 빨라졌다. 노예와 포로에 이어 경제와 행정 중심지인 도시에서 주로 활동하는 상인, 기술자, 관료 등도 개종하기 시작했다.[15] 사회 하층민에서부터 시작된 개종의 흐름은 결국 이슬람 이전에는 높은 사회적 지위를 가졌던 유력 계층에까지 닿았다. 페르시아의 지주 계층인 데흐칸dehqan 등 지방 유력자들은 무슬림 인구가 늘어나면서 무슬림 사회에 살아가는 비무슬림으로 사회적 지위가 하락했다. 결국에는 지방 유력자들도 과거 자신들이 누리던 사회적 지위를 유지하기 위해 개종 행렬에 동참했다.[16]

이슬람화가 가장 빠르게 이루어진 곳은 역설적으로 아랍화가 가장 이루어지지 않은 이란 지역이었다. 이란에서는 조로아스터교의 교세가 빠르게 약화되었다. 중동의 기독교도 대다수는 동로마 제국의 국교인 칼케돈파 기독교에 속하지 않았으며, 유대인들 또한 기독교 제국에서 소수자였다. 따라서 중동의 기독교도와 유대인은 아랍 정복 이전에도 권력의 보호를 받지 않고 홀로 생존하는 데 익숙한 편이었다. 사산조 페르시아의 국교인 조로아스터교는 그렇지 않았다. 조로아스터교는 황실과 귀족층의 지원을 받던 사제들의 의례 수행을 중심으로 하는 엘리트 중심의 종교였고, 따라서 페르시아 제국이 멸망하고 황실과 귀족층의 지원을 잃어버리면서 큰 타격을 입었다.[17]

리처드 불리엣Richard Bulliet은 학자와 저명인사들의 생애를 기록한 전기와 족보 기록을 분석해 이란과 이집트, 시리아, 이라크 등에서 이슬람화가

3. 중동은 어떻게 아랍인과 이슬람의 땅이 되었을까?

어떤 속도로 진전되었는지를 추정했다. 불리엣은 사람들의 이름이 무함마드, 아흐마드, 알리 등 무슬림 이름으로 바뀌는 시점이 곧 개종 시점이라고 가정하고 언제부터 전기와 족보 기록에서 무슬림 이름이 더 많이 나타나기 시작했는지를 확인했다. 이를 토대로 불리엣은 이란에서는 9세기 초에, 이라크와 시리아, 이집트에서는 9세기 후반과 10세기 초에 무슬림 인구가 다수를 차지하게 되었다고 결론 내린다.[18]

아랍인과 다른 문화적 전통을 가지고 있었던 비아랍인의 개종은 이슬람 문명의 발전에 큰 영향을 미쳤다. 역사학, 쿠란 주석학, 전승학, 문법학, 법학 등 이슬람 고전 문명의 많은 요소가 개종자와 그 후손들을 통해 형성되고 발전되었다. 예언자 무함마드의 전기를 최초로 쓴 이븐 이스하크는 이라크 출신 전쟁 포로의 손자였으며, 하나피 법학파의 창시자인 아부 하니파Abu Hanifa(767년 사망)는 아프가니스탄에서 잡혀 온 전쟁 포로의 후손이었다.

특히 가장 개종이 빠르게 이루어진 페르시아 문화권 출신 개종자들이 학문 분야에서 두각을 드러냈다. 대표적으로 아랍어 문법학의 초석을 놓은 시바와이흐Sibawayh(796년 사망), 역사학자 알타바리, 철학자이자 의사인 이븐 시나Ibn Sina(1037년 사망), 대수학의 창시자 알콰리즈미Al-Khwarizmi(850년 사망) 등이 있으며, 오늘날까지 가장 권위를 인정받는 무함마드의 언행록 편찬자 6명도 모두 페르시아 문화권 출신이다.[19] 비아랍인 출신 개종자들이 고전 이슬람 문명의 발전을 주도했다고 해도 과언이 아닐 정도다. 학문 중심지로서 이라크와 이란의 입지는 몽골 침입 이후 약화되기 시작했고, 이란보다 개종이 느리게 진행되었던 이집트와 시리아가 12세기부터 법학과 종교학 분야에서 두각을 드러내기 시작했다.[20]

불리엣의 주장이 얼마나 정확한지는 여전히 논쟁거리다. 불리엣이 인구 대다수가 무슬림이 되었다고 본 10세기 이후에도 여전히 비무슬림이 많았다고 추정할 근거가 있기 때문이다. 10세기 후반 이집트와 팔레스타인을 여행하고 기록을 남긴 알무캇디시Al-Muqaddisi(991년 사망), 역시 10세기 후반에 활동한 지리학자 이븐 하우칼Ibn Hawqal(978년 사망)은 이집트와 팔레스타인 인구 중 여전히 많은 수가 기독교도와 유대인이라고 기록한다.[21] 유명 인사의 전기와 족보 기록에 의존한 불리엣의 연구가 지나치게 도시에 편중되어 있으며, 농촌 지역의 상황은 고려되지 않았다는 비판도 있다. 도시보다 느린 변화 속도, 여행가들의 기록과 여러 자료를 종합해서 고려할 때 농촌과 교외 지역에서는 13~14세기 이후에야 무슬림 인구가 다수를 차지했을 가능성도 제시된다.[22]

이라크와 이란의 조로아스터교 역시 한순간에 사라지지 않았다. 적어도 10세기까지 불의 사원은 이란 각지에 있었다. 압바스 칼리프조의 중심지인 이라크에도 조로아스터교의 불의 사원이 있었으며, 특히 오늘날 이란 남부 지역인 파르스Fars는 11세기 기록에서 "불의 사원이 없는 도시가 없다."고 언급될 정도로 조로아스터교도들이 많은 지역이었다.[23]

무슬림이 다수를 차지한 정확한 시점이 언제인지는 분명하지 않지만, 오스만 제국이 시리아와 팔레스타인을 정복한 16세기에는 기독교도와 유대인은 확실히 소수자가 되어 있었다. 오스만 제국의 세금 징수 기록에 따르면 알레포 인구의 단 2.6%가 유대인이었으며, 다마스쿠스 인구 중 유대인은 단 6%에 불과했다. 기독교도 역시 일부 마을을 제외하면 전체 인구의 10%를 넘지 못했다.[24]

아랍 정복자들이 '한 손에는 칼, 한 손에는 쿠란'을 들고 강압과 무력에 의존하여 이슬람을 전파했다고 말하기도 한다. 그러나 조르주앙리 부스케 Georges-Henri Bousquet는 이 말에는 큰 문제가 있음을 지적한다. 무슬림은 쿠란을 오른손으로만 들어야 한다. 그렇다면 칼은 왼손으로 잡을 수밖에 없다. 하지만 아랍인들이 모두 왼손으로 무기를 자연스럽게 쓸 수 있는 왼손잡이였다는 근거는 없다. 쿠란을 들고 전투에 나섰다면 오히려 불리했을 것이다.[25]

부스케의 '반박'은 물론 농담일 뿐이다. 그러나 정복자들이 개종을 강요하기는커녕 오히려 개종을 막으려고 애를 썼고, 중동에서 무슬림이 다수를 차지하기까지는 거의 천년에 가까운 오랜 기간이 걸렸다는 것은 사실이다. 무슬림이 다수를 차지하는 오늘날에도 중동에는 기독교도와 유대인뿐만 아니라 조로아스터교, 만데안Mandean, 야지디Yazidi, 사마리아 등 오랜 역사를 자랑하는 고대 종교를 믿는 사람들도 소수나마 살고 있다.

무슬림이 비무슬림을 대하는 수단이 오직 칼이었다면 왜 이슬람화는 그렇게 느리게 이루어졌을까? 비무슬림들에게 주어진 선택지가 오직 개종 또는 죽음이었다면, 비무슬림은 대체 어떻게 무슬림 가운데에서 살아갈 수 있었던 것일까? 세금 부담과 탄압과 차별은 비무슬림을 개종으로 내몰았고, 비무슬림에 대한 학살이 아예 없다고도 할 수 없다. 그러나 비무슬림이 신앙을 지킬 자유와 권리가 있다는 원칙이 완전히 부정된 적도 없다. 관용 또는 박해의 이분법만으로는 무슬림과 비무슬림 사이 천년에 걸친 복잡하고 다양한 관계의 역사를 설명하기에는 부족하다.

지하드, "신의 길에서 행하는 투쟁"

지하드Jihad, 즉 "신의 길에서 행하는 투쟁jihad fi sabil allah"은 항상 논란이 되는 개념이다. 쿠란에서 말하는 지하드는 예배와 인내, 경건하고 신실한 삶 등 신을 위해 헌신하는 모든 행위를 의미하지만, 적과 불신자에 맞서 싸우는 행위가 특히 강조된다는 점은 분명한 사실이다. 중세 무슬림 법학자 대부분은 지하드를 물리적인 전투와 전쟁과 관련하여 이해했다. 지하드는 정복 전쟁을 단순한 약탈이 아니라 신에 대한 의무를 수행하는 성스러운 행위로 만들었고 목숨을 잃더라도 천국에서 보상을 받을 수 있다는 약속을 주었다.

지하드는 아마도 알카에다와 이슬람국가IS 등 오늘날의 극단 이슬람주의 무장조직이 가장 중요하게 여기는 개념일 것이다. 민간인에 대한 무차별적인 테러는 그들에게는 성스러운 전쟁이다. 비무슬림뿐만 아니라 자신들이 불신자로 규정한 무슬림들에 대한 테러 또한 신의 길에서 수행하는 투쟁으로 정당화된다. 지하드에 관한 쿠란 구절, 불신자에 대한 전쟁을 지하드로 규정한 법학자들의 전통적인 해석이 극단 이슬람주의 무장조직의 행위를 정당화하는 근거가 된다는 점을 부정하기는 어렵다.

내면의 악과 싸우고 선행을 추구하는 지하드, 즉 대大 지하드를 무력을 사용하는 지하드인 소小 지하드와 구분하기도 한다. 이에 따르면 '진정한' 지하드는 대 지하드이다. 따라서 극단주의 무장조직이 말하는 지하드는 '진정한' 지하드에서 벗어난, 지하드의 왜곡된 형태다. 하지만 이 주장 역시 '대 지하드'라는 개념이 10세기 이후에야 등장했다는 점에서 문제가 있다.[26] 무함마드가 전투에서 돌아온 무슬림에게 "소 지하드에서 대 지하드로 돌아가야 한다."고 말했다는 이야기는 알바이하키Al-Bayhaqi(1066년 사땅)가 수집한 전승에서 처음 나타나며, 순니파 법학자 대부분은 이 전승을 받아들이지 않는다. 데이비드 쿡David Cook은 대 지하드와 소 지하드의 구분과 비폭력적인 수단을 통한 지하드라는 개념이 역사적으로 존재하기는 했는지 의문을 던진다.[27]

그러나 군사적 지하드가 곧 무분별한 폭력과 끝없는 전투를 의미하는 것은 아니었다. 이슬람 법학이 정립되는 과정에서 지하드를 포함한 군사 행위에 관한 규범도 점차 정립되었다. 지하드는 언제 선포되어야 하는가? 지하드는 곧 이슬람의 땅을 넓히기 위한 공격 행위를 말한다고 보는 학자들도 있었지만, 수프얀 알사우리Sufyan al-Thawri(778년 사망), 말리크 이븐 아나스Malik ibn Anas(795년 사망)와 같이 무슬림 공동체가 외부의 위협을 받을 때에만 지하드가 무슬림의 의무가 된다고 보는 법학자들도 있었다.[28] 극단 이슬람주의 조직의 이념에 큰 영향을 미친 이븐 타이미야Ibn Taymiyyah(1328년 사망)마저도 지하드는 불신자들이 먼저 공격할 때 방어를 위한 전쟁이라고 규정했다.[29] 쿠란에서도 무슬림은 공격을 받을 때만 맞서 싸워야 하며, 그럴 때도 결코 선을 넘어서는 안 된다고 말하는 구절이 있다(2장 190절). 쿠란 주석학자들은 이 구절을 무슬림이 먼저 공격하는 것을 금지하는 의미로 이해했다.[30] 무슬림이 먼저 비무슬림을 상대로 전쟁을 일으키는 것을 금지하는 구절들이 폐기되었다는 견해도 있지만, 모든 학자가 이에 동의하는 것도 아니었다.

법학자들은 민간인을 공격하지 않고 고의적인 파괴와 약탈을 금지하는 규범에 따라 이루어지는 정당한 전쟁인 지하드와 무차별적인 파괴와 폭력을 수반하는 히라바hirabah를 구분했다. 이에 따르면 지하드는 오직 적법한 절차를 거친 통치자만이 선포하고 엄격한 규칙에 따라야 하며, 그렇지 않은 전쟁은 히라바에 불과했다.[31] 이런 의미에서 오늘날 극단주의 조직이 자행하는 테러 공격은 이슬람법인 샤리아의 기준에서도 정당한 지하드가 아니라 불법적인 히라바인 것이다.

쿡의 주장과는 다르게 인내하고 올바른 삶을 살아가는 행위도 지하드라는 인식이 무슬림 사이에서 존재하지 않은 것도 아니었다. '대 지하드'라는 말은 없었을지 몰라도 '칼로 수행하는 지하드jihad al-sayf'와 구분되는 '영혼으로 수행하는 지하드jihad al-nafs'라는 개념도 중세 이슬람권에 존재했기 때문이다. 대표적으로 신학자 알가잘리Al-Ghazali(1111년 사망), 법학자 알자우지야Al-Jawziyyah 1350년 사망)는 내면의 싸움과 인내를 최상의 지하드로 보았다.[32]

이슬람은 폭력을 조장하는 종교인가? 쿠란은 비무슬림에 대한 폭력과 적의를 말하는가? 지하드는 무슬림이 비무슬림을 상대로 벌이는 끝없는 전쟁인가? 어떤 점에서는 맞다. 쿠란과 이슬람 전통 내에는 분명히 타자에 대한 폭력과 적의를 정당화하기 위해 이용될 수 있는 요소가 있기 때문이다.[33] 이러한 점을 간과하고 극단주의와 테러를 '진정한 이슬람'에서 벗어난 왜곡된 모습으로 치부하는 것은 이슬람을 폭력과 야만의 종교로 단정하는 것만큼이나 위험한 해석이다. 결국 두 관점 모두 이슬람 내부에 존재하는 다양한 성격과 해석 중 원하는 것만을 선택해서 그것이 이슬람의 '본질'이라고 주장한다는 점에서는 다르지 않다.

그러나 이슬람의 방대한 전통에는 알카에다와 IS의 테러를 정당화하는 근거만이 있는 것은 아니다. 종교 간 평화와 공존, 관용과 대화를 가능하게 하는 해석과 견해도 있다. 이슬람에 대한 편협하지 않은 이해는 긍정적이든 부정적이든 이슬람 내에 다양한 해석과 견해, 관점이 존재함을 인정하는 것에서부터 시작된다.

미주

1. 사막의 아랍인, 중동을 정복하다

1   Marshall G. S. Hodgson. *The Venture of Islam: The Classical Age of Islam*, vol. 1, Chicago: University of Chicago Press, 1977, 103-104.

2   Aaron W. Hughes. "Religions without Religion: Intergrating Islamic Origins into Religious Studies." *Journal of the American Academy of Religion* 85, no. 4 (2017): 880, 883.

3   위의 글, 115-117, 125-137.

4   Michael G. Morony. "Religious Communities in Late Sasanian and Early Muslim Iraq." *Journal of the Economic and Social History of the Orient* 17, no. 2 (1974): 119.; Milka Levy-Rubin. "The Pact of 'Umar." In *Routledge Handbook on Christian-Muslim Relations*, edited by David Thomas, Abingdon and New York: Routledge, 2018, 83-84.

5   John W. Jandora. "The Battle of Yarmūk: A Reconstruction." *Journal of Asian History* 19, no. 1 (1985): 14.

6   Fred M. Donner. *The Early Islamic Conquest*, Princeton: Princeton University Press, 1981, 203-205.

7   Jandora, 16.

8   James Howard-Johnston. *The Last Great War of Antiquity*, Oxford: Oxford University Press, 2021, 383.

9   Hugh Kennedy. *The Great Arab Conquests: How the Spread of Islam Changed the World We Live In*, Boston: Da Capo Press, 2007, 171.

10   Robert G. Hoyland. *In God's Path: The Arab Conquests and the Creation of An Islamic Empire*, Oxford: Oxford University Press, 2015, 85.

11   C. E. Bosworth. "Iran and the Arabs Before Islam." In *The Cambridge History of Iran: The Seleucid, Parthian, and Sasanian Periods*, edited by Ehsan Yarshater, Cambridge: Cambridge University, 1987, 608.; Michael G. Morony. *Iraq After the Muslim Conquest*, Princeton: Princeton University Press, 1984, 218.

12   Isabel Toral-Niehoff. "Imperial Contests and the Arabs: The World of Late Antiquity on the Eve of Islam." In *The Wiley Blackwell History of Islam*, edited by Armando Salvatore, Hoboken: Wiley-Blackwell, 2018, 63-64.

13   Walter E. Kaegi. *Byzantium and the Early Islamic Conquests*, Cambridge: Cambridge University Press, 1992, 236.

14   위의 책, 59-61.

15 Kennedy 2007, 166.

16 Abd al-Latif al-Baghdadi. *Rihlat 'Abd al-Latif al-Baghdadi fi Misr: kitab al-ifadah wa al-i'tibar fi al-umur al-mushahadah wa al-hawadith al-mu'ayanah bi-ard Misr*, Cairo: Al-Haiah al-Misriyyah al-'Ammah lil-kitab, 1998, 90.

17 Taqi al-Din Ahmad ibn Ali al-Maqrizi. *Al-khitat al-maqriziyyah: al-mawwiz wa al-i'tibar bi-dhikr al-khitat wa al-athar*, Cairo: Maktaba al-Madbuli, 1998, 447.

18 Jamal al-Din al-Qifti. *Tarikh al-hukama*, Leipzig: Dieterich, 1903, 355-356.

19 Qassem Abdou Qassem. "The Arab Story of the Destruction of the Ancient Library of Alexandria." In *What Happened to the Ancient Library of Alexandria?* edited by Mostafa El-Abbadi, Omnia Fathallah, and Ismail Serageldin, Leiden: Brill, 2008, 208-209.

20 위의 글, 209.

21 위의 글, 210.

22 P. S. van Koingsveld. "Greek Manuscripts in the early Abbasid Empire: Fiction and Facts about their Origin, Translation and Destruction." *Bibliotheca Orientalis* 55, no. 3 (1998): 363.

23 Bernard Lewis. "The Arab Destruction of the Library of Alexandria: Anatomy of a Myth." In *What Happened to the Ancient Library of Alexandria?* edited by Mostafa El-Abbadi, Omnia Fathallah, and Ismail Serageldin, Leiden: Brill, 2008, 214-215.

24 Lewis, 216-217; Qassem, 210-211.

25 "Destruction of the Library of Alexandria by the Arabs: The Account of the Arab Historian al-Qifti." *Discorus Boles on Coptic Nationalism*, 2017. 이 외에도 이 홈페이지의 운영자는 여러 글에 걸쳐 압둘 라티프 알바그다디, 알마크리지, 바르 헤브라에우스 등의 기록도 인용하여 우마르가 알렉산드리아 도서관을 파괴했다고 결론 내린다.

2. 패자가 쓴 역사: 피정복자의 눈으로 본 아랍인의 정복

1 John Moorhead. "The Monophysite Response to the Arab Invasions." *Byzantion* 51, no. 2(1981): 579-591.

2 Michale Philip Penn. *When Christians First Met Muslims: A Sourcebook of the Earliest Syriac Writings on Islam*, Oakland: University of California Press, 2015, 24-28.

3 위의 책, 52.

4 Moorhead, 588-589; Demetrios J. Constantelos. "The Moslem Conquests of the

Near East as Revealed in the Greek Sources of the Seventh and The Eighth Centuries." *Byzantion* 42, no. 2 (1972): 336-337.

5   Robert G. Hoyland. *Seeing Islam As Others Saw It: A Survey and Evaluating of Christian, Jewish and Zoroastrian Writings on Early Islam*, Piscataway: Gorgias Press, 2019, 18; 96.

6   Stephen J. Shoemaker. *A Prophet Has Appeared: The Rise of Islam through Christian and Jewish Eyes*, Oakland: University of California Press, 2021, 87.

7   Penn, *When Christians First Met Muslims*, 122; 154.

8   위의 책, 119-122.

9   위의 책, 133-134, 153.

10 Hoyland 2019, 122.

11 Emmanouela Grypeou. "'A People Will Emerge from the Desert': Apocalyptic Perceptions of the Early Muslim Conquests in Contemporary Eastern Christian Literature." In *Visions of the End: Apocalypticism and Eschatology in the Abrahamic Religions between the 6th and 8th centuries*, edited by Hagit Amirav, Emmanouela Grypeou, and Guy G Stroumsa,   Leuven: Peeters Publishers, 2017, 297.; John C. Lamoreaux, (1996). "Early Eastern Christian Responses to Islam." In *Medieval Christian Perceptions of Islam: A Book of Essays*, edited by John Victor Tolan, New York and London: Garland Publishing, 1996, 8.

12 Penn, *When Christians First Met Muslims*, 36.

13 Jan J. van Ginkel, Jan J. (2006). "The Perception and Presentation of the Arab Conquest in Syriac Historiography: How Did the Changing Social Position of the Syrian Orthodox Community Influence the Account of Their Historiographers?" In *The Encounter of Eastern Christianity with Early Islam*, edited by Emmanouela Grypeou, Mark Swanson, and David Thomas, Leiden and Boston: Brill, 2006, 177.

14 위의 글, 178-179.

15 Michael Philip Penn. *Envisioning Islam: Syriac Christians and the Early Muslim World*, Philadelphia: University of Pennsylvania Press, 2015, 42.

16 위의 책, 43-44.

17 van Ginkel, 183-184.

18 Penn, *When Christians First Met Muslims*, 118-119.

19 Shoemaker 2021, 49.

20 Penn, *When Christians First Met Muslims*, 36-37, 52.

21 위의 책, 183-184.

22 Lamoreaux, 13-14; Abdul-Massih Saadi. "Nascent Islam in the Seven Century Syriac Sources." In *The Qur'ān in Its Historical Context*, edited by Gabriel Said Reynolds, London and New York: Routledge, 2008, 219.

23 Stephen Shoemaker. *The Death of A Prophet: The End of Muhammad's Life and the Beginnings of Islam*, Philadelphia: University of Pennsylvania Press, 2012, 39-40.

24 Penn, *When Christians First Met Muslims*, 124-129, 134-137, 155.

25 Shoemaker 2021, 139.

26 Kenneth Atkinson. "Jewish and Christian Religious Perceptions of Islam from Muhammad to the Fall of the Umayyad Caliphate." *The Polish Journal of Biblical Research* 16, no. 2 (2017): 318.

27 Shoemaker 2021, 140.

28 위의 책, 39-40.

29 위의 책, 64-65.

30 Robert Thomson, James Howard-Johnston, and Tim Greenwood. *The Armenian History attributed to Sebeos*, Liverpool: Liverpool University Press, 2000, 103.

31 Shoemaker 2021, 59.

32 Penn, *When Christians First Met Muslims*, 92.

33 Shoemaker 2021, 76.

34 Penn, *When Christians First Met Muslims*, 79-83, 141-143.

35 Shoemaker 2021, 153.

36 Penn, *When Christians First Met Muslims*, 36, 92.

37 Hoyland 2019, 20.

38 Lamoreaux, 7.

39 Shoemaker 2021, 228-229.

40 Peter Pentz. *The Invisible Conquest: The Ontogenesis of Sixth and Seventh Century Syria*, Copenhagen: The National Museum of Denmark, 1992, 74-79.

41 Robert Schick. "Christian-Muslim Relations: The Archaeological Evidence." *Journal of Islamicjerusalem Studies* 9 (2008): 47-58.

42 Lamoreaux, 7.

43 이나빌, 『니까우 요한의 연대기와 이슬람의 이집트 침략』. 기독교문서선교회, 2018.

44 Jonathan A. C. Brown. *Muhammad: A Very Short Introduction*, Oxford: Oxford University Press, 2011, 96.

3. 중동은 어떻게 아랍인과 이슬람의 땅이 되었을까?

1   Gerald R. Hawting. *The First Dynasty of Islam: The Umayyad Caliphate AD 661-750*, 2nd edition, London and New York: Routledge, 2000, 63-64.

2   Kevin van Bladel "Arabicization, Islamization, and the Colonies of the Conquerors." In *Late Antique Responses to the Arab Conquests*, edited by Josephine van den Bent, Floris van den Eijnde and Johan Weststeijn, Leiden and Boston: Brill, 2022, 100-101.

3   Hoyland, 2015, 216-217.

4   van Bladel, 98-120.

5   Marie Legendre. "Aspects of Umayyad Administration." In *The Umayyad World*, edited by Andrew Marsham, London and New York: Routledge, 2020, 141-142.

6   Arietta Papaconstantinou. "Why did Coptic Fail Where Aramaic Succeeded: Linguistic Developments in Egypt and the Near East after the Arab Conquest." In *Multilingualism in the Graeco-Roman Worlds*, edited by Alex Mullen and Patrick James, Cambridge: Cambridge University Press, 2012, 67-75.

7   Robert Hoyland. "Language and Identity: The Twin Histories of Arabic and Aramaic (and: Why Did Aramaic Succeed where Greek Failed." Scripta Classica Israelica 23 (2003): 191.

8   Hoyland 2015, 162-163.

9   Patricia Crone. "The Pay of Client Soldiers in the Umayyad Period." *Der Islam* 90, no. 2 (2003): 297-300.

10   Uriel Simonsohn. "Conversion, Exemption, and Manipulation: Social Benefits and Conversion to Islam in Late Antiquity and the Middle Ages." *Medieval Worlds* 6 (2017): 200-201.

11   Penn, *When Christians First Me Muslims*, 36.; 122.

12   Simonsohn, 202-203.

13   Richard W. Bulliet. *Conversion to Islam in the Medieval Period: An Essay in Quantitative History*, Cambridge and London: Havard University Press, 1979, 41-42.

14   Touraj Darayaee. "Zoroastrianism under Islamic Rule." In *The Wiley Blackwell Companion to Zoroastrianism*, edited by Michael Stausberg and Yuhan Sohrab-Dinshaw Vevaina, Malden: Wiley Blackwell, 2015, 106.

15   위의 책, 53.

16   위의 책, 58.; Stephen Humphrey. "Christian Communities in Early Islamic Syria and Northern Jazira: The Dynamics of Adaptation." In *Money, Power and Politics*

in Early Islamic Syria: A Review of Current Debates, edited by John Haldon, Farnham: Ashgate, 2010, 54-55.

17 Morony 1974, 114-116, 121.

18 Bulliet, 82-83, 97.

19 무슬림 이븐 알핫자즈Muslim ibn al-Hajjaj(875년 사망), 아부 다우드Abu Dawud(889년 사망), 이븐 마자Ibn Majah(889년 사망)는 이란 출신이며, 알부하리Al-Bukhari (870년 사망)와 알티르미디Al-Tirmidhi(892년 사망), 알나사이Al-Nasai(915년 사망) 또한 페르시아 문화권에 속해 있었던 중앙아시아 지역 출신이다.

20 Bulliet, 7-9.

21 Alwyn Harrison. "Behind the Curve: Bulliet and Conversion to Islam in al-Andalus Revisited." *Al-Masaq: Islam and the Medieval Mediterranean* 24, no. 1 (2012): 44-45.

22 Thomas Carlson. "When did the Middle East become Muslim? Trends in the Study of Islam's "Age of Conversions." *History Compass* 16, no. 10 (2018): 1-10.

23 Daryaee, 110.

24 Thomas A. Carlson. "Contours of Conversion: The Geography of Islamization in Syria, 600–1500." *Journal of the American Oriental Society* 135, no. 4 (2015): 810-811.

25 G. H. Bousquet. "Some Critical and Sociological Remarks on the Arab Conquest and the Theories Proposed on This." In *The Expansion of the Early Islamic State*, edited by Fred M. Donner, translated by Philip Simpson, Abingdon and New York: Routledge, 2008, 15.

26 David Cook. *Understanding Jihad*, 2nd edition, Oakland: University of California Press, 2015, 35.

27 위의 책, 40-47.

28 Roy Parviz Mottahadeh and Ridwan al-Sayyid. "The Idea of the Jihād in Islam before the Crusades." In *The Crusades from the Perspective of Byzantium and the Muslim World*, edited by Angeliki E. Laiou and Roy Parviz Mottahadeh, Washington D.C: Dumbarton Oaks, 2001.25-27.

29 Asma Afsaruddin. "Competing Perspectives on Jihad and Martyrdom in Early Islamic Sources." In *Witnesses to Faith? Martyrdom in Christianity and Islam*, edited by Brian Wicker, London and New York: Routledge, 2006, 23.

30 Asma Afsaruddin. "Jihad and the Qur'an: Classical and Modern Interpretations." In *The Oxford Handbook of Qur'anic Studies*, edited by Mustafa Shah and Muhammad Abdel Hamid, 2020, Oxford: Oxford University Press, 516.

31   Afsaruddin 2006, 19-20.

32   Afsaruddin 2020, 513-514.

33   Christopher J. van der Krogt. "Jihād without Apologetics." *Islam and Christian-Muslim Relations* 21, no. 2 (2010): 137-138.

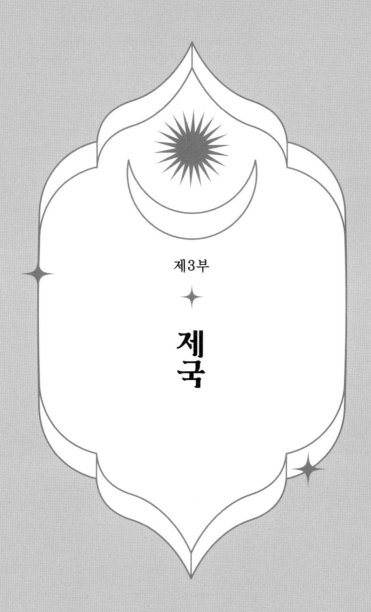

제3부

제국

칼리프 제국의 전성기와 분열

신과 예언자의 대리인에서 허수아비로

아랍 무슬림의 정복으로 탄생한 대제국의 통치자는 믿는 자들의 지도자이자 신의 예언자의 대리인(칼리파트 라술 알라khalifat rasul allah), 즉 칼리프였다. 최초의 칼리프로서 무함마드의 뒤를 이은 인물은 무함마드의 오랜 동료이자 성인 남성 중 가장 먼저 이슬람으로 개종한 아부 바크르였다. 아부 바크르의 뒤를 이어 우마르, 우스만, 알리가 칼리프가 되었다. 이들 모두는 예언자와 함께 활동했던 동료이자 무슬림 공동체의 원로였으며, 특히 알리는 예언자의 사촌이자 사위이기도 했다. 순니파 무슬림들은 이 네 명의 칼리

프가 바로 신의 뜻에 따라 올바르게 인도된 칼리프al-khulafa al-rashidun, 또는
'정통 칼리프'이며, 이들이 다스리던 시기가 이슬람 역사의 황금기라고 여
긴다.

정통 칼리프 시대는 오랫동안 이어지지 못했다. 3대 정통 칼리프인 우
스만 시기부터 무슬림 공동체는 분열되기 시작했다. 우스만은 그의 친족인
우마이야 가문에 특혜를 주었고 당연히 이에 반발하는 사람들이 나타났다.
우스만에 반대하는 사람들은 알리의 중심으로 결집했고 결국에는 우스만
을 살해한다. 우스만의 뒤를 이어 알리가 칼리프가 되었지만, 우마이야 가
문의 수장이었던 무아위야는 이를 인정할 생각이 없었다. 결국 무슬림 공
동체에는 내분(피트나fitnah)이 일어났고, 661년 알리가 암살당하면서 승자
는 무아위야가 되었다. 과거 공동체의 원로들이 새로운 칼리프를 선출하던
정통 칼리프 시대의 관습 대신 무아위야는 아들 야지드를 후계자로 선언했

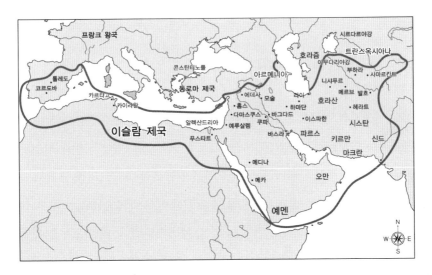

이슬람 제국의 판도(750년)

다. 무슬림 국가의 첫 왕조, 우마이야 칼리프조는 이렇게 시작되었다. 750년에는 예언자의 삼촌인 압바스 이븐 압둘 무탈립Abbas ibn Abd al-Muttalib의 후손인 압바스 가문이 우마이야 칼리프조를 몰아내고 압바스 칼리프조를 세운다.

우마이야 칼리프조가 세워진 7세기 중반부터 압바스 칼리프조 초기인 9세기 초까지 약 200년 간 칼리프는 이베리아반도에서 북아프리카, 중동, 중앙아시아에 이르기까지 광대한 지역을 통치했다. 우마이야 시대 칼리프들은 신의 대리인을 자처하고 무슬림 공동체를 이끌 권한이 있으며, 칼리프에 복종하는 것이 구원을 얻는 길이라고 주장했다.[1] 법학과 쿠란 주석학, 전승학 등 종교학을 전문으로 연구하는 학자들인 울라마가 쿠란과 하디스 해석에 토대를 두어 이슬람법을 정립하기 전까지는 칼리프의 말과 명령이 곧 법이었다.[2] 쿠란과 하디스에 대한 지식을 갖춘 울라마가 칼리프의 종교적 권위에 위협이 되자 7대 칼리프인 알마으문Al-Mamun(재위 813~833년)은 칼리프의 절대적 권위를 분명히 하기 위해 종교 재판인 미흐나mihnah를 시행하기도 했다.[3] 알마으문은 쿠란이 신에 의해 창조되었다고 선언하고 이를 인정하기를 거부한 학자들을 감옥에 가두었다.

그러나 알마으문의 노력에도 불구하고 칼리프의 권위는 점차 약화하기 시작한다. 미흐나를 통해 울라마를 통제하려고 한 칼리프들의 시도는 실패로 돌아갔고 결국에는 울라마가 종교적 권위를 가지게 된다. 칼리프는 또한 종교적 권위뿐만 아니라 정치적 권력도 상실했다. 투르크인 군인들에 의해 암살당한 10대 칼리프인 알무타왁킬Al-Mutawakkil(재위 847~861년) 이후 압바스 칼리프들은 투르크 군인들과 장군들의 꼭두각시로 전락했다. 투르크 군인들은 자기들 마음에 내키는 인물을 칼리프로 세우거나 마음에 들지 않는 칼리프는 죽이기도 했다. 일시적으로 칼리프가 통제권을 회복했을 때도 있었으나 결국에는 투르크 군인들이 모든 실권을 차지했다. 이집트와 이란 등의 지방 통치자들은 명목상으로만 칼리프의 권위를 인정했을 뿐 사실상 중앙정부의 통제에서 벗어났고 칼리프에게 남은 역할이라고는 실권을 장악한 군인들과 지방 통치자들의 권위를 인정하는 것뿐이었다. 허울만 남은 압바스 칼리프조는 1258년 몽골이 바그다드를 점령하고 마지막 칼리프를 처형하면서 마침내 멸망한다. 지상에서의 신의 대리자, 믿는 자들의 지도자로서 권위를 누리던 칼리프가 어쩌다가 허수아비가 되었을까?

문제는 경제야, 이 바보야!

군주가 권력을 유지할 힘은 돈에서 나온다. 관리와 병사들이 칼리프에 충성을 바치게 하기 위해서는 봉급을 줄 돈이 필요하다. 압바스 칼리프들의 돈주머니는 사와드Sawad라고 불린 이라크 남부의 농경 지대였다. 티그리스강과 유프라테스강이 만나는 이 지역은 풍부한 물 덕분에 토지가 비옥해 뛰어난 농업 생산성을 가졌다. 사와드의 경작지에서 수확한 농산물은 8세기 후반 50만 명에 달한 것으로 추산되는 바그다드의 시민들을 먹여 살렸고, 칼리프는 사와드에서 거둔 세금으로 국정을 운영할 수 있었다.[4] 압바스 칼리프조의 5대 칼리프 하룬 알라쉬드Harun al-Rashid(재위 786~809년) 시기를 기준으로 사와드를 포함한 이라크 남부에서 거둔 세입은 총 1억 6,932만 디르함으로, 이라크는 이집트, 시리아, 이란 그 어느 지역보다 가장 많은 세금을 내던 지역이었다.[5]

하룬 알라쉬드 시기 주요 지역의 세입 현황

지역	세입(디르함)
이집트	4,224만
시리아	3,467만 2,000
호라산(이란 동부)	2,800만
이란 중부	2,300만
이라크 남부	1억 6,932만

그러나 하룬 알라쉬드 시대 이후 세입은 감소하기 시작한다. 하룬 알라쉬드 즉위 초기인 788년 5억 디르함에 가까웠던 세입은 915년에는 2억 1,750만 디르함까지 줄어든다.[6] 세입이 감소한 데에는 여러 이유가 있었다.

사산조 페르시아는 관개 시설을 유지하기 위해 국가가 주도해서 막대한 자본과 노동력을 투입했다. 그러나 동로마 제국과의 전쟁과 아랍인의 침략, 제국의 멸망 등의 정치적 혼란으로 인해 관개 시설이 방치되고 훼손되면서 이라크의 농업 생산량과 세입이 감소했다.[7] 정복 이후 무슬림 통치자들은 페르시아 황실과 조로아스터교 사원이 보유하고 있던 땅을 아랍 정복자들에게 나눠주고 개발하게 했다. 그러나 농업 경험과 전문성이 없던 지주들이 수입을 늘리기 위해 땅을 과도하게 개간해 땅에 소금기가 지나치게 쌓이는 토양 염화 문제가 심각해지는 문제가 발생했다.[8]

세금 제도도 문제였다. 압바스 칼리프들은 지주들의 지지를 얻기 위해 지주들에게 유리한 방식으로, 즉 수확량에 비례해 세금을 매겼다. 작황이 좋으면 세금을 많이 내고 작황이 나쁘면 세금을 적게 내는 식이었다. 따라서 지주들은 굳이 자기 돈을 들여서 수확량을 늘리려고 애를 쓰지 않았다. 오히려 투자는 최소화하고 농민들을 최대한 착취하는 것이 이익이었다.[9] 그러나 이러한 방식은 단기적으로는 이익이 되었을지는 몰라도 장기적으로는 농촌을 피폐하게 만들어 농업 생산성을 떨어뜨리는 결과를 가져왔다.

이러한 상황에서 809년 하룬 알라쉬드가 사망한 뒤 그의 두 아들인 알아민Al-Amin(재위 809~813년)과 알마으문은 칼리프 자리를 두고 내전을 벌였다. 이라크는 전쟁터가 되었고 사와드 지역의 관개 시설은 방치되거나 파괴되었다.[10] 무분별한 관개로 토양이 염화되고 지주들은 농업 생산성을 향상하기 위해 투자하는 대신 착취를 일삼는 상황에서 정치적 혼란까지 겹쳐 관개 시설과 농경지까지 파괴되자 사와드 지역의 농업 생산성은 크게 떨어질 수밖에 없었다. 9세기 초에 1억 디르함이 넘었던 사와드 지역의 세입은 약 100년 뒤인 915년에는 2,250만 디르함으로 약 80% 감소한다.[11]

8세기 중반 기준으로 15만 명에 달하던 병사들에게 주는 봉급은 전체 국가 예산에서 90% 이상을 차지했다.[12] 세입이 줄어들었다는 것은 곧 병사들에게 줄 돈이 부족해진다는 것을 의미했다. 농업 생산량이 감소하자 물가는 뛰어 올랐다. 10세기 초반 이라크 지역의 밀 가격은 8세기 중반보다 10배, 보리 가격은 2배 이상이 뛰었다.[13] 하지만 세입 부족으로 재정난에 시달리는 중앙정부는 물가 상승 속도에 맞추어 병사들의 봉급을 올려줄 여력이 없었다. 결국 9세기 후반에는 군대 유지비가 토지세 수입의 두 배를 넘을 정도로 재정 적자가 심각해졌다.[14] 물가에 비해 턱없이 적은 급여를 받는 병사들의 불만은 커졌다.

중앙정부는 당장 필요한 현금을 구하기 위해 세금을 거둘 권리를 돈을 받고 팔거나 현금 대신 땅을 장군들에게 나누어 주었다. 세금을 걷을 권리를 얻은 징세 대리인들은 정부에 낸 돈보다 세금을 많이 거두어 이익을 보고자 했고 농민들을 가혹하게 착취했다.[15] 장군들에게 토지를 나눠주는 이크타iqta' 제도도 단기적인 해결책에 불과했다. 이크타 제도를 통해 주어지는 토지는 상속이 불가능했고 언제든지 빼앗길 수 있었다. 따라서 장군들은 최대한 짧은 시간 내에 이익을 보기 위해 농민들을 쥐어 짜냈다. 세금을 거둘 권리를 팔고 땅을 나눠주는 것은 결국에는 장기적으로 세금을 거둘 수 있는 기반을 팔아넘기는 것이라는 점에서 중앙정부에도 손해였다.

무분별한 착취를 이기지 못한 농민들은 땅을 버리고 도망가거나 반란을 일으켰다. 9세기 후반 사와드 지역에서는 반란이 잇따랐다. 868/869년에는 흑인 노예인 잔즈^{Zanj}들이 반란을 일으켰으며, 비슷한 시기 아라비아반도 동부에 근거지를 둔 카르마트^{Qarmat}파도 이라크 남부를 휩쓸었다.[16] 농업 생산성 악화와 통치자들의 착취로 피폐해진 농촌은 반란의 온상이 되었고, 반란은 다시 농촌을 파괴해 농업 생산성을 더욱 악화시키는 악순환이 나타났다.

9세기에 들어 이집트나 이란 등 바그다드에서 멀리 떨어진 지역의 통치자들이 칼리프 중앙정부의 통제에서 벗어나기 시작한 것도 칼리프 중앙정부의 재정을 악화시켰다. 이는 역설적으로 이슬람이 성공했기 때문이었다. 불리엇에 따르면 이집트와 이란 등 제국 여러 지역에서 무슬림 인구가 다수를 차지하면서 칼리프라는 결속 근거가 없어도 무슬림 공동체가 안정적으로 존속할 수 있게 되었다.[17] 칼리프를 필요로 하지 않게 된 지방 통치자들은 명목상으로만 칼리프의 권위를 인정할 뿐 실질적으로는 중앙정부의 통제에서 벗어났고 세금도 바치지 않았다. 지방에서 들어오는 세입을 잃어버린 중앙정부는 부족한 수입을 벌충하기 위해 이라크 지역을 착취하기 시작했다.

악순환이 시작되었다. 착취의 결과로 이라크가 피폐해지자 이라크에 재정을 의존하던 중앙정부도 약화되었다. 약화된 중앙정부는 지방을 통제할 힘을 상실하고 피폐해진 이라크에 의존할 수밖에 없는 상황에 내몰려

이라크를 더욱 착취했다. 결국 압바스 칼리프가 실제로 통제력을 행사하는 영역은 수도 바그다드와 인근 지역으로 쪼그라들었다. 신과 예언자의 대리인은 결국 돈 때문에 바그다드에 갇힌 허수아비로 전락한 것이다.

군주가 노예가 되고 노예가 군주가 되다

이슬람권에는 다른 문화권에는 없던 특수한 제도가 있었다. 바로 노예로 구성된 군대다. 아랍어로는 맘루크mamluk, 페르시아어로는 굴람ghulam이라고 불리는 노예 군인은 압바스 시대부터 오스만 시대까지 이슬람권에서 주력군 역할을 해왔다. 압바스 시대에는 말타기와 활쏘기에 능한 투르크인 노예들이 주로 군인으로 양성되었다.

이슬람권의 노예 군인들이 가진 특징은 이들이 주인에 의해 어쩔 수 없이 전장으로 내몰린 화살받이가 아니었다는 것이다. 노예로 팔려온 소년이나 청년들을 이슬람으로 개종시키고 군사 훈련을 시켜 만든 노예 군인들은 이슬람권의 정예병이었다. 노예 군인들은 칼리프나 장군들로부터 급여도 받았고 장군이나 지방 총독 등 고위직에도 오를 수 있었다. 대표적으로 868년 이집트에서 독립 왕조를 세운 아흐마드 이븐 툴룬Ahmad ibn Tulun(재위 868~884년)은 투르크인 노예 출신이었다.

노예를 본격적으로 군대로 양성하기 시작한 칼리프는 압바스조의 8대 칼리프인 알무으타심Al-Mu'tasim(재위 833~842년)이었다. 알무으타심은 중앙아시아에서 투르크인 노예 3,000명을 데려와 근위대를 편성했다고 한다.[18] 노예 군대를 만든 것은 다른 이해관계에 매이지 않고 칼리프에만 충성하는 군사력을 키우기 위해서였다. 부족이나 자유민 출신 군인과 달리 이슬람권 바깥에서 와서 아무런 사회적 관계나 생활 기반이 없는 노예는 칼리프에 의존할 수밖에 없기 때문이었다. 투르크인 노예 군인들은 점차 아랍인을 밀어내고 이슬람권의 군대에서 주력을 차지하게 된다.

그러나 칼리프에게만 충성하는 근위병을 만들기 위해 도입된 노예 군인 제도는 오히려 칼리프를 위협하는 요인이 된다. 노예 군대의 중요성이 커질수록 칼리프는 점점 더 노예 군대의 충성에 의존하게 되었기 때문이다. 노예 군대 외에는 군사력이 없었던 칼리프는 따라서 노예 군대가 배반하면 통제할 수단이 없었다. 실제로 알무으타심의 아들인 칼리프 알무타왁킬은 투르크 노예 군대의 세력이 지나치게 강해졌다고 느껴 새 군대를 조직해 투르크인을 견제하고자 했다. 그러나 권력과 지위를 잃을 것을 두려워한 투르크 노예 군인들은 알무타왁킬을 살해했다. 노예가 주인에게 칼끝을 돌리기 시작했다.

9세기부터 중앙정부의 재정 상황이 악화되기 시작하면서 칼리프는 노예 군인을 통제할 힘을 잃어버렸다. 경제적으로 쪼들리는 칼리프는 안정적으로 노예 군대의 충성심을 유지할 돈도, 노예 군대를 견제할 수 있는 다른 군대를 만들 돈도 없었다. 유일한 생계 수단인 급여를 받지 못하자 노예 군인들은 칼끝을 주인에게 돌렸다. 862년부터 870년까지 이어진 혼란기에 투르크 노예 군인들은 압바스 왕족 중 네 명을 자기들 뜻대로 칼리프로 세웠고 이 중 세 명이 투르크 노예 군인들에 의해 살해당했다.[19] 이후 여러 칼리프가 권력을 되찾고 노예 군대를 견제하기 위해 노력했지만 모두 실패했고, 결국 칼리프의 권력은 936년 칼리프 알라디Al-Radi(재위 934~940년)가 투르크 노예 출신의 장군인 무함마드 이븐 라이크Muhammad ibn Raiq에게 전권을 맡

길 정도로 추락했다. 이븐 라이크는 칼리프가 도전할 가능성을 완전히 차단하기 위해 칼리프에게 남은 군대를 해산시켰고, 투르크 노예 군대를 통제할 수단을 상실한 칼리프는 노예 출신인 장군들의 허수아비가 되어버렸다.[20]

이집트의 파티마 칼리프조도 아르메니아나 수단 등에서 팔려온 노예 군대에 의존했고, 압바스 칼리프들과 마찬가지로 파티마 칼리프들도 결국에는 노예 출신 장군들에게 실권을 내주었다. 1171년 쿠르드인 장군 살라흐 알딘이 파티마 칼리프조를 무너뜨리고 세운 아이유브 왕조의 술탄들도 투르크 노예 군인인 맘루크 장군들에게 권력을 빼앗겼고, 결국 1260년에는 맘루크 장군들이 맘루크 술탄조를 세운다. 1517년 오스만 제국이 정복하기 전까지 이집트의 통치자는 한때는 노예였던 맘루크 술탄들이었다.

압바스 시대에 이슬람권에 처음 도입된 노예 군인 제도는 오스만 제국 시기에 정기적으로 인력을 충원하여 엘리트 관리와 정예병을 양성하는 제도로 발전한다. 오스만 제국은 노예를 수입해오는 대신 데브쉬르메devşirme라는 제도를 통해 정기적으로 기독교도 가정에서 소년들을 징집했다. 징집된 기독교도 소년들은 이슬람으로 개종한 뒤 군사 훈련과 교육을 받고 '황실의 노예'라고 할 수 있는 카프쿨루Kapıkulu가 되었다. 카프쿨루는 그러나 단순히 술탄의 시종을 드는 노예가 아니었다. 카프쿨루는 재상에서부터 오스만 제국의 정예 군대인 예니체리yeniçeri에 이르기까지 제국의 행정과 군사 부문에서 고위직을 차지하는 엘리트 집단이었다. 데브쉬르메는 17세기에 들어 유명무실해졌고 18세기에는 폐지되었지만, 예니체리 군대는 1826년 해산되기까지 존속했다.

데브쉬르메로 징집된 기독교도 소년들

1558년 제작된 오스만 제국의 『쉴레이만나메Süleymanname』 필사본의 삽화
이스탄불 토프카프 사라이 박물관 소장

오스만 제국의 술탄도 압바스 칼리프와 마찬가지로 술탄에 절대적으로 복종하는 군사력과 관료 집단을 만들기 위해 무슬림 자유민이 아니라 기독교도들을 강제로 징집해 엘리트 집단과 정예 군대를 만들었다. 인구 다수를 차지하는 기독교도 인력 자원을 활용한다는 목적도 있었다.[21] 그리고 오스만 제국의 술탄도 압바스 칼리프와 같은 문제에 직면했다. 예니체리 군단이 술탄의 통제에서 벗어나기 시작한 것이다. 1622년에는 예니체리 군단을 통제하고자 한 술탄 오스만 2세(재위 1604~1622년)가 예니체리들의 반란으로 폐위된 뒤 살해당했고, 이후에도 술탄이 예니체리들에 의해 폐위되는 사건이 여러 차례 일어났다. 오스만 제국도 노예가 무기를 가지면 결국 통제에서 벗어나게 된다는 노예 군인 제도의 근본적인 문제점을 해결하지 못했다.

그렇다면 왜 노예 군대에게 권력을 빼앗기는 일이 반복됨에도 불구하고 노예 군인 제도가 유지되었던 것일까? 무슬림 통치자들은 간단하게 정예 병사를 양성한다는 눈앞의 이익만을 좇느라 노예 군인들이 결국에는 통치자를 몰아내고 권력을 잡는다는 역사의 교훈을 무시한 것일까? 그러나 다니엘 파이프Daniel Pipes에 따르면 무슬림 통치자들은 노예를 군인으로 쓸 수밖에 없던 상황이었다.[22] 이상적인 정치 질서에 대한 무슬림의 인식과 현실 사이에 괴리가 존재했기 때문이었다. 파이프에 따르면 신실한 무슬림이 보기에 이상적인 정치 질서는 칼리프 한 명이 다스리는 통일된 무슬림 공동체였다. 무슬림의 적은 오직 비무슬림뿐이고 전쟁은 비무슬림을 대상으로 하는 것이어야 했다.

그러나 이러한 이상이 실현된 적은 거의 없었다. 무함마드가 죽고 30년도 지나지 않아 무슬림 공동체는 분열되어 서로 싸우기 시작했다. 결국 무슬림은 자신들의 기대와 이상에 부합하지 않는 정치 질서와 거리를 두고, 현실에서 지배하는 통치자가 아니라 상상 속에 존재하는 하나의 무슬림 공동체에 소속감을 느끼고 충성하는 편을 선택했다는 것이 파이프의 분석이다. 중세 이슬람권에서 대중이 존경을 바치고 따르던 대상은 권력을 가진 재상이나 장군이 아니라 권력과 거리를 두고 경건한 삶을 추구하는 사람들이었다. 쿠란과 무함마드의 전승에 해박하고 올바른 무슬림이 따라야 하는 규범이 무엇인지 제시하는 울라마, 신과의 하나됨을 추구하는 신비주의 신앙을 가르치는 스승들은 대중 사이에서 누리는 인기, 존경, 영향력을 바탕으로 통치자와 대중을 연결하는 역할을 했다. 이런 상황에서 무슬림 통치자들이 충성스러운 자유민 무슬림들로 구성된 군대를 가지기는 힘들었다. 결국 유일하게 남은 선택은 이슬람권 밖에서 잡아온 노예로 군대를 채우는 것뿐이었다.

　노예 군인 제도가 생겨나고 유지된 근본적 원인을 이슬람적 정치 이상의 특성에서 찾는 파이프의 주장은 이슬람권 문명을 지나치게 특수화한다는 비판을 받기도 한다. 정말 통치자들은 군인이 되고 싶어 하는 무슬림 자유민을 찾지 못해 어쩔 수 없이 노예에 의존해야만 했던 것일까? 하지만 알무으타심이 노예 군대를 만든 것은 어쩔 수 없이 내렸던 결정이 아니었다. 그저 자유민으로 구성된 군대보다 더 충성스러운 자신만의 친위 세력을 만들기 위한 것이었다. 압바스 칼리프들이 투르크 노예 군인들을 통제하지 못한 이유는 무슬림 자유민들이 군대를 기피해서가 아니라 재정이 파탄났기 때문에 군대를 모집할 돈이 없었던 것이 더 크지 않을까?

　노예 출신인 맘루크 술탄들이 이집트와 시리아를 다스리던 때에도 군대에는 술탄과 장군들이 소유한 노예 군인들만 있던 것은 아니었다. 노예

맘루크 기병들
1336년 이집트에서 제작된 기마술
교본에 실린 삽화
체스터 비티 도서관 소장

였던 아버지와 달리 태어날 때부터 자유민이었던 맘루크의 아들들도 맘루크 군대에서 주력군으로 중요한 위치를 차지했다.[23] 십자군이나 몽골과 같이 비무슬림과 싸울 때에는 맘루크와는 아무런 관계가 없는 평범한 무슬림 시민들도 종교적 열정에 따라 자원해서 또는 술탄의 명령에 따라 급여를 받고 전투에 참여했다.[24]

이슬람권의 통치자들이 노예 군대에 의존한 데에는 군사적인 이유도 있었다. 11세기 투르크 유목민이 중동의 패권을 잡은 이후 기마궁수가 중세 이슬람권 군대의 주축이 되었다. 기병의 기동성을 따라갈 수 없는 보병의 역할은 도시나 성을 지키거나 성을 공격하는 것으로 축소되었다.[25] 말을 타면서 활을 능숙하게 쏘기 위해서는 오랜 훈련이 필요했기 때문에 어렸을 때부터 훈련된 노예 군인이 급하게 징병된 자유민보다 전투에서 더 효율적이었다. 특히 몽골 기병과 싸워야 했던 맘루크 술탄들에게는 뛰어난 기마 궁수를 확보하는 것이 가장 중요한 일이었다.[26] 무슬림 자유민들이 통치자에게 충성하고 기꺼이 싸우려고 했더라도 기마궁수가 전장의 지배자가 된 상황에서는 자유민들로 급조된 보병 부대보다는 말타기와 활쏘기에 뛰어난 노예 군인들이 더 믿을 만한 선택이었을 것이다.

1. 칼리프 제국의 전성기와 분열

2

중세 이슬람권의 번역 운동과
'지혜의 집'의 신화

'지혜의 집', 이슬람권의 지적 황금기의 상징

750년, 압바스 가문이 우마이야 칼리프조를 무너뜨리고 새로운 왕조를 세웠다. 압바스 칼리프들은 오늘날 이라크 지역에 '평화의 땅(다르 알살람dar al-salam)'이라고 이름 붙은 새로운 도시를 세우고 수도로 정했다. 오늘날은 바그다드Baghdad라는 이름으로 알려진 이 도시는 압바스 칼리프조의 정치와 경제 중심지로서 세계적인 대도시로 성장했다.

압바스 칼리프 시대는 이슬람권에서 학문이 꽃피운 시기로 평가된다. 바로 이 시기에 철학과 수학, 천문학, 의학 등 고대 그리스 학문이 아랍어로 번역되었고 이를 바탕으로 무슬림 학자들은 독자적인 학문을 발전시켜 나갔다. 이슬람권 문명의 지적 황금기는 압바스 시대에 시작된 번역 운동에 뿌리를 두고 있다고 해도 과언이 아니다. 그리고 이 번역 운동과 학문적 발전의 중심에 '바이트 알히크마bayt al-hikmah', 즉 '지혜의 집'이 있었다. 또는 있었다고 한다.

일반적으로 지혜의 집은 번역 기관이자 다양한 학문을 연구하는 학자들이 모인 전문 연구 기관으로 알려져 있다. 한 예로 마이클 모건Michael Morgan에 따르면 지혜의 집은 "이성과 발명에 근거한 사회의 토대"이자 "실험실, 병원, 도서관을 갖추고 신학, 논리학, 형이상학, 대수학, 삼각함수, 지리학, 물리학, 생물학, 의학, 약학에 관한 연구 프로그램"도 진행하던 시설이었다.[1] 조너선 라이언스Jonathan Lyons는 지혜의 집이 "번역 관리청, 자료 및 서적 저장소, 제국 전체에서 모여든 학자들과 지식인들을 위한 학술원"이자 학자들이 천문 관측을 하고 칼리프의 명령에 따라 과학 실험을 하던 장소로 묘사한다.[2] 모건과 라이언스 같은 언론인이나 외교관 출신 작가들뿐만 아니라 버나드 루이스Bernard Lewis, 아이라 라피두스Ira Lapidus와 같이 중동 역사를 전공한 전문가들도 지혜의 집을 번역 작업이 이루어지는 도서관으로 설명한다.[3] 중앙아시아 역사 연구자인 프레더릭 스타는 지혜의 집이 학자들에게 "집중할 수 있는 시간과 물질적 궁핍, 외부 간섭으로부터의 해방"을 제공했다고 말한다.[4]

지금으로부터 약 1,200년 전에 여러 분야의 수많은 학자가 모여 국가의 지원을 받으며 자유롭게 연구하던 공간이 있었다는 것은 매우 놀라운 일이다. 지혜의 집에 관한 이야기는 오늘날 테러와 광신의 땅으로 묘사되고는 하는 이슬람권이 한때에는 학문 분야에서 세계를 선도하던 중심지였음을

2. 중세 이슬람권의 번역 운동과 '지혜의 집'의 신화

보여준다. 그리고 지혜의 집이 사라지면서 이슬람권은 지적 활력을 잃고 쇠퇴와 침체 속으로 빠져들었다. 물론 어디까지나 지혜의 집에 관한 이야기가 모두 사실이라면 말이다.

압바스 시대의 도서관

야흐야 알와시티Yahya al-Wasiti가 그린 『마카마트Maqamat』의 삽화, 13세기 프랑스국립도서관 소장

지혜의 집은 무엇을 하던 곳이었을까?

지혜의 집에 관한 글을 읽으면 한 가지 의문이 든다. 바로 지혜의 집이 언제 세워졌는지 학자들마다 말이 다르다는 것이다. 라이언스는 지혜의 집이 압바스 칼리프조의 2대 칼리프인 알만수르Al-Mansur(재위 754~775년) 시기에 세워졌다고 말한다. 반면에 라피두스와 모건, 스타는 7대 칼리프인 알마으문 시기를 지혜의 집이 건립된 시기로 본다. 5대 칼리프인 하룬 알라쉬드 시기에 세워졌다는 주장도 있다. 지혜의 집은 대체 언제 건립되었단 말인가? 언제 세워졌는지도 확실하지 않다면, 지혜의 집이 어떤 역할을 했는지도 확신할 수 있을까?

지혜의 집에 관한 기존 논의에 의문을 제기한 대표적인 학자는 디미트리 구타스Dimitri Gutas다. 구타스는 매우 중요한 점을 지적한다. 바로 압바스 시대의 기록 중에서 지혜의 집을 언급하는 자료가 거의 없다는 것이다. 구타스에 따르면 하룬 알라쉬드 시대의 기록 중 지혜의 집은 단 두 번 언급될 뿐이다.[5] 하나는 지혜의 보고khizanat al-hikmah라는 도서관에 관한 짧은 언급이고, 다른 하나는 어떤 학자가 지혜의 집에서 필사본을 베꼈다는 기록이다. 이에 더해 알고리즘을 고안한 대수학자 알콰리즈미가 칼리프 알마으문 시대에 지혜의 집에 고용되어 있었다는 단편적인 언급도 있다. 이것으로 지혜의 집에 관한 기록은 끝이다.

제국 각지에서 모인 수많은 학자와 번역가들이 모인 거대한 학술 연구 기관으로서 지혜의 집은 압바스 시대 기록에서는 나타나지 않는다. 지혜의 집이 그리스어로 된 책을 아랍어로 번역하는 기관이었다는 내용 또한 없다. 많은 그리스 의학 서적을 번역한 후나인 이븐 이스하크Hunayn ibn Ishaq의 번역 활동에 관한 기록에서는 그가 칼리프의 명령이나 지원을 받아 지혜의 집에서 그리스어 서적을 번역했다거나, 지혜의 집에서 그리스어 문헌을 찾았다는 언급은 없다. 후나인 이븐 이스하크를 포함한 압바스 시대의 다른 번역가들과 학자들은 지혜의 집이라는 기관에 속해서가 아니라 다른 학자나 귀족의 개인적 의뢰를 받아 번역했다. 그들에 관한 기록에서 지혜의 집은 언급되지 않는다.[6]

　지혜의 집이 교육 기관이라고 볼 근거도 부족하다. 역사학자 알키프티에 따르면 뛰어난 천문학자이자 점성술사였던 무사 이븐 샤키르Musa ibn Shakir가 죽자 그의 세 아들은 칼리프 알마으문의 명령에 따라 지혜의 집에서 궁정 천문학인 야흐야 이븐 아비 만수르Yahya ibn Abi Mansur 밑에서 수학과 천문학 등을 배웠다. 지혜의 집이라는 공간에서 교육이 이루어졌다는 기록은 이것이 전부다. 이 기록은 야흐야가 칼리프의 명령에 따라 지혜의 집이라는 장소에서 개인적으로 무사의 세 아들을 가르쳤다는 것을 말해줄 뿐, 지혜의 집이 제도화된 교육 기관이었다고는 말하지 않는다.[7] 무엇보다도 지혜의 집 또는 '지혜의 보고'라는 표현은 중세 이슬람권에서 도서관을 가리키는 일반명사로 쓰였다.[8] 기록에서 말하는 지혜의 집 또는 지혜의 보고라는 장소는 학문을 연구하기 위해 특별히 만들어진 기관이기보다는 일반적인 도서관이었을 가능성이 크다.

　이를 토대로 볼 때 지혜의 집이 왕실의 지원을 받는 학자들이 연구하고 번역하던 체계적인 기관이었다고 보기는 어렵다. 지혜의 집에 관한 단편적인 언급은 그곳이 주로 책을 보관하던 곳이었으며 페르시아인들이 관리했다고 전한다. 이를 근거로 구타스는 지혜의 집이 그리스 과학을 연구하고 그리스어 서적을 번역하는 기관이 아니라 주로 페르시아어로 된 문헌을 보관하는 도서관이었으며, 페르시아어 문헌을 아랍어로 번역하는 역할도 하던 기관이었을 가능성이 크다고 추정한다. 알콰리즈미가 지혜의 집에 고용되었다는 기록으로 미루어 볼 때 알마으문 시대에 지혜의 집이라는 장소가 천문학이나 수학과 관련된 활동을 하는 공간으로 확대되었을 가능성은 있다.[9] 그러나 이렇게 단편적인 기록만으로는 지혜의 집을 학자들이 칼리프의 후원을 받아 자유롭게 연구하는 선도적인 학술연구기관이었다고는 결론내리기는 어렵다. 그렇다면 지혜의 집에 관한 기존의 거창한 서술은 역사적 사실이라기보다는 신화에 가깝지 않을까?

단순한 번역에서 독창적 발견으로

물론 지혜의 집이 일반적으로 말하는 거창한 학문연구기관이 아니었다고 해서 압바스 시대에 이슬람권 문명이 거둔 학문적 성취가 퇴색되거나 번역 운동 자체가 존재하지 않았다는 뜻은 아니다. 오히려 구타스는 압바스 시대의 번역 운동이 200년 넘게 이어진 장기적 흐름이자 엘리트 집단의 후원을 받으며 "엄격한 학문적 방법론과 정밀한 문헌학적 정확성을 기반"으로 이루어진 "놀라운 성취"임을 강조한다.[10]

구타스는 번역 운동이 나타난 배경으로 여러 가지 이유를 제시한다. 압바스 칼리프조는 과거 페르시아 제국의 영토였던 이라크 지역에 근거지를 두었다. 따라서 페르시아의 전통과 문화, 사상을 여전히 가지고 있던 페르시아 출신 무슬림이 압바스 제국 행정부의 중추를 형성했고, 이 과정에서 고대 그리스 학문의 번역과 수용을 적극적으로 후원하던 페르시아 제국 전통을 받아들였다. 페르시아 점성술은 칼리프들이 통치 정당성을 주장하는 수단이었다. 한편 기하학과 수학 서적은 실용적 목적을 위해 번역되었다.

무슬림들이 그리스 논리학 서적을 번역하기 시작한 것도 기독교나 마니교 등 다른 종교를 논박하고 이슬람 교리를 체계적이고 논리적으로 옹호할 실질적인 필요성 때문이었다. 칼리프 알마으문이 그리스 논리학에 관심을 둔 이유는 그가 특출난 계몽 군주여서가 아니라 칼리프의 종교적 권위를 위협하는 울라마의 도전에 대응하여 칼리프 개인의 판단이 가진 권위를 강조하기 위한 것이었다.

비록 정치적 목적으로 시작되었지만, 번역 운동은 이슬람권에 지식을 탐구하는 사회적 분위기를 만들어냈다. 번역된 책을 통해 새로운 학문을 접하면서 생겨난 지적 호기심에 따라 새로운 질문과 새로운 책의 번역 요구로 나타났다. 칼리프의 통치 정당성을 주장하는 수단이었던 점성학은 천문학의 발전으로 이어졌으며, 종교적 도전에 맞서기 위해 도입된 그리스 논리학은 그리스 철학에 대한 관심으로 확장되어 이슬람권 문명의 철학과 신학의 토대를 쌓았다. 서기와 관료 계층의 실용적 필요를 위해 도입된 수학은 알콰리즈미가 정립한 대수학으로 결실을 맺었다. 정치적, 실용적 목적으로 시작된 고대 문헌의 번역은 결국에는 이슬람권 문명에 전에 없던 수준의 지적 충격과 변화를 가져왔다.

번역 운동이 남긴 가장 중요한 결과는 새로운 질문을 던지고 답을 추구하며 번역하고 활발하게 연구하는 학문 공동체가 탄생한 것이다. 학자들은 스스로 번역을 의뢰하고 새로운 개정판을 출판했으며 번역을 넘어 독자적인 학문적 결실을 내기 시작했다. 제국이 분열되어 정치적으로 혼란스러운 상황에서도 이슬람권은 플라톤 철학을 이슬람권에 도입한 알파라비

Al-Farabi(950년 사망), 위대한 의학자이자 철학자였던 이븐 시나, 다양한 문명의 지리와 역사, 문화를 연구한 알비루니Al-Biruni(1048년 사망) 등 눈부신 학문적 업적을 남긴 학자들을 배출했다. 이 시대는 이븐 쿠타이바Ibn Qutaybah(889년 사망)와 같이 번역 운동이나 그리스 학문과는 거리가 멀었던 쿠란 주석학자도 "신에게 이르는 길은 많고 선으로 향하는 문은 넓다⋯. 지식은 믿는 자들에게 잃어버린 물건과도 같으니 어디에서라도 찾아내면 유익할 것이다. 다신교도가 말하더라도 진리라면 비방하지 말아야 한다."[11]고 말하던, 학문에 대한 열린 자세와 열정이 꽃피우던 시대였다.

이슬람권의 좌절된 과학혁명

만약 '학문'이라는 것을 천문학, 물리학, 수학 등 자연과학만을 말한다고 가정한다면, 중세 이슬람권이 어느 시점부터 '학문' 발전이 정체되기 시작했다는 점은 쉽게 부정하기 어려워 보인다. 에릭 체니Eric Chaney는 하버드대학교 도서관에 보관된 장서를 분석하여 9~12세기 이슬람권에서 출판된 책 중 10%를 차지하던 과학 관련 도서가 12세기부터 18세기에는 2%로 줄어들었다는 점을 찾아냈다. 반면에 같은 기간 종교학 관련 서적은 13%에서 20%로 늘어났다.[12] 왜 이런 변화가 나타난 것일까?

프레더릭 스타는 『잃어버린 계몽의 시대Lost Enlightenment: Central Asia's Golden Age from the Arab Conquest to Tamerlane』라는 책에서 "계몽의 시대"가 쿠란과 하디스만이 추구할 가치가 있는 지식이라고 생각한 전통주의자들에 의해 끝났다고 주장한다. 스타에 따르면 계몽의 시대가 무르익던 9세기부터 합리주의와 이성을 대표하는 학자들과 전통주의적 법학자들의 갈등이 나타났다. 전통주의적 법학자들이 이성과 자유의지의 수호자 칼리프 알마으문을 상대로 승리를 거둔 시점부터 이슬람권의 철학과 자연과학이 쇠퇴하기 시작했다.[13] 전통주의자들은 철학과 자연과학을 거부하고 합리적이고 자유로운 학문 활동의 맥을 끊어놓았다. 전통과 종교를 맹목적으로 추구하는 세력이 이성과 합리성의 옹호자들을 패배시키면서 계몽의 시대의 문이 닫힌 것이다.

그리고 그 전통주의자의 선봉에 스타가 "악한 천재"라고 부른 알가잘리가 있었다.[14] 알가잘리는 철학자들을 이단자, 배교자로 단죄하고 합리적 사고에 토대를 둔 철학, 과학, 합리적 추론으로 종교를 설명하려는 신학을 종교적 가르침에서 어긋난 학문으로 매도했다. 의문을 제기하지 않고 절대적으로 믿을 것을 주장한 알가잘리 이후 합리주의와 계몽을 옹호하는 자들은 이슬람의 이름으로 침묵당했다.[15] 종교가 승리하며 이성은 억압당했고, 계몽의 시대는 끝났다.

스타는 교조적인 전통주의자들이 등장하고 승리한 근본적인 원인이 순니파와 쉬아파의 갈등에 있다고 본다. 10세기에 중동 각지에서 쉬아파 통치자들이 권력을 잡으며 쉬아파의 영향력이 확대되자, 순니파 통치자와 울라마들은 쉬아파의 종교적 도전에 맞서기 위해 올바른 순니파가 믿어야 하는 정통 교리를 정립했다. 쉬아파의 부상으로 더욱더 배타적이 된 순니파 공동체는 정통 교리에 어긋나는 모든 것에 이단이라는 낙인을 찍었다.[16]

이성과 종교, 합리주의자와 전통주의자의 이분법, 그리고 알가잘리에게 모든 책임을 돌리는 것에 의존하는 스타의 분석은 학계에서 많은 비판을 받았다. 한 인간이 문명 전체를 퇴보시킬 수 있는 엄청난 힘을 가질 수 있을까? 만약에 알가잘리가 한 문명의 역사를 바꾸어놓을 정도로 강력한 영향력을 가진 인물이었다고 해도 무슬림들은 왜 알가잘리가 옳다고 여겼을까? 쉬아파의 위협이 사라진 이후에도 알가잘리의 유산이 장기적으로 유지된 이유는 무엇인가? 알가잘리에 반박하고 전통주의자에 저항하는 움직임이 승리하지 못한 이유는 무엇인가? 이슬람권의 교조화라는 단순명료한 설명이 이 모든 질문에 충분한 답을 제시하는가?

정말 알가잘리가 모든 형태의 합리적 학문에 적대적이었는지도 의문이다. 알가잘리의 공격 대상은 철학적 개념을 통해 이슬람 신앙을 설명하고자 한 철학자들의 모순이었고 이를 위해 철학자들의 논리와 개념을 사용해서 철학자들을 공격했다. 반면에 알가잘리는 논리학, 천문학, 수학 등 자연과학은 유용할 뿐만 아니라 종교적으로도 전혀 문제가 없다고 보았다.[17] 그렇다면 이슬람권에서 자연과학이 쇠퇴한 이유를 알가잘리 개인에게 돌리는 것은 과장이 아닐까?

스타에 따르면 쉬아파가 부상하기 이전에, 알가잘리가 철학의 마지막 숨통을 끊어놓기 이전에 이미 전통주의적 울라마는 계몽의 시대를 지키고자 한 알마으문을 상대로 승리를 거두었다. 그렇다면 왜 알마으문의 시도는 실패하고 전통주의자들은 승리했는가? 스타는 이에 대한 답은 주지 않는다. 그저 전통주의적 울라마가 학문 쇠퇴의 원흉으로 지목될 뿐이다. 무엇보다도 쿠란이 창조되었다는 교리를 받아들이도록 강요한 알마으문의 시도가 정말 이성과 합리적 학문을 지키기 위한 시도로 볼 수 있는가? 쿠란이 신의 창조물이라는 교리가 합리적이고 이성적인 학문을 추구하는 것과 무슨 관계가 있는가? 알마으문이 울라마를 통제하려고 한 것은 울라마의 도전에 맞서 종교적 문제에 있어 자신의 권위를 강화하기 위해서였지 학문

의 자유를 지키기 위한 것이 아니었다.[18]

극히 단순화된 설명을 제시하는 스타와 달리 에릭 체니는 이슬람권의 근본적인 변화라는 측면에서 자연과학이 쇠퇴한 이유를 찾고자 했다. 체니는 이슬람권에서 무슬림 인구가 증가한 것이 원인일 수 있다는 가설을 제시했다.[19] 12세기 이전에는 무슬림들은 비무슬림들과 지적 경쟁을 해야 했다. 다른 종교의 교리와 신앙을 반박하기 위해서는 논쟁에 쓰이는 논리학, 철학 등이 필요했다. 논리적이고 합리적인 사고가 지적 사조로 자리 잡은 환경은 또한 과학이 성장할 수 있는 토양을 조성했다. 그러나 무슬림 인구가 확고한 다수를 차지한 12세기 이후에는 울라마와 무슬림 통치자들이 자유로운 학문 활동을 용인할 이유가 사라졌고 결국 이슬람권의 철학과 자연과학 발전이 정체되었다는 것이다.

무슬림이 다수를 차지한 것 외에도 체니는 12세기 이후 이슬람권의 여러 변화가 과학 쇠퇴를 가져온 요인이라고 지적한다.[20] 무엇보다도 학계가 변화했다. 체니에 따르면 12세기에 들어 쿠란과 하디스, 이슬람법을 연구하는 울라마가 학계에서 주도권을 잡았고 철학자와 자연과학자는 울라마에 밀려났다. 그렇다면 어떻게 울라마가 철학자와 자연과학자를 제치고 우위를 차지할 수 있었던 것일까?

먼저 중세 이슬람권에서 철학자와 자연과학자를 후원하던 관료들이 힘을 잃었다는 점을 들 수 있다.[21] 10세기 이후 칼리프의 권력이 침식되기 시작하면서 칼리프를 정점으로 하는 관료 계층 또한 힘을 상실했다. 관료들의 후원과 보호를 받던 철학자와 자연과학자도 이러한 변화의 영향을 받았다. 이슬람권의 자연과학과 철학 전통이 하루아침에 단절된 것은 아니었지만, 권력이 칼리프와 관료에서 군인으로 옮겨간 변화는 번역 운동이 만들어낸 학문 공동체를 장기적으로 약화시키는 결과를 가져왔다.

관료들이 사라진 자리는 울라마가 채웠다. 철학자와 자연과학자와 달리 기부금(자카트zakat 또는 사다카sadaqah)을 모아 가난한 사람들을 지원하거나 고아원과 학교를 운영하거나 사람들이 일상 생활에서 직면한 다양한 문제에 법적 판단을 제공하는 울라마는 일반 대중의 삶과 더 많은 접점이 있었다. 종교적 권위와 대중에 가지는 영향력을 바탕으로 울라마는 군인 통치자들과 대중을 연결하는 역할을 할 수 있었다. 울라마의 대중적 영향력에 주목한 통치자들은 울라마를 후원하고 그 대가로 울라마로부터 통치 정당성을 인정받는 관계도 성립되었다.[22] 이 관계에서 철학자나 자연과학자가 낄 곳은 없었다.

셀주크 왕조(1037~1196년)의 재상 니잠 알물크Nizam al-Mulk(1092년 사망)의 후원으로 1067년 바그다드에 문을 연 니자미야 마드라사를 시작으로 마드라사라는 교육 기관이 이슬람권 각지로 확산된 것 또한 철학과 자연과학에 불리하게 작용했다. 마드라사는 모든 학문을 아우르는 종합대학이 아니라 종교학과 법학을 가르치고 울라마를 체계적으로 양성하기 위한 기관이었기 때문이다. 통치 정당성을 확보하기 위해 울라마의 사회적 영향력이 필요했던 통치자들은 마드라사를 세우고 운영 자금과 생활비를 지원해 울라마의 지지를 끌어내고자 했다. 니잠 알물크가 니자미야 마드라사를 세운 것도 바로 이러한 목적에서 울라마에 대한 지원을 제도화하기 위해서였다.[23]

반대로 중세 이슬람권에서 철학자나 자연과학자를 양성하고 지원하기 위한 체계적인 제도는 존재하지 않았으며 유력자 개인의 후원에 의존해야 했다. 한정된 자원이 법학과 종교학에 집중되면서 철학과 자연과학은 소외되었다. 실제로 마드라사가 가장 처음 등장했던 이슬람권 동부에서 가장 먼저 과학 저술이 감소하기 시작했다는 점은 마드라사의 제도화가 이슬람권 과학의 쇠퇴와 관련되어 있음을 시사한다.[24] 국가의 지원이 법학과 종교학을 가르치는 마드라사에 집중되고 울라마가 통치자와 대중의 지지를 등에 업고 사회적 영향력을 행사하는 상황에서 외부의 지원을 받지도 못하고 후학을 양성할 제도적 기반도 없던 자연과학이 여전히 활력을 유지했다면 그것이 더 놀라운 일이었을 것이다. 결국 토비 E. 하프Toby E. Huff가 지적하듯이 이슬람권에서는 학자들 사이의 자유롭고 창의적인 토론, 연구, 의견 교환이 일어날 수 있는 제도적 영역이 나타나지 못했고, 결국 놀라운 과학적 성취에도 불구하고 근대적 과학이 꽃피우지 못했다.[25]

이러한 이유에서 압둘라티프 티바위Abdul Latif Tibawi는 마드라사의 등장과 제도화가 철학과 형이상학에 대한 전통주의적 종교학의 승리라고 설명한다.[26] 그러나 그 승리는 필연적인 것이 아니었다. 이슬람권 내부의 수백 년에 걸친 경제적, 정치적, 사회적 변화가 맞물리며 나타난 결과였다.

'계몽의 시대'라는 신화

오늘날 아랍 지역에서는 과거의 지적 활력과 학문적 성취를 찾아보기 어렵다. 2009년 RAND 연구소가 발간한 보고서에 따르면 아랍인 인구는 전 세계 인구의 5.5%를 차지하지만, 아랍 지역에서 출판되는 책은 전 세계에서 출판되는 책의 1.1%에 불과하다.[27] 2013년 통계에 따르면 인구가 3억 6천만 명에 달하는 아랍권에서 출판된 책의 수는 2012년 기준 인구가 2,100만 명이었던 루마니아나 4,500만 명인 우크라이나에서 출판된 권수와 비슷하다.[28] 아랍인이 책을 읽지 않는 상황, 학문, 특히 자연과학에 관심을 보이지 않을 뿐만 아니라 때로는 적대적이기까지 하며 종교에만 매달리는 상황은 이슬람이 반지성적인 종교여서 그런 것일까?

그러나 압바스 시대에 나타났던 이슬람권의 활발한 지적 활동은 이슬람 그 자체가 학문을 거부하는 반지성적인 종교라는 주장이 사실과 다름을 말해준다. 다른 문화권의 학문을 적극적으로 받아들이고 연구하던 9세기 무슬림과 21세기의 무슬림 사이에 존재하는 차이는 쿠란 구절이 달라졌기 때문이 아니다. 오히려 9세기의 무슬림과 21세기 무슬림이 놓인 상황과 환경의 차이가 더욱 중요하다고 할 수 있다. 번역 운동이 압바스 시대의 정치적, 사회적 환경에서 시작되었듯이 오늘날 아랍 무슬림 사회에서 나타나는 현상의 원인 또한 쿠란과 이슬람 교리가 아닌 현재 아랍 무슬림 사회가 처한 환경에서 찾아야 할 것이다.

이슬람이 반지성적인 종교라는 주장에 반박하고 이슬람권의 창조성과 학문적 성취를 강조하려는 시도는 역설적으로 서구가 모든 평가와 측정의 기준이 되는 상황으로 이어진다. 이러한 경향에서는 비서구 문명의 발전 수준은 서구가 이루어낸 것에 도달했는지에 따라 결정된다.[29] 이슬람권의 중세는 훗날 과학혁명 이후 서구에서 나타난 것과 유사한 것이 존재했기 때문에, 서구보다 앞서서 무언가를 했기 때문에 '계몽의 시대'로 신화화된다.[30] 무슬림 과학자들은 서구 수학자들보다 먼저 대수학을 발명하고 코페르니쿠스보다 앞서 지동설을 주장하고 유럽 의사들보다 먼저 사람이 사물을 보는 원리를 발견해냈기 때문에, 그리고 궁극적으로는 서구의 학문 발전에 영향을 주었기에 위대한 학자들로 평가된다. 결국 비서구 문명의 발전 수준과 성취를 측정하고 황금기를 정의하는 기준은 얼마나 서구보다 앞

2. 중세 이슬람권의 번역 운동과 '지혜의 집'의 신화

섰느냐, 얼마나 서구에 영향을 주었느냐이다. 서구보다 앞섰으면 황금기이고 '계몽의 시대'이며, 서구보다 뒤처지거나 서구와 다른 길을 걸으면 쇠퇴기이다. 종교학, 법학, 신비주의의 발전이 황금기의 기준이 될 수 없는 이유는 무엇인가?

이러한 점에서 이슬람권의 중세를 계몽의 시대 또는 황금기라고 이상화하는 것은 모든 문화권이 궁극적으로 다다라야 할 목표를 서구로 제시한다는 점에서 서구중심주의의 한 형태라는 비판을 피하기 어렵다. 이슬람권 역사를 분석하는 데 진정으로 필요한 질문은 왜 서구와 같은 방식으로 변화하지 않았느냐가 아니다. 무슬림이 어떤 도전에 직면했고 어떤 대응을 택했느냐. 무슬림은 서구와는 다른 경험과 도전과 환경 속에서 살았고 서구와 다른 방식으로 변화하고 대응했을 뿐이다.

중세 이슬람권에 관한 이야기는 신화와도 같다. 이 신화에 따르면 현명하고 이성적이고 합리적이며 학문을 사랑하는 통치자가 혜성처럼 나타나 지혜의 집을 건설하고 학문 발전과 계몽의 시대를 이끌었다. 그리고 갑자기 광신도 무리가 나타나 계몽의 시대를 끝장내버렸다. 그러나 신화에서는 왜 번역 운동이 나타났는지, 왜 무슬림이 고대 학문을 재발견하기 시작했는지, 왜 통치자들이 학자들을 후원했는지, 왜 무슬림의 관심사가 과학과 철학에서 법학과 종교학으로 옮겨갔는지, '광신도 무리'는 대체 어디서 왜 나타난 것인지 묻지 않는다. 질문이 사라진 자리에는 과장된 신화만이 남는다. 그리고 질문이 없는 신화는 어떤 답도 주지 못한다.

3

초승달의 그늘 아래: 무슬림과 비무슬림

"아랍인의 땅에는 두 종교가 있을 수 없다"

무함마드는 죽기 전에 "아랍인의 땅에는 두 종교가 있을 수 없으니, 기독교도와 유대인을 추방하라."라는 명령을 남겼다고 한다.[1] 이슬람의 배타적이고 폭력적 성격을 강조하고 무슬림과 비무슬림의 충돌, 탄압, 억압의 역사에 초점을 맞추는 관점에서 볼 때 무함마드의 명령은 무슬림들이 초창기부터 다른 신앙을 배척하고 탄압해왔음을 보여주는 증거다.

실제로 무함마드 사후 2대 정통 칼리프로서 무슬림 공동체를 통치한 칼리프 우마르는 무함마드의 명령에 따라 메카와 메디나가 있는 이슬람의 발

상지인 히자즈, 또는 아라비아반도 전역에서 비무슬림을 모두 추방했다고 알려져 있다.[2] 무함마드의 명령은 오늘날에도 사우디아라비아의 저명한 법학자들이 사우디에서 비무슬림이 살 수 없다고 주장하는 근거가 되기도 한다. 이처럼 "아랍인의 땅에는 두 종교가 있을 수 없다."라는 명령은 이슬람이 등장한 초창기부터 현재까지 무슬림과 비무슬림의 관계에서 중요한 규범으로 작동해 온 것으로 보인다.

그러나 기록을 살펴보면 예언자 시대 이후에도 아라비아반도, 즉 아랍인의 땅에 여전히 비무슬림, 특히 유대인 상당수가 오랜 기간 남아 있었다는 증거가 나타난다. 단적인 예로 예멘에서는 20세기 이스라엘이 건국될 때까지 유대인 공동체가 존재했다. 그렇다면 정말 무함마드가 아라비아반도에서 비무슬림의 추방을 지시했고, 그의 후계자들이 예언자의 지시를 충

사우디아라비아의 도로 표지판: "메카, 무슬림만 출입 가능"

실하게 따랐던 것일까?

무함마드가 아라비아반도 전체가 아닌 성지 메카와 메디나가 있는 히자즈 지역에서만 비무슬림의 추방을 명령했다는 전승도 있다. 실제로 현재에도 사우디아라비아 정부는 비무슬림이 메카와 메디나로 들어가는 것을 금지한다. 하지만 여러 기록은 비무슬림, 특히 유대인은 메카와 메디나만 아닐 뿐 히자즈의 다른 지역에서는 문제없이 살아갔음을 보여준다.

역사가 알타바리는 이라크 남부에서 반란을 일으킨 흑인 노예들을 부추긴 사람은 바로 히자즈의 카이바르에서 온 유대인이라고 전하며[3] 10세기 지리학자인 알무캇디시는 히자즈에서 메카 다음으로 크고 번창한 도시인 와디 알쿠라의 주민 다수가 유대인이라고 설명한다.[4] 알무캇디시보다 약 100년 뒤에 아라비아반도를 여행한 유대인 여행자 투델라의 벤야민Benjamin of Tudela(1173년 사망) 또한 히자즈의 카이바르, 와디 알쿠라, 타이마에서 살고 있는 유대인들을 만났다. 벤야민에 따르면 타이마의 유대인은 용맹한 전사들로 인근의 아랍 유목민을 습격하기도 했으며, 카이바르의 유대인은 학자와 뛰어난 전사들을 포함해 그 수가 5만 명에 달했다. 카이바르는 642년 우마르가 무함마드의 명령에 따라 모든 유대인을 추방했다고 알려진 곳이다.[5] 분명히 과장이 섞여 있는 기록이겠지만, 적어도 한 가지는 분명해 보인다. 무함마드와 우마르의 시대로부터 약 수백 년이 지난 이후에도 히자즈에는 여전히 유대인이, 그것도 많은 수의 유대인이 있었던 것이다.

히자즈를 여행한 유럽인들 역시 유대인을 만났다. 비무슬림 유럽인으로서 처음으로 메카에 들어간 16세기의 이탈리아 여행자 루도비코 디바르테마Ludovico di Varthema는 카이바르 인근에 유대인 약 4,000~5,000명이 살고 있다고 기록했으며, 16세기에 아라비아반도를 여행한 다비드 드로시David

3. 초승달의 그늘 아래: 무슬림과 비무슬림

de Rossi 또한 히자즈 지역에 살던 유대인 유목민에 관해 이야기한다. 히자즈, 특히 카이바르 유대인에 대한 언급은 독일 탐험가 카르스텐 니부어^{Carsten} Niebuhr, 프랑스 외교관인 부아 르콩트^{Bois le Comte}, 유대인 여행자 야곱 사피르^{Jacob Saphir} 등 18세기와 19세기 히자즈를 방문했던 다양한 여행자들이 남긴 기록에서도 나타난다.[6] 이슬람이 등장한 이후에도, "아랍인의 땅에는 두 종교가 있을 수 없다."고 선언한 무함마드 이후에도, 히자즈에서 유대인을 모두 추방했다는 칼리프 우마르 이후에도 유대인들은 히자즈에 살고 있었다.

무슬림 기록을 꼼꼼히 살펴보면 칼리프 우마르가 유대인을 추방했다는 지역에 관해 학자마다 다르게 이야기하고 있다는 점을 발견할 수 있다. 역사가 알와키디, 전승학자 아부 다우드^{Abu Dawud}(889년 사망)는 와디 알쿠라와

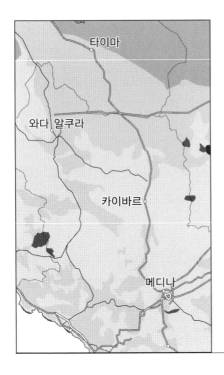

메디나와 인근의 카이바르, 와디 알쿠라, 타이마의 위치

타이마는 메디나에서 북쪽으로 멀리 떨어져 있고 무함마드가 비무슬림의 추방을 명령한 히자즈 또는 '아랍인의 땅'에 포함되지 않기 때문에 이곳의 유대인들은 추방되지 않았다고 설명한다.[7] 실제로 카이바르와 메디나의 거리는 약 130km인 반면, 와디 알쿠라는 메디나에서 약 300km, 타이마는 약 400km 떨어져 있다. 이에 따르면 무함마드가 비무슬림의 추방을 명령한 '아라비아반도' 또는 '아랍인의 땅'은 오늘날 우리가 알고 있는 아라비아반도 전역이 아닌 메카와 메디나를 중심으로 한 일부 지역이었다. 그러나 역사가 알발라두리는 타이마에서도 유대인이 추방되었다고 전한다.[8] 그리고 앞에서 보았듯이 카이바르에서도 유대인은 계속 살고 있었다. 그러면 유대인이 추방된 곳은 대체 어디인가? 애당초 유대인이 추방되긴 한 것일까?

무함마드의 명령에도 불구하고 버젓이 아라비아반도와 히자즈에서 유대인 등 비무슬림이 살아가는 모습을 본 법학자들은 전승과 현실 사이에 존재하는 모순을 해결할 필요에 직면했다. 결국 법학자들은 기발한 해법을 찾아냈다. 아랍인의 땅 또는 히자즈에 비무슬림이 있을 수 없다면, 비무슬림들이 살지 않는 곳을 아랍인의 땅 또는 히자즈로 정의하면 되는 것이었다. 실제로 법학자 아흐마드 이븐 한발Ahmad ibn Hanbal(855년 사망)은 무함마드가 말한 아랍인의 땅이 유대인이 추방되어 없는 땅이라고 정의한다. 달리 말하자면 지리적으로 아라비아반도에 속하더라도 유대인 등 비무슬림이 이미 살고 있는 지역이면 무함마드가 말한 '아랍인의 땅'이 아닌 것이며, 따라서 그 지역에 사는 비무슬림을 강제로 쫓아낼 필요도 없는 것이다. 이를 통해 법학자들은 아라비아반도 전역에서 유대인을 강제로 추방하는 현실적으로 불가능한 방식을 따르지 않으면서도 '아랍인의 땅'에서 비무슬림을 쫓아내라는 무함마드의 명령을 지킬 수 있었다.[9]

전승과 실제 역사 사이에 존재하는 괴리를 이유로 해리 먼트Harry Munt는 "아랍인의 땅(또는 히자즈)에는 두 종교가 있을 수 없다."가 실제 무함마드가 한 말이었을 가능성은 작다고 본다. 이 전승은 무슬림과 유대인 사이의 분명한 경계가 확립되고 히자즈가 성지로서 특수한 지위를 얻게 된 8세기 이후, 즉 이슬람 신앙의 주요 토대와 전통이 자리 잡기 시작한 시대의 종교적 상황과 사회적 환경의 산물이라는 것이 먼트의 주장이다.[10] 무슬림과 비무슬림 사이의 경계가 분명히 확립된 이후에야 성지 히자즈에 접근하고 거주할 권한이 무슬림을 비무슬림과 구분하는 기준이자 무슬림으로서의 정체성을 표현하는 중요한 상징이 된 것이다.

"종교에는 강요가 없다"

종교에는 강요가 없으니 진리는 거짓으로부터 구분되느니라. 누구든지 우상을 섬기지 않고 신을 믿는 이는 결코 끊어지지 않는 가장 튼튼한 동아줄을 잡은 것이노라. 신은 모든 것을 들으시고 모든 것을 아신다.

쿠란 2장 256절

금지된 달이 지나가면 우상숭배자들을 보는 대로 죽이고 포로로 잡고 공격하고 그들에 대비하여 복병하라. 그러나 그들이 회개하고 예배를 드리며 자카트를 낼 때 그때는 그들을 자유롭게 풀어주어라. 실로 신께서는 가장 관대하시고 자비로우시니라.

쿠란 9장 5절

성서의 백성들 가운데 신과 최후의 날을 믿지 아니하며 신과 신의 사도께서 금기한 것을 지키지 아니하고 진리의 종교를 따르지 아니하는 자들에 대항하여 그들이 스스로 세금을 내고 복종할 때까지 싸우라.

쿠란 9장 29절

쿠란 2장 256절은 아마 이슬람의 본질이 관용과 평화라고 주장하는 사람들에게 가장 중요한 구절일 것이다. 이 구절은 오늘날 극단주의자와 테러리스트들이 보여주는 불관용, 폭력, 타 종교에 대한 적의가 진정한 이슬람의 가르침에서 벗어난 왜곡된 해석에 불과하다는 주장을 뒷받침하는 핵심적인 근거로 널리 알려져 있다.

반면에 이슬람을 부정적으로 인식하는 사람들이 주목하는 구절은 9장 5절, 흔히 '칼의 구절'이라고 불리는 구절과 9장 29절이다. 이슬람을 비판하는 사람들은 9장 5절과 29절이 2장 256절을 '폐기naskh'했기 때문에 쿠란이 무슬림에게 명령하는 것은 비무슬림에 대한 관용이 아니라 배척과 탄압이라고 주장한다. 이러한 견해에 따르면 쿠란은 무력을 써서라도 비무슬림을 강제로 개종시킬 것을 명령한다. 따라서 이슬람은 본질적으로 배타적이고 불관용적이며 폭력적인 종교다.

이처럼 상반된 이야기를 하는 구절 가운데 무엇이 진짜 쿠란이 전하고자 하는 메시지일까? 무슬림은 타 종교인에 대해 관용의 자세를 가져야 하는 것일까, 아니면 강제로라도 이슬람을 받아들이게 해야만 하는 것일까?

무슬림 학자들은 '폐기' 개념을 통해 쿠란 내부의 모순을 해결하고자 했다. 두 구절이 서로 충돌할 때에는 나중에 계시된 구절이 앞서 계시된 구절을 폐기한다고 보는 시각에서는 9장 5절과 29절이 2장 256절보다 나중에 계시되었기 때문에 2장 256절을 포함해 비무슬림과의 관용, 용서, 공존, 평화와 관련된 모든 구절을 폐기한다고 보았다.[11] 비슷한 해석으로는 2장 256절이 무함마드가 메디나에 있던 상황과 관련된 일시적인 계시일 뿐이라고 보는 해석이 있다. 이에 따르면 2장 256절은 이슬람으로 개종한 메디나 사람들이 유대인 또는 기독교도였던 자식들도 이슬람으로 개종시키려고 하자 이를 막기 위해 계시된 구절로, 종교 간 공존과 관용을 말하는 구절이 아니다.[12]

그러나 모든 사람들이 2장 256절을 포함해 비무슬림과의 평화와 공존을 말하는 모든 구절이 폐기되었다는 주장을 받아들인 것은 아니었다. 9장 5절이 폐기한 구절이 정확히 몇 개인지는 학자마다 달랐다. 알나흐하스Al-Nahhas(949년 사망)라는 학자는 9장 5절로 총 113개 구절이 폐기되었다고 주장한 반면, 알샤우카니Al-Shawkani(1834년 사망)는 단 5개 구절만이 폐기되었다고 보았다. 한편 알수유티Al-Suyuti(1505년 사망)는 쿠란에서 폐기된 구절은 전체 21개에 불과하며, 이 중 9장 5절로 폐기된 구절은 없다고 해석했다. 2장 256절이 폐기되지 않았다고 본 알타바리는 오히려 9장 5절이 무슬림과 협정을 맺은 우상숭배자를 먼저 공격해서는 안 된다고 말하는 9장 6절에 의해 폐기되었다는 해석을 전한다. 더 나아가 쿠란 구절의 폐기란 있을 수 없다고 주장한 아부 무슬림 알이스파하니Abu Muslim al-Isfahani(934년 사망)라는 학자도 있었으며, 쿠란 구절의 폐기는 무함마드 생전에만 가능했을 뿐 무함마드가 세상을 떠난 뒤에는 쿠란 구절을 폐기할 수 없다는 견해도 있다.[13]

아스마 아프사룻딘Asma Afasrrudin에 따르면 11세기 이전에는 쿠란 주석학자들이 9장 5절과 29절에 큰 관심을 보이지 않았다. 2장 256절과 마찬가지로 9장 5절과 29절 또한 무함마드 시대의 특수한 역사적 사건과 관련된

구절이기에 모든 비무슬림에게 적용되는 보편적 규범이 아니라고 해석하는 경향도 있었다.[14]

한편 2장 256절이 폐기되지는 않았지만, 무슬림의 우위와 통치권을 받아들이고 비무슬림이 내야 하는 인두세인 지즈야를 바치는 비무슬림에게만 해당되는 구절이라는 해석도 있다. 종교에 강요가 없다는 것은 모든 비무슬림이 아니라 무슬림의 땅에서 이등시민으로서 지위를 받아들이고 순순히 지즈야를 내는 비무슬림에게만 해당되는 이야기다.

이러한 해석에 따르면 무슬림이 아라비아반도를 정복하고 아랍 다신교도가 모두 이슬람으로 개종한 현재에는 이슬람의 우위를 인정하고 지즈야를 내는 딤미dhimmi, 즉 기독교도나 유대인에게는 이슬람을 강제할 수 없다. 한 예로 하나피파의 10세기 법학자인 아부 알라이스 알사마르칸디Abu al-Layth al-Samarqandi에 따르면, "무함마드가 메카를 정복하고 아랍인들이 개종한 이후에는 더는 누구에게도 신앙을 강제할 수 없다."[15] 마찬가지로 알타바리, 11세기 니샤푸르Nishapur의 샤피이파 학자들, 이븐 카시르Ibn Kathir (1373년 사망) 또한 2장 256절을 근거로 기독교도와 유대인에게 이슬람을 강제할 수 없다고 보았다. 이븐 카시르에 따르면 강제 개종이 필요없는 이유는 이슬람이 자명한 진리이며 이를 깨닫게 되면 강요가 없어도 자발적으로 이슬람을 받아들이게 되기 때문이다.[16] 더 나아가서는 강압에 따른 개종은 무효이기에 강제로 무슬림이 된 기독교도나 유대인이 나중에 이슬람을 버리고 원래 신앙으로 돌아가더라도 배교의 죄로서 처벌할 수 없다는 해석도 있었다.[17]

2장 256절이 폐기되지 않았다는 관점을 취한 학자 중 이븐 타이미야와 그의 제자 알자우지야의 해석은 특기할 만하다. 이븐 타이미야는 2장 256

절이 무슬림이 아니라는 이유만으로 비무슬림에게 전쟁을 선포할 수는 없다는 의미로 해석했다. 알자우지야는 더 나아가 모든 불신자, 심지어 다신교도까지도 무슬림의 우위를 인정하고 지즈야를 내면 보호받을 수 있다고 보았다. 무함마드는 먼저 적대 행위를 하지 않는 한 누구에게도 신앙을 먼저 강제하지 않았다는 것이 알자우지야의 주장이었다.[18]

　　기독교도와 이단 신앙에 누구보다 적대적이었으며 오늘날 이슬람 극단주의자들이 존경해 마지않는 이븐 타이미야가 2장 256절을 이처럼 관용적인 방향으로 해석한 것은 그가 누구보다 엄격한 무슬림의 기준을 제시했기 때문이었다. 이븐 타이미야는 이슬람의 규범과 의무를 제대로 수행해야만 진정한 무슬림이라고 보았다. 단순히 자신이 무슬림이라고 주장한다고 해서 무슬림이라고 인정받을 수는 없다. 이븐 타이미야에게 진정한 무슬림과 그렇지 않은 무슬림을 구분하는 기준은 곧 행위였다. 행위를 중요시하는 논리는 비무슬림에게도 적용된다. 비무슬림 역시 실제 무슬림을 적대하는 행위를 하지 않는 한 이슬람을 믿지 않는다는 이유만으로 전쟁을 선포하고 탄압할 수 없다. 물론 이븐 타이미야가 오늘날과 같은 의미의 종교 간 관용과 공존을 주장했던 인물은 아니었고 이들의 주장이 무슬림 사회에서 정론으로 받아들여진 것도 아니었다. 무엇보다도 이븐 타이미야는 그가 살던 시대의 비무슬림들이 실질적으로 무슬림을 위협한다고 보았기에 비무슬림에 대한 전쟁 자체는 정당하다고 주장했다.

　　2장 256절을 다른 방향에서 해석한 학자들도 있었다. 이븐 알아라비Ibn al-'Arabi(1148년 사망)는 이 구절이 비무슬림에 관한 구절이 아니라 무슬림에 관한 구절이라고 해석했다. 무슬림이 강제로 이슬람을 배교하는 상황에 이르도록 해서는 안 된다는 것이다. 반대로 이븐 알아라비는 올바른 신앙인 이슬람을 받아들이도록 비무슬림을 강제하는 것은 정당하다고 보았다.[19] 2장 256절을 신은 인간에게 종교를 강제하지 않으며, 믿음은 인간의 선택이라는 자유의지론을 뒷받침하는 근거로 제시한 학자들도 있었다. 그러나 이들도 종교 간 공존과 관용을 주장한 것은 아니었다. 이들은 '종교din', 즉 내면의 믿음은 강제할 수 없어도 무슬림이 되어 이슬람법을 따르도록 강제할 수는 있다고 주장했기 때문이었다.[20]

현대에 들어 2장 256절은 종교 간 공존과 관용, 종교의 자유라는 새로운 가치를 뒷받침하는 구절로 해석되기 시작한다. 이슬람의 개혁을 주장한 대표적인 근대 무슬림 사상가인 무함마드 압두흐Muhammad 'Abduh(1905년 사망)가 대표적이다. 압두흐는 9장 5절이 무함마드와 메카 쿠라이쉬 부족과 대립하던 특수한 환경과 관련된 구절일 뿐 다른 쿠란 구절을 폐기하는 절대적인 구속력은 없다고 해석했으며, 쿠란이 말하는 관용과 평화의 메시지가 여전히 유효하다고 보았다.[21] 이집트의 마흐무드 샬투트Mahmud Shaltut(1963년 사망)는 쿠란 어디에도 2장 256절이 폐기되었다는 언급이 없다고 지적한다. 쿠란에는 어떤 근거도 없는 폐기라는 개념은 후대 학자들이 만들어낸 것일 뿐이다. 이에 샬투트는 쿠란 바깥의 자료에 의존하는 전통적 해석에서 벗어나 쿠란 본문만을 볼 것을 제안한다. 그리고 그 쿠란은 분명히 "종교에는 강요가 없다."고 말하고 있다. 쿠란 어디에서도 이 구절이 폐기되었다는 말은 없다.[22]

무함마드 알파딜 이븐 아슈르Muhammad al-Fadil Ibn 'Ashur(1970년 사망)는 2장 256절이 무함마드 생애 후기, 즉 메카 점령 이후에 계시되었다고 주장했다. 따라서 이븐 아슈르는 오히려 아랍 다신교도들을 강제로 개종시킨 것이 일시적 사건이었으며, 무슬림이 메카를 점령하고 아라비아반도에서 이슬람이 확고하게 자리 잡은 뒤 신은 "종교에는 강요가 없다."는 계시를 내림으로써 강제로 비무슬림을 개종시키는 행위를 금지했다. 이븐 아슈르에게 아랍 다신교도들을 무력으로 굴복하여 강제로 굴복시키던 일은 과거일 뿐이다.[23]

종교는 강요될 수 없는 것일까? 무슬림은 비무슬림의 신앙을 존중하고 그들과 공존해야 할까? 이 질문에 무슬림들은 다양한 답과 해석을 제시해 왔다. 근대 이전 많은 학자는 모든 비무슬림이 무슬림의 지배에 굴복하고 온 세계를 이슬람의 지배 아래에 둘 때까지 투쟁을 이어가야 한다고 주장했지만, 비무슬림과의 공존 가능성을 완전히 배제하지 않는 경향도 분명히 존재했다. 오늘날에 와서는 공존과 평화를 지향하는 해석이 힘을 얻기 시작했다. 하지만 이슬람의 절대적 우위를 주장하고 비무슬림을 공격하고 박해하며 폭력과 강압을 통해서라도 이슬람을 전파해야 한다는 시각도 여전히 존재하고 또 적지 않은 영향력을 행사하는 것도 사실이다. 이슬람은 평화의 종교도 피에 굶주린 폭력의 종교도 아니다. 이슬람은 고정된 실체가 아니다. 때로는 다양한 해석이 서로 경쟁하고 때로는 환경과 맥락에 따라 여러 해석 가운데 한 해석이 널리 수용되기도 하고 또 새로운 해석이 등장하기도 한다. 이러한 다양성과 유동성에 주목할 때 우리는 이슬람이 가진 여러 얼굴을 발견할 수 있을 것이다.

무슬림과 비무슬림의 불안한 공존

종교 간 공존과 관용, 다원주의가 당연한 원칙이 된 오늘날에는 어떤 종교가 절대적으로 옳은 진리이며 모든 사람이 한 종교를 믿어야 한다는 주장은 일반적으로는 받아들여지지 않는다. 하지만 과거에는 달랐다. 특히 유일신교인 기독교나 유대교를 믿는 사람들은 자신들이 믿는 종교만이 유일한 진리이며 다른 종교는 거짓되고 잘못된 것으로 생각했고 때로는 다른 종교를 믿는 사람을 탄압하고 박해하기도 했다. 한때 로마제국의 박해를 받던 기독교는 승자가 된 이후에는 유대인 등 다른 종교를 박해하는 종교로 변화했다. 기독교가 태생부터 배타적이고 잔인한 종교여서가 아니었다. 그저 종교가 다른 사람을 탄압하고 박해하는 것이 당연하게 여겨지던 시대가 있었을 뿐이다.

쿠란 3장 19절은 '이슬람al-islam'이 신의 유일한 종교이며, 3장 85절에서는 이슬람이 아닌 길을 따르는 이는 구원에 이르지 못할 것이라고 말한다. 따라서 중세 무슬림 역시 이슬람이야말로 유일하게 올바른 종교이며, 비무슬림은 진리에서 벗어난 사람들이라고 여겼다. 하지만 무슬림이 지배하는 땅에서도 비무슬림이 존재하며 그들과 함께 살아가야 한다는 것은 부정할 수 없는 사실이었다. 그들을 모두 죽이거나 강제로 개종시키는 것은 현실적으로 불가능했다. 그렇다면 무슬림은 비무슬림과 어떻게 살아가야 하는가?

무슬림은 쿠란에서 답을 찾고자 했다. 그러나 쿠란은 '경전을 가진 백성(아흘 알키탑ahl al-kitab)'인 기독교도와 유대인 등 비무슬림이 무슬림의 지배를 인정하고 세금을 바쳐야 한다고 말할 뿐 무슬림 사회에서 살아갈 권리를 가지는 비무슬림은 누구이며 비무슬림에게 허용되는 권리는 정확히 무엇인지에 관해서는 상세하게 말하지 않는다. 쿠란 구절보다 구체적인 지침이 필요했던 무슬림은 무함마드와 그와 함께 살았던 교우들이 남긴 전승에서 답을 찾고자 했다.

먼저 무슬림의 땅에서 살아갈 권리가 있는 비무슬림이 누구인지를 정해야 했다. 쿠란은 유일신과 최후심판을 믿고 경전을 가진 백성인 유대인과 기독교도를 쉬르크shirk를 행하는 무슈리크mushrik, 즉 신 외의 다른 존재를 신처럼 숭배하는 다신교도와 우상숭배자와 구분한다. 9장 5절에서 말하듯이 다신교도와 우상숭배자는 강제로 개종시키거나 죽여야 할 대상이지만, 경전을 가진 백성은 9장 29절에 따라 지즈야를 낸다면 딤미로서 살아가며 신앙을 유지할 수 있었다.

무함마드 시대에는 상황이 간단했다. 유대인과 기독교도로부터는 지즈야를 받고 아라비아의 우상숭배자들은 죽이거나 개종시키면 됐다. 문제는 무슬림이 아라비아 바깥으로 뻗어나가며 다른 종교를 만나기 시작하면서 발생했다. 이슬람이 등장하던 시기 중동에는 다양한 종교가 있었다. 이라크 남부 지역에는 세례 요한을 마지막 예언자로 믿는 만데안인이 있었고 페르시아에는 불을 숭상하는 조로아스터교도가 있었으며 지금의 터키 동부에 있는 고대 도시인 하란Harran에는 별을 섬기는 사람들이 있었다. 나중에는 인도의 힌두교도까지 이슬람의 지배 아래에 들어온다. 쿠란은 이들이 경전을 가진 백성인지 강제로 개종시키거나 죽여야 하는 무슈리크인지 말하지 않는다.

그들 모두를 죽이는 것이 현실적으로 가능하지 않았다면 답은 그들의 존재를 인정하는 것이었다. 이 과정에서 지즈야를 내는 조건으로 이슬람의 땅에서 살아갈 자격이 있는 딤미의 범주가 확장되었다. 처음에는 유대인과 기독교도만을 말하던 것이 조로아스터교도와 만데안인까지 포함되었으며, 나중에는 모든 비무슬림, 심지어 인도의 힌두교도까지 아우르게 되었다. 반대로 쿠란 9장 5절에서 죽이라고 말하는 무슈리크는 무함마드 시대에 아라비아에 살던 다신교도만을 말하는 것으로 의미가 축소되었고, 아라비아의 모든 아랍인이 이슬람을 받아들인 시점에는 반드시 강제로 개종시켜야 하는 무슈리크는 존재하지 않는다는 견해가 힘을 얻었다. 그 결과 무슬림이 인도를 정복한 이후 힌두교도까지도 딤미로 인정받을 수 있었다.[24]

그렇다면 이슬람의 땅에서 딤미로 살아가야 하는 비무슬림이 가질 수 있는 권리는 무엇일까? 이 역시 쿠란은 분명한 답을 주지 않는다. 그래서 무슬림은 칼리프 우마르가 정복된 기독교도와 맺은 협약을 비무슬림에게 적용되는 구체적인 규범의 준거점으로 삼았다. 협약에 따르면 기독교도는 교회나 수도원을 새롭게 건설하거나 수리할 수 없고, 공개적으로 기독교 의례를 거행하거나 십자가를 내걸 수도 없다. 우마르 협약은 종교 활동뿐만 아니라 일상생활에 관한 규제도 포함한다. 그 예로 비무슬림은 무슬림과 구별되는 옷을 입어야 하고 무기를 지참할 수 없다. 이 외에도 협약은 다양한 측면에서 비무슬림의 생활에 제약을 가한다.[25]

우마르 협약이라고 알려진 이 협약이 실제 칼리프 우마르 시기에 체결되었을 가능성은 적다. 기독교도를 무슬림과 구분하기 위한 조항들은 아랍 정복자들과 비무슬림이 서로 분리되어 살았던 정복 직후 상황보다는 무슬림과 비무슬림이 같은 곳에 살며 상호 접촉이 늘어나던 시기를 반영하고 있는 것처럼 보이기 때문이다.[26] 가장 가능성 있는 설명은 현재 전해지는 형태의 우마르 협약이 여러 시대에 걸쳐 단계적으로 만들어졌다는 것이다. 실제 정복 과정에서 무슬림 정복자들과 비무슬림 주민 사이에 체결된 협약에 우마이야 시대 칼리프인 우마르 2세가 반포한 비무슬림, 특히 기독교도 탄압 칙령이 더해져 9세기 또는 10세기 무렵에 현재 우리가 알고 있는 우마르 협약으로 완성된 것으로 추정된다.[27]

우마르 협약은 다양한 목적을 위한 조항들로 구성되어 있다. 비무슬림이 종교 시설을 새롭게 세우거나 수리하는 행위, 종교 의례를 공개적으로 수행하거나 예배를 알리기 위해 종을 치는 등의 행위를 금지하는 조항은 무슬림이 비무슬림보다 우위에 있다는 것을 주장하기 위한 것이다. 비무슬림이 다수를 차지하는 상황에서 무슬림과 비무슬림을 철저하게 구분하여 무슬림의 정체성과 신앙을 지키기 위한 목적의 조항도 있다. 무슬림과 비무슬림의 복장을 구분하고 비무슬림이 아랍 인명과 아랍 문자를 사용하고 쿠란을 공부하는 것을 금지하는 조항이 그 예다.

비무슬림에 대한 각종 규제와 제한은 무슬림이 처음 고안해낸 것이 아니었다. 지배자와 피지배자, 주류 집단과 비주류 집단을 종교에 따라 구분하는 사회적 위계질서와 각종 제약으로 차별받는 종교 집단이 있던 것은 동로마 제국과 사산조 페르시아도 마찬가지였다.[28] 특히 무슬림과 비무슬림을 구분하는 각종 복장 규정은 사산조 시대 귀족과 평민을 구분하는 규정에서 많은 영향을 받은 것으로 추정된다.[29]

우마르 협약에 따라 비무슬림을 탄압하는 조치는 여러 차례 시행되었다. 칼리프 우스만 시대에 시리아 다마스쿠스에서는 십자가를 들고 행진하는 등의 공공장소에서 공개적으로 십자가를 내보이는 것이 금지되었으며, 우마이야 시대에는 칼리프 압둘 말리크가 다시 한번 십자가를 철거하도록 했다. 특이하게도 압둘 말리크는 돼지도 모조리 도살할 것을 명령했다고 한다. 앞서 언급한 우마르 2세의 칙령에는 십자가를 제거하고 비무슬림에 특정한 복장을 강제하는 명령이 포함되어 있었으며 우마르 2세의 뒤를 이은 칼리프 야지드 2세Yazid II(재위 720~724년)는 제국 전체의 기독교 성상, 성화, 십자가를 파괴할 것을 명령했다. 압바스 시대에도 여러 차례 비슷한 조치들이 시행되었다. 압바스 칼리프 알무타왁킬은 비무슬림의 공직 진출을 금지하고 비무슬림이 사는 주택의 높이와 입는 의복을 제한했다. 새롭게 건설된 교회와 예배당도 파괴되고 종교 행사를 공개적으로 치르는 것과 비무슬림 아이들이 아랍어를 배우는 것도 금지되었다.[30]

비무슬림들이 남긴 기록은 알무타왁킬 이후에도 여러 차례 비슷한 명령이 내려졌다고 전한다. 그러나 이처럼 비슷한 규제 명령이 여러 차례 계속해서 내려졌다는 것은 비무슬림에 대한 규제 정도가 일관되지 않았으며 그 영향력 역시 일시적이었음을 시사한다. 비무슬림은 관직에 진출해 때로는 재상과 같은 고위직에까지 오르기도 했고 교회와 예배당이 무슬림이 사는 도시에 새롭게 건설되었다. 복장 규제 또한 명령이 내려진 직후에는 엄격하게 지켜지다가 시간이 흐르면 유명무실화되곤 했다.[31] 몇몇 사례의 경우에는 아예 그 신뢰성이 의심받기도 한다. 한 예로 우마르 2세가 정말 기독교도를 강력하게 억압했다면, 왜 동시대 기독교도는 우마르 2세를 훌륭하고 자비로운 통치자라고 평가한 것일까?[32]

비무슬림에 대한 탄압은 맘루크 술탄조가 다스리던 14세기 이집트와 시리아에서 정점에 달했다. 십자군과 몽골 침공은 무슬림 사이에서 타자에 대한 불안과 공포, 분노를 자극했고, 이는 이슬람의 지배 아래에 사는 기독교도에 대한 적의와 폭력으로 폭발했다. 과거와 달리 맘루크 시대에는 무슬림 대중, 특히 하층민을 중심으로 기독교도를 공격하고 교회를 파괴하는 폭동이 빈번하게 발생했고 맘루크 통치자들은 대중의 반감을 사지 않기 위해 기독교도를 억압하는 정책을 펼쳤다.

타키 알딘 이븐 다키크 알이드Taqi al-Din ibn Daqiq al-'Id(1302년 사망)와 같이 무슬림이 정착한 이후에 교회와 유대교 회당이 세워졌음을 입증할 명백한 증거가 없다면 비무슬림의 종교 시설을 인정해야 한다는 온건한 견해를 취한 학자가 맘루크 시대에도 있었다. 그러나 전반적으로 종교 지도자들은 비무슬림에 적대적인 성향을 보이기 시작했다. 이븐 알리파아^{Ibn al-Rifʿa}(1310년 사망)라는 학자는 교회와 회당이 무슬림이 정착하기 전부터 있었다는 점을 비무슬림이 입증해야 하며 그렇지 못한 종교 시설은 모조리 파괴해야 한다고 주장하기도 했다.[33] 이븐 알리파아와 같이 비무슬림들에게 적대적인 울라마의 주장은 비무슬림을 겨냥한 폭동에 종교적 정당성을 부여했고 폭도들에게 힘을 실어주는 결과를 가져왔다.

특히 1354년 관직에서 기독교도들을 축출하고 교회와 수도원이 보유하고 있던 토지를 몰수하는 조치는 이집트 기독교도에게 큰 타격을 입혔다. 기독교도 하층민을 대신해 지즈야를 대신 내주던 유력자들이 재산과 지위를 되찾기 위해 이슬람으로 개종하자 많은 하층민이 직접 지즈야를 내야 했다. 결국 지즈야 부담을 이기지 못한 기독교도 하층민이 대거 이슬람으로 개종했다. 기독교도에 대한 무슬림의 폭동이 잦아지고 규제가 엄격해진 것 또한 기독교도를 개종으로 내모는 원인이었다.[34]

종교 간 공존과 관용이 당연한 규범으로 여겨지는 오늘날의 기준으로 볼 때, 무슬림의 비무슬림 지배가 차별이 아니었다고 말하기는 힘들다. 쿠란은 비무슬림을 분명히 무슬림보다 낮은 지위에 있는 딤미로 규정하며, 무슬림 통치자들은 비무슬림에게 각종 규제를 가하고 때로는 폭력적으로 탄압하기도 했다. 그럼에도 비무슬림의 존재는 용인되었다. 무슬림의 지배는 분명히 기독교도에게 축복이 아니었지만, 비무슬림에 대한 탄압이 정점에 이르렀던 맘루크 시대에도 기독교도를 완전히 말살하려는 시도는 없었다. 이슬람을 순수한 관용과 평화의 종교로 이상화하거나 다른 종교와 끝없이 충돌해온 폭력적인 종교로 비난하는 단편적인 관점에서 벗어날 때,

우리는 무슬림과 비무슬림의 관계가 가진 다면적 성격을 이해할 수 있을 것이다.

평화와 공존을 위한 새로운 쿠란 해석

쿠란은 비무슬림에 관해 어떻게 말할까? 간단해 보이는 질문이지만 답하기는 쉽지 않다. 비무슬림에 대한 쿠란의 입장은 일관되지 않기 때문이다. 쿠란은 기독교도와 유대인이 복종할 때까지 싸우라고 명령하고(9장 29절), 유대인이 우자이르(에즈라)를, 기독교도는 예수를 신의 아들이라고 믿는 잘못된 신앙을 가졌다고 비판한다(9장 30절). 예수를 신의 아들로 믿는 기독교도의 삼위일체 신앙을 정면으로 공격하기도 한다(4장 171절, 5장 73절, 5장 116절).

동시에 쿠란은 경전을 가진 백성 중 신실한 신앙을 가진 이들을 참된 이들이라고 부르며 그들에게 보상이 있을 것이라고 약속한다(2장 62절, 2장 112절, 3장 113~115절, 5장 69절). 다양한 율법과 길, 즉 다양한 신앙이 존재하는 것이 신의 뜻이라고 말하며(5장 48절), "너희에게는 너희의 종교가, 나에게는 나의 종교가"라고 선언한다(109장 6절).

비무슬림에 관한 쿠란의 상반되거나 모호한 구절은 후대 무슬림에게 어려운 문제를 던져주었다. 전통적으로 울라마들은 다른 종교에 관용적인 구절은 무함마드가 메카에서 활동할 때에, 다른 종교에 적대적이고 배타적인 구절은 무함마드가 메디나로 옮긴 뒤 유대인과 갈등을 빚던 때에 계시되었다고 보았다. 따라서 나중에 계시된 구절이 앞선 구절을 폐기한다는 이론에 따라 메디나에서 계시된 구절이 일종의 '최종 계시'로서 관용과 평화를 말하는 구절은 폐기되었다는 해법을 제시한 학자도 있었다. 그러나 문제는 "종교에는 강요가 없다."는 구절을 둘러싼 논쟁에서 드러나듯이 모든 울라마가 폐기라는 해법을 받아들인 것도 아니었고 어떤 구절이 폐기되었는지에 대해서도 일치된 합의도 없었다. 나중에 계시된 구절에도 관용과 평화를 말하는 구절이 있다는 것도 문제를 복잡하게 만든다. 다양한 신앙이 존재하는 것이 신의 뜻이라고 말하는 5장 48절, 비무슬림이라 하더라도 올바른 신앙을 가지면 구원을 받을 수 있다고 말하는 5장 69절 모두 무함마드의 생애 후반부에 계시된 구절로 여겨진다.[35] 그렇다면 이 구절들도 폐기되었다고 말하기는 어렵지 않을까?

언뜻 분명해 보이는 구절도 따져보면 해석이 모호한 경우도 많다. 유대인과 기독교도와 싸울 것을 명령한 9장 29절에는 조건이 하나 있다. 맞서 싸워야 할 대상은 "경전의 백성 가운데에 신과 최후 심판의 날과 신과 신의 사도께서 금기한 것을 지키지 아니하고 진리의 종교를 따르지 아니하는 자"다. 그렇다면 이 구절에서 말하는 맞서 싸워야 할 대상은 기독교도나 유대인 전체가 아니라 그들 중 완전히 잘못된 길을 선택한 일부만을 말하는 것은 아닐까? 무함마드 압델 할림Muhammad Abdel Haleem과 아스마 아프사룻딘에 따르면 그렇다.[36]

2장 62절과 5장 69절은 "믿는 자들과 유대인과 기독교도와 사비인들 중 신과 최후 심판의 날을 믿고 선행을 행하는 자들은 신으로부터 보상을 받으며 두려움도 슬픔도 그들에게는 찾아오지 않을 것이다."라고 말한다. 전통적으로 무슬림 학자들은 이 구절이 무슬림이 아닌 유대인, 기독교도, 사비인이라도 이슬람을 받아들이고 무함마드를 예언자로 증언한다면 구원을 받을 수 있다는 뜻으로 해석했다. 하지만 이 구절은 비무슬림도 올바른 신앙을 가지고 올바른 행동을 한다면 무슬림과 함께 구원을 받을 수 있다고 말하는 것처럼 보이기도 한다. 11세기 이슬람 신비주의 사상가인 알쿠샤이리Al-Qushayri(1074년 사망)와 같이 중세에도 이러한 의문을 가진 학자들이 있었으며, 현대에 들어서는 파즐루르 라흐만Fazlur Rahman(1988년 사망)이 이 구절은 무슬림이 아니더라도 구원을 받을 수 있다는 뜻이라고 해석했다.[37]

물론 무함마드 압델 할림, 아스마 아프사룻딘, 파즐루르 라흐만 등은 모두 종교 간 공존을 당연한 가치로 받아들이는 현대인들이다. 그러나 수백 년 전의 해석만이 이슬람의 '진정한 해석'이라고 보아야 할 이유가 있을까? 현대의 가치관과 관점에 따른 새로운 해석의 가치가 전통적 관점과 다르다고 폄하될 이유는 없다. 무슬림이 쿠란을 이해하고 해석하는 시선은 늘 변화해왔다. 다양성과 관용, 공존의 근거를 쿠란에서 찾으려는 시도는 이슬람이 변화를 거부하는 경직된 종교만은 아니라는 것을 보여준다. 쿠란 속 구절은 바뀌지 않지만, 쿠란을 읽는 시선은 시대에 따라 달라진다. 그리고 쿠란을 읽는 시선이 달라지면 이슬람이라는 종교의 모습 또한 달라진다. 이슬람의 '절대 변하지 않는 본질'을 묻는 질문이 의미가 없는 이유다.

몽골, 중동을 내려친 신의 채찍

"모든 것이 재가 되었다"

1219년, 중앙아시아의 호라즘Khwarazm 왕조를 공격하며 몽골의 중동 침공이 시작되었다. 무슬림이 몽골 침공에 느낀 감정은 비탄과 절망이었다. 몽골인의 침공을 목도한 역사가 이븐 알아시르Ibn al-Athir(1233년 사망)가 남긴 반응은 『아랍인의 눈으로 본 십자군 전쟁』을 통해서도 우리나라에 소개된 바 있다.

지금 내가 얘기하려는 일은 너무도 끔찍하여 수년 동안 발설을 삼갔던 애기이다. 이슬람과 무슬림들에게 종말이 닥친 사실을 알리는 것이 어디 쉬운 일이겠는가. 아! 어머니께서는 차라리 날 세상에 내놓지 말았어야 하셨다. 아니면 이 모든 재앙을 보지 않고 죽을 수 있었다면. 신이 아담을 창조하신 이래 이 땅에 그만한 재앙이 닥친 적이 없었다고 먼 훗날 누군가 얘기한다면 의심 없이 믿어 주길 바란다. 그 말은 전적으로 사실이기 때문이다. 역사상 가장 널리 알려진 비극을 얘기할 때 사람들은 흔히 네부카드네자르가 이스라엘의 아들들을 학살하고 예루살렘을 파괴한 것을 예로 든다. 그러나 이것은 지금 벌어지고 있는 일에 비견할 바가 못 된다. 그렇다. 분명히 얘기하는데 세상이 끝나는 날까지 이만한 정도의 재앙을 우리는 다시 보지 못할 것이다.[1]

이라크 북부 모술Mosul에서 살던 이븐 알아시르는 몽골 침공을 직접 경험하지 않았다. 그런데도 그의 표현과 서술은 몽골인의 침공이 직접적인 영향을 받지 않은 무슬림에게도 거대한 충격과 공포였다는 점을 보여준다.

몽골 침공을 직접 목격하고 경험한, 또는 그 이야기를 들은 동시대 무슬림 시인들 또한 무시무시한 학살과 파괴, 충격과 공포, 비통함과 좌절을 노래한다. 특히 1258년 몽골군의 바그다드 정복은 시인들에게 큰 충격과 비통함을 남겼다.

세월의 재앙이 닥치기 전에 죽었으면 좋았을 것을
어리석은 이들이 현자를 죽이는 모습을 보기 전에 죽었으면 좋았을 것을
잉크병은 검은 눈물을 흘리며 울고
사람들의 속마음은 잉크보다 까맣게 되는구나
…

압바단에 서서 티그리스 강을 바라보니

강물은 선홍색 핏물이 되어 바다로 흐르는구나

사으디 쉬라지^{Sa'di Shirazi}(1294년 사망)[2]

이단이 일으킨 불길에 이슬람이 타오른다

불이 꺼질 희망이 없구나

왕국과 진정한 종교를 상실한 슬픔이여

이 얼마나 큰 상실인가, 바그다드가 불행에 처했구나

죽음이 나를 더듬는다

죽음이 제멋대로 하는구나

아이의 머리를 백발로 만드는

어둡고 끔찍한 재앙이다

알마즈드 알나샤비^{Al-Majd al-Nashabi}(1259년 사망)[3]

바그다드의 소식을 찾는 이들이여, 눈물이 그대들에게 말해줄 것이다

여기 남은 것에는 아무 득도 없으니, 연인은 떠나갔도다

알자우라를 찾는 이여, 이곳에 오시지 말게

바그다드는 더 이상 피난처가 아니니, 이곳에는 아무도 없다네

칼리프의 왕관과 위대한 기념비

모든 것이 재가 되었다

타키 알딘 이븐 아비 알유스르^{Taqi al-Din ibn Abi al-Yusr}(1273년 사망)[4]

북인도의 무슬림 역사가인 민하즈 알시라즈 주즈자니^{Minhaj al-Siraj Juzjani} (1259년 또는 1263년 사망)는 이븐 알아시르와 달리 몽골군을 직접 접한 사람이었다. 주즈자니는 1226년 페르시아를 침략한 몽골군을 피해 델리로 이주했

으며, 북인도를 침략한 몽골군에 맞서 델리 술탄국의 군대에서 종군하기도 했다. 이러한 배경에서 그는 '불신자' 몽골인의 침략으로 이슬람이 통치권을 상실한 상황에 대한 비탄을 숨기지 않는다.

> 이란과 투란의 군주들, 투란 동쪽의 땅이 모두 몽골의 손에 떨어지면서 전능하신 신과 운명의 뜻에 따라 통치권은 저주받을 칭기스칸과 그의 자손들에게 넘어갔고, 다신교도들의 근거지가 된 땅에서 무함마드의 종교는 통치권을 상실했다. 중국, 투르키스탄, 마와라 알나흐르, 토카리스탄, 자울, 구르, 카불, 가즈닌, 이라크, 타바리스탄, 아란, 아제르바이잔, 자지라, 안바르, 시지스탄, 무크란, 키르만, 파르스, 쿠지스탄, 디야르바크르, 모술, 룸과 샴의 경계에 이르기까지 온 땅이 불신자 몽골인의 손에 떨어졌고 무함마드의 신앙을 따르는 왕들과 이슬람의 술탄들은 이 지역에서 자취를 감추었다.[5]

종말의 전조, 신의 징벌

주즈자니에게 몽골 침공은 곧 세계 멸망을 알리는 신호였다. 그는 구르 왕조Ghurid dynasty의 군주 무잇즈 알딘Muʿizz al-Din이 죽고 칭기스칸이 몽골의 칸으로 선출된 1206년을 세계 종말이 시작된 해라고 전한다.

> 이슬람력 602년(1206년) 성전사 술탄인 무잇즈 알딘 무함마드 이븐 샴Muʿizz al-Din Muhammad-i-Sam – 그분께서 영면하시기를 – 이 서거하셨다. 그는 정의로운 술탄이자 정복자였으며, 그 이후 그러한 군주는 없었다. 실로 그의

통치는 세계 멸망의 혼란과 심판의 날을 가리키는 징조가 나타나지 못하게 막았다. 예언자의 전승에 따르면 승리하는 군주 무잇즈 알딘이 서거하신 해에 반란과 전쟁, 혼란의 문이 열렸으며, 바로 그해에 몽골의 칭기스 칸이 중국과 투르키스탄에서 등장해 반란을 일으켰다. 모든 책에는 투르크인(몽골인)의 등장은 곧 세계 멸망을 알리는 징조라고 기록되어 있다.[6]

이처럼 주즈자니는 몽골인의 침략이라는 전대미문의 사건을 세계 종말과 관련지어 이해하고 쿠란과 예언자의 전승에서 몽골 침공에 관한 예언을 찾고자 했던 무슬림 중 하나였다. 무슬림은 야주즈Yajuj와 마주즈Majuj, 또는 곡과 마곡에 관한 쿠란 구절(18장 98~99절, 21장 96~97절)에서 그 답을 찾았다. 쿠란에 따르면 둘 카르나인, 즉 알렉산드로스 대왕이 세계의 끝까지 여행하면서 곡과 마곡이라는 사악한 민족을 만났고, 이들을 가두기 위해 철로 성벽을 건설했다. 철벽이 완성된 후 알렉산드로스 대왕은 심판의 날이 오면 이들이 풀려나 세계를 휩쓸 것이라고 예언했다. 무슬림은 바로 몽골인이 곡과 마곡이라고 여겼다. 중앙아시아 무슬림 군대와 몽골인의 전투를 '말라힘malahim', 즉 심판의 날에 벌어질 최후의 전투라고 본 역사가 알다하비Al-Dhahabi(1348년 사망)가 그 예다. 1222년 9월 관측된 헬리 혜성은 몽골 침공을 앞두고 고조된 종말론적 분위기를 강화하는 데 일조했다.[7]

위에서 보이듯이 주즈자니에게 몽골인은 곧 투르크인이었다. 주즈자니 외에도 많은 학자가 몽골 침공을 투르크인의 침공이라고 불렀다. 나즘 알딘 가지Najm al-Din Ghazi(1256년 사망)나 알술라미Al-Sulami(1261년 사망)와 같은 학자들은 신이 무슬림을 징벌하기 위해 '투르크인'을 보냈다고 설교했다. 알쿠투비Al-Qutubi(1272년 사망)라는 안달루시아 출신 학자는 아예 분명하게

"타타르라고 불리는 투르크인"이 쳐들어왔다고 말하기도 했다.[8]

중앙아시아 투르크인의 이슬람화는 9세기부터 시작되었고, 몽골이 침공한 13세기에는 투르크인 대부분은 이미 무슬림이 되어 이슬람권의 한 일원이 되어 있었다. 그러나 몽골인과 마찬가지로 투르크인 또한 처음에는 종말의 전조, 최후심판을 알릴 야만인인 곡과 마곡으로 여겨졌다. 전승학자 아부 다우드가 수집한 전승에 따르면 무함마드는 "사람의 머리카락으로 만든 신을 신고 작은 눈에 코가 평평한 투르크인"과 무슬림이 싸우는 날에 최후심판의 날이 올 것이라고 예언했다고 한다.[9]

투르크인은 이슬람권에 종말을 가져오지 않았다. 하지만 투르크인으로 대표되는 초원의 유목민에 대한 막연한 공포와 두려움은 여전히 남아 있었던 것 같다. 정주 지역의 무슬림이 유목민에 대한 품은 공포와 두려움은 몽골인이 저지른 무시무시한 학살과 파괴로 현실이 되었고, 이와 함께 유목민을 종말을 가져올 야만인, 파멸을 알리는 전조로 보던 전통 또한 다시 살아났다.

몽골 침공에 대한 무슬림의 공포와 불안은 1258년 훌라구Hulagu가 이끄는 몽골군이 바그다드를 함락하고 마지막 압바스 칼리프를 살해하며 정점에 달했다. 600년이 넘게 순니파 무슬림 공동체 통합의 상징으로 존재해왔던 압바스 칼리프조가 멸망하자 순니파 무슬림은 이제는 정말 종말이 다가왔다고 생각했다.

무슬림은 바그다드 함락 전에 이미 여러 징조가 메디나에서 나타났다고 믿었다. 바그다드가 함락되기 직전인 1256~1257년, 메디나에서 지진으로 건물이 파괴되고 용암이 분출해 메디나로 이어지는 교통로가 끊어져 시민들이 기근에 시달리는 사태가 발생했다. 메디나 시민들과 후대 역사가들에게 이는 단순한 자연재해가 아니었다. 하필이면 무함마드가 '히자즈에서 불길이 일어날 때 최후 심판의 날이 올 것이다'는 예언을 남겼기 때문이다.[10] 메디나의 법관이었던 샴스 알딘 알후사이니^{Shams al-Din al-Husayni}가 메디나의 통치자에게 찾아가 심판이 다가왔다고 경고하자, 통치자는 노예를 해방하고 재산을 빼앗긴 사람들에게 재산을 돌려주었다. 공포에 질린 사람들은 메디나 모스크에 있는 예언자의 성묘에 모여 밤을 지새웠다.

이어 한 달 사이에 해와 달이 가려지고(아마 분출한 화산재에 따른 결과로 추정

바그다드를 공격하는 몽골군
『집사集史, Jawami' al-tawarikh』 필사본의 삽화, 15세기
프랑스국립도서관 소장

된다) 예언자 모스크에서 화재가 일어나는 등 메디나에서는 각종 재난이 잇따랐다. 사람들은 예언자의 예언이 이루어졌고 정말 종말의 날이 왔다고 믿었다. 종말이 임박했다는 두려움과 공포가 극도로 고조된 때에 몽골군이 바그다드를 함락하자 사람들은 메디나에서 발생한 재앙이 바그다드 함락을 예언한 전조라고 생각하기 시작했다. 바그다드가 함락되기 직전 일몰을 앞두고 서쪽 하늘에서 섬광이 나타난 사건도 바그다드 함락을 예언하는 징조로 여겨졌다.[11]

　무슬림 연대기 저자들은 마지막 압바스 칼리프 알무스타으심Al- Musta'sim (재위 1242~1258년)이 처형된 이후 하늘에서 별이 사라졌고 맘루크 술탄들이 압바스 가문의 다른 일원을 칼리프로 세우기 전까지는 사라진 별들이 나타나지 않았다고 기록했다. 실제로 후삼 알딘Husam al-Din이라는 점성술사는 훌라구가 칼리프를 살해하면 세계에 어둠이 닥치고 종말이 올 것이라고 경고하기도 했다.[12] 그러나 훌라구의 자문관이자 뛰어난 천문학자였던 나시르 알딘 알투시Nasir al-Din al-Tusi(1274년 사망)는 과거에도 수많은 압바스 칼리프가 살해당했지만 아무 일도 일어나지 않았다고 말하며 훌라구를 안심시켰고 실제로 알무스타으심이 처형된 이후에도 아무 일도 일어나지 않았다. 무슬림들이 두려워하던 종말은 칭기스칸의 등장과 호라즘 왕조의 멸망, 바그다드 함락과 압바스 칼리프의 죽음 이후에도 오지 않았다.

몽골인, 쉬아파의 해방자

그러나 압바스 칼리프조의 통치 정당성을 인정하지 않던 쉬아파는 바그다드 함락과 압바스 칼리프조의 멸망을 슬퍼하거나 충격을 받을 이유가 전혀 없었다. 이라크의 쉬아파는 압바스 칼리프들을 알리 가문에게 돌아가야 할 자리를 빼앗은 찬탈자로 여겼기에 바그다드의 함락은 압바스 가문에 대한 신의 심판일 뿐 이슬람의 종말도 최후심판의 날도 아니었다. 오히려 이라크의 쉬아파는 몽골인을 압바스 가문으로부터 쉬아파를 구원할 해방자로 여겼다. 한 예로 바그다드의 쉬아파 울라마인 라디 알딘 알타우스Radi al-Din al-Tawus(1263년 사망)가 훌라구가 바그다드를 점령하자 "정의로운 불신자 군주가 무슬림 폭군보다 낫다."고 선언했고, 훌라구는 그 대가로 알타우스와 그의 가족, 친척, 동료들의 안전을 보장하고 알타우스를 바그다드의 쉬아파 지도자로 임명했다.[13] 알타우스뿐만 아니라 나시르 알딘 알투시와 같은 저명한 쉬아파 학자 또한 몽골 지배에 협조적이었다.

이라크 힐라Hilla의 쉬아파는 바그다드를 공략하고 있던 훌라구에게 사절단을 보내 복종을 맹세하고 그 대가로 안전을 보장받기도 했다. 훌라구가 50일이 넘게 바그다드를 포위했지만 함락시키지 못하자 힐라의 사절단은 알리의 예언에 따르면 훌라구가 승리하고 압바스 칼리프조는 멸망할 것이라고 말하며 훌라구를 안심시키기도 했다.

모든 폭군의 어머니, 압제자의 소굴, 환란의 근원이여, 말 탄 자들이 오면 너는 잔해 속에 거할 것이다. 바그다드에, 공작 날개와 같은 너의 화려한 궁전에, 물에 녹는 소금처럼 무너져내릴 궁전에 재앙이 있으라. 칸투라

Qantura(몽골인)의 자손들은 시끄러운 말 울음 소리를 앞세우고 올 것이며, 그들의 얼굴은 가죽이 덮인 방패와도 같으며 몸통은 코끼리의 몸통과 같고 그들이 정복하지 못할 땅은 없으며 그들을 두려워하지 않을 피조물은 없을 것이다![14]

정의로운 몽골 군주들

몽골 지배 외부에 있던 무슬림이 몽골인을 파괴자와 학살자로 바라보았다면, 몽골 지배 아래에 있던 무슬림은 몽골 군주들을 신이 이슬람을 바로 세우기 위해 보낸 정의로운 통치자로 묘사했다. 몽골 군주 아래에서 관료로 일하기도 했던 아타 말리크 주와이니'Ata Malik Juwayni(1283년 사망)는 훌라구를 니자리 이스마일파(암살단)과 같은 이슬람의 적을 파괴했으며 이교도의 지배 아래에서 무슬림을 구원한 "행운의 왕"으로 찬양한다.

그리하여 그들의 악으로 오염되었던 세상이 깨끗해졌다. 이제 여행자들은 두려움이나 공포를 느끼지 않고 통행세를 바쳐야 하는 불편 없이 이리저리 부지런하게 움직인다. 그리고 그들의 근거지를 근절하고 그 흔적조차 남기지 않은 행운의 제왕에게 지속적인 행운이 있기를 기도한다.[15]

훌라구가 세운 일칸국의 궁정 역사가였던 라쉬드 알딘Rashid al-Din(1318년 사망) 또한 신이 세계를 정화하고 악을 근절하기 위해 칭기스칸을 선택했으며 칭기스칸의 후손들이 이슬람으로 개종함으로써 이슬람을 세상에 전파하고자 한 신의 계획이 몽골인을 통해 완결되었다고 주장한다.[16] 역시 일칸국의 역사가이자 시인이었던 샤반카라흐이$^{Shabankarah'i}$(1358년 사망 추정) 역시 칭기스칸은 무슬림은 아니었지만 유일신을 믿었고 신의 명령에 따라 세계를 정복했다고 서술한다. 심지어 함달라 무스타우피 카즈위니 $^{Hamdallah\ Mustawfi\ Qazwini}$(1349년 사망)라는 역사가는 칭기스칸의 조상들이 적으로부터 몸을 피한 사건을 무함마드가 메카 불신자들을 피해 메디나로 이주한 히즈라와 동일시하기도 한다.[17] 몽골의 지배가 끝난 이후에도 몇몇 쉬아파 역사가들은 칭기스칸과 몽골 군주들을 긍정적으로 바라보았다. 인도 무굴 제국의 쉬아파 학자인 카지 누룰라 슈스타리$^{Qazi\ Nurullah\ Shushtari}$(또는 투스타리^{Tustari}, 1611년 사망)는 칭기스칸과 몽골인 덕분에 이슬람이 다른 종교보다 우위를 차지하고 무함마드에 대한 사랑과 존경이 퍼져 나갔으며 예언자의 법이 바로 설 수 있었다고 주장한다.[18]

오늘날의 관점에서 보자면 이슬람에는 털끝만큼의 관심도 없었을 칭기스칸이 이슬람을 위해 신이 보낸 인물이라는 주장은 무척이나 이상하게 들린다. 하지만 많은 무슬림은 몽골 군주 또는 그들의 계승자를 자처하는 몽골 후계 국가에서 살았다. 누가 보아도 '우상숭배자'였던 칭기스칸의 피를 이어받은 후손들은 무슬림 통치자로서의 정당성을 주장하기 위해 칭기스칸을 무슬림, 또는 그에 준하는 존재로 만들어야 했다.

몽골의 지배가 미치지 않는 지역에서는 칭기스칸과 몽골인은 여전히 이슬람과 무슬림의 적, 파괴자이자 학살자, 곡과 마곡과 같은 사악한 존재였다. 오늘날 일반적인 시각, 즉 이슬람권 문명이 쇠퇴하고 중동이 퇴보한 책임은 모두 몽골인에게 있다는 시각은 몽골 지배를 받지 않았던 무슬림의 해석과 관점에 토대를 두고 있다. 그러나 몽골의 지배를 받는 지역에서는 칭기스칸과 몽골인을 구원자이자 이슬람의 보호자로 바라보는 완전히 다른 기억과 해석 방식이 존재했다.

몽골 지배가 중동에 남긴 유산

13세기 유라시아를 휩쓴 몽골인은 무엇을 남겼을까? 통일된 몽골 제국은
100년도 이어지지 못했고 몽골인은 뛰어난 과학 기술이나 화려한 건축물,
역사에 길이 남을 예술 작품을 남기지도 못했다. 아랍인의 정복은 오늘날
까지 세계사에서 중요한 위치를 차지하는 새로운 신앙을 퍼뜨렸고 북아프
리카에서 메소포타미아까지 넓은 지역의 종교와 인구 구성을 근본적으로
변화시켰다. 게르만인의 침공은 로마제국을 무너뜨리고 중세 유럽의 서막
을 알렸다. 이에 비해 몽골인이 남긴 유산은 무엇일까? 몽골인이 세계사에
미친 영향은 단순히 무차별적인 파괴와 살육, 서유럽을 제외한 유라시아
여러 문명의 쇠퇴와 침체에 불과한 것일까?

　그러나 이슬람권을 포함해 유라시아를 점령한 몽골 제국이 남긴 유산
은 단순히 파괴와 죽음으로 치부하기에는 훨씬 다층적이고 복합적이다. 긍
정적이든 부정적이든, 좋든 싫든 몽골 이후 유라시아 각지의 사람들, 특히
중앙아시아와 중동의 무슬림은 몽골 지배가 남긴 여러 영향으로부터 완전
히 자유로울 수 없었다. 몽골인은 유라시아 역사에 막대한 파장을 남겼고
13세기 이후 유라시아의 수많은 국가와 제국은 몽골인이 남긴 유산을 계승
하거나 그 위에 세워졌다.

　먼저 몽골 제국이 남긴 가장 중요한 유산으로 "근대 유라시아의 형성"
을 꼽을 수 있다.[19] 흑해 초원과 크림반도의 크림 칸국, 카자흐 초원의 카자

흐 칸국과 현 우즈베키스탄 지역을 근거지로 한 우즈벡 칸국, 몽골 초원의 북원, 인도 대륙의 무굴 제국에 이르기까지 18세기 초중반까지 칭기스 가문의 후예들은 유라시아 상당 부분을 지배하고 있던 "현존하는 실체"였다.[20] 티무르 세국과 중앙아시아 국가들, 인도 무굴 제국 등 어러 군주들과 통치자들이 자신들을 칭기스 가문의 후손임을 내세워 칸을 칭하거나 적어도 칭기스 가문과의 밀접한 관계를 강조하며 통치 정당성을 주장했다는 점은 몽골 제국이 붕괴한 이후에도 그 유산이 유라시아 광활한 지역에서 유지되었음을 보여준다. 14세기 무슬림 여행가인 이븐 바투타Ibn Battuta가 나열한 위대한 군주 일곱 명의 명단 또한 몽골 통일 제국이 사라진 뒤에도 몽골 국가의 지배는 여전히 이어졌음을 시사한다. 그가 제시한 일곱 군주 중 네 명 – 두 이라크의 술탄(일 칸국의 칸), 킵차크 칸국의 술탄, 투르키스탄의 술탄(차가타이 칸국의 칸), 중국의 술탄(원나라 황제) – 은 바로 몽골 후계국의 군주들이었다.[21]

그러나 몽골 제국은 중앙아시아 초원 국가들 외에도 다양한 국가에 그 영향을 남겼으며 심지어 16세기 이후 성장한 무슬림 화약 제국인 오스만과 사파비 제국 모두 몽골의 유산 위에 탄생한 국가로도 볼 수 있다. 한때 일칸국의 봉신이었던 오스만 왕가는 칭기스칸 가문의 후손으로 여겨지기도 했으며, 17세기에는 오스만 왕가가 단절되면 칭기스칸 가문인 크림 칸국의 칸이 제위를 이어야 한다고 주장하는 사람들도 있었다. 칭기스칸이 만든 법령 야삭yasak은 오스만 제국에서 샤리아와 구분되는, 술탄이 제정한 세속법인 카눈kanun으로 계승되었고 카눈은 때로 야삭과 동의어로 사용되기도 했다.[22]

이란에서는 현대 이란의 기틀을 놓은 사파비 왕조가 몽골이 남긴 유산 위에서 성장했다. 사파비 왕조의 기원인 사파비야 종단은 일칸국과 그 후계 국가인 잘라이르 왕조의 도움을 받아 성장해 이란을 정복하고 국가를 세울 수 있었으며, 사파비 왕조 이후 18세기부터 20세기 초까지 이란을 지배한 카자르 왕조는 더 나아가 자신들이 칭기스칸의 후예라고 주장했다. '칭기스칸의 후예'가 주는 정통성은 19세기까지 중동 지역에 남아 있었던 것이다. 무엇보다도 아랍 무슬림의 정복 이후 사라졌던 '이란Iran'이라는 정치적, 지리적 개념 자체가 부활한 시기 역시 일칸국 시대였다.[23]

몽골 지배가 남긴 또 다른 유산이 바로 이슬람권 정치 질서의 안정화라고 보는 시각도 있다. 몽골 이전 이슬람권의 통치 체제는 극히 불안정했다. 정통 칼리프 시대는 단 40년 지속하였으며, 우마이야 칼리프조는 약 100년간 이어졌다. 압바스 칼리프조는 500년가량 유지되었지만, 칼리프가 실권을 행사한 기간은 역시 약 100년에 불과하다. 기타 군소 왕조의 존속 기간 역시 비슷비슷한 정도로, 파티마조 정도를 제외하면 200년 이상 무너지지 않고 오랫동안 유지된 왕조를 찾아보기 힘들 정도이다.

그러나 몽골 침공으로 몽골 지배 질서가 확립된 이후 무슬림 왕조들이 존속한 기간은 달라진다. 맘루크 술탄조는 250년 넘게 유지되었으며(1250~1517년), 이란의 사파비 왕조 또한 약 200년 동안 존속했다(1501~1736년). 오스만 제국은 1299년부터 1922년까지 무려 약 600년간 이어졌다. 물론 이 왕조들이 멸망하는 그 순간까지 군주가 안정적으로 지배한 것은 아니지만, 그만큼도 버티지 못하고 무너진 몽골 이전 왕조들과는 확연한 차이를 보인다. 수많은 왕조가 난립하다 사라지던 이슬람권은 투르크인이 패권을 잡고 몽골인들이 휩쓸고 지나간 이후에야 오스만, 사파비, 무굴이라는 3개 거대 제국으로 안정화되었다.

몽골 지배 이전의 이슬람권에서는 통치자는 합의를 통해 선출되어야 한다는 것이 이슬람적 이상이었다. 정통 칼리프가 모두 세습이 아니라 선출되었다는 기억이 가진 힘은 확고했다. 실제 현실에서는 칼리프와 술탄의 계승은 세습으로 이루어졌지만, 무슬림의 이상적 정치 질서에 따르면 이는 옳지 않은 것이었다. 그러나 몽골 지배 이후에는 가족 간 상속과 계승을 당연하게 여기는 유목민의 전통에 따라 가문이 중심이 되는 새로운 통치 질서가 이슬람권에 세워졌다. 이제 통치자의 가문 내에서 이루어지는 세습도 충분한 정통성을 가질 수 있게 되었다. 가문 구성원 전체가 통치 집단을 구성하고, 이들이 통치자에 충성하는 새로운 질서는 누가 새로운 통치자가 되어야 하는지에 대한 합의가 존재하지 않았던 과거의 "무정부 상태"와 비교하면 큰 변화였다.[24]

이 가설에는 물론 한계가 있다. 맘루크 술탄조는 250년 정도 버텼지만 가문 내에 안정적인 세습이 이루어지지 않은 왕조였다. 몽골인이 세운 일칸국, 투르크-몽골 문화를 표방한 티무르 제국 모두 불꽃처럼 타올랐다가 순식간에 사라졌고 가문 내의 안정적인 계승 같은 것은 이루어지지 않았다. 그러나 몽골이 휩쓸고 간 자리에 절대 권력을 가진 군주가 다스리는 안정적인 제국이라는, 몽골 이전 이슬람권에서는 찾아보기 힘들었던 통치 질서가 나타났다는 점은 몽골 지배 이후에 무언가 큰 변화가 있긴 했음을 시사한다.

몽골 제국이 지중해에서 태평양까지 아우르는 거대한 통일 제국으로서 존속했던 기간은 길지 않았지만, 대제국의 일원이 되었던 경험은 무슬림의 세계관과 관점을 크게 넓혀주었다. 몽골 지배 시기에 활성화된 국제 무역과 물자와 사람의 이동, 몽골 군주들의 인력 징발과 배치는 유라시아 대륙 동쪽과 서쪽 사이의 활발한 교류를 촉발했고 무슬림들은 중동을 넘어 보다 넓은 지역을 바라보게 되었다. 라쉬드 알딘이 『집사集史』를 편찬하며 이슬람권의 역사를 넘어 알려진 세계의 역사 전체를 다루는 방대한 작업을 추진한 시대도 몽골 지배 시기였고 이븐 바투타가 북아프리카에서 중국까지 여행한 시대도 몽골 군주들이 통치하던 시기였다. 몽골 지배 아래에서 중동의 수학과 과학적 성취가 중국으로 전파되었고 중국의 회화가 페르시아 회화에 영향을 미쳤다. 몽골인들의 직접적 지배가 미치지 않은 예멘에서도 아랍어, 페르시아어, 투르크어, 몽골어, 그리스어, 아르메니아어 6개 언어로 된 백과사전이 편찬되기도 했다.[25]

몽골 지배는 또한 이슬람을 더욱 확산시켰다. 킵차크와 차가타이 칸국의 군주들이 개종하면서 러시아 초원과 중앙아시아, 중국 서부에까지 이슬람이 전파되기 시작했고 중국으로 떠난 상인, 파견된 관리, 끌려간 무슬림 포로를 통해 운남성에도 무슬림 공동체가 형성되었다. 한편 몽골의 침입을 피해 히말라야를 넘어 인도로 피난한 무슬림을 통해 인도에도 이슬람이 확산되기 시작했으며 몽골 지배 아래에서 성장한 무역은 무슬림 상인들이 동남아시아와 동아프리카 지역까지 활발하게 방문하여 이슬람을 전파하는 계기를 마련했다. 서에서는 대서양에서 동으로는 인도네시아까지, 남쪽으로는 동아프리카에서 북쪽으로는 러시아 초원까지 뻗은 광활하고 거대한 이슬람권이 형성되는 데에 몽골인의 기여도 어느 정도 있는 것이다.

한편 몽골 침공 이후 이슬람권 중동에서도 지정학적 변화가 나타났다. 몽골의 지배 아래 놓인 이라크와 페르시아와 몽골 지배를 받지 않은 이집트와 시리아 지역이 서로 분리된 것이다. 몽골이 지배한 영토에서 페르시아어는 공용어로서 확장되어 이란에서 중앙아시아에 이르기까지 이슬람권 동부의 상층 문화를 대표하는 언어로 자리를 잡았다. 반면에 몽골 지배를 받지 않은 이집트와 시리아는 페르시아 문화와는 구분되는 아랍어권 문화의 중심지로 남았다. 한편 맘루크조, 일칸국, 오스만 제국과 사파비조가 각축전을 벌이던 이라크는 두 국가 사이의 전쟁터로 전락해 압바스 시대에 누리던 이슬람권의 중심적 위치를 상실했다. 그렇다면, 다소 비약한다면 튀르키예와 이란이 중동 내 지역 강국으로 부상한 오늘날의 중동 내 역학 관계가 몽골 침공이 변화시킨 중동의 지정학적 질서와도 관련되어 있다고 생각해볼 수 있지 않을까?

그러나 몽골 제국의 유산을 말할 때 잊지 말아야 하는 점이 있다. 몽골 제국이 유라시아 내부의 교역과 문화적 교류를 활성화하고 이슬람권의 지평을 확장시킨 것은 사실이지만, 그러한 유산이 몽골인이 정복에 나선 궁극적인 목표도 아니었다는 것이다. 몽골인의 정복은 막대한 파괴와 죽음을 남겼다. 몽골인이 이란 고원 지역의 관개수로를 파괴함으로써 이란, 특히 이란 동부 지역이 막대한 피해를 입었으며, 이라크 역시 몽골 침략에 따른 피해에서 벗어나지 못했다. 몽골에 의한 평화, 즉 팍스 몽골리카Pax Mongolica 는 막대한 희생과 파괴 위에 세워졌다. 로마 역사가 타키투스가 브리튼족의 입을 빌려 '팍스 로마나Pax Romana'에 대해 남긴 말은 몽골 지배에도 적용된다. "그들은 폐허를 남기고 이를 평화라 일컫는다."[26]

몽골인들은 오랜 세월에 걸쳐 방대한 영토를 통치하던 거대 제국과 눈으로 볼 수 있는 화려한 건축물과 기념비를 남기지는 않았다. 그러나 몽골 이후 유라시아의 역사적 궤적에는 큰 변화가 나타났다. 그 변화가 긍정적이든 부정적이든, 건설이든 파괴든, 무역과 문화 교류의 활성화든 죽음과 파멸이든, 몽골인들은 13세기 이후 유라시아 역사가 구성되고 전개되는 방식을 근본적으로 바꾸어놓았다. 역사의 흐름을 바꿔놓은 것만큼 거대한 유산이 또 있을까.

1. 칼리프 제국의 전성기와 분열

1   Patricia Crone and Martin Hinds. *God's Caliph: Religious Authority in the First Centuries of Islam*, Cambridge: Cambridge University Press, 1986, 27-28.

2   위의 책, 43-46.

3   Muhammad Qasim Zaman. *Religion and Politics under the Early 'Abbāsids: The Emergence of the Proto-Sunnī Elite*, Leiden and New York: Brill, 1997, 110-111.; John A. Nawas. "A Reexamination of Three Current Explanations for al-Ma'mun's Introduction of the Miḥna." *International Journal of Middle East Studies* 26, no. 4 (1994): 620-623.

4   Hugh Kennedy. "Military Pay and the Economy of the Early Islamic State." *Historical Research* 75, no. 188 (2002): 155.

5   Hugh Kennedy. "The Decline and Fall of the First Muslim Empire." *Der Islam* 81, no. 1 (2004): 11-12.

6   David Waines. "The Third Century Internal Crisis of the Abbasids." *Journal of Economic and Social History of the Orient* 20, no 3 (1977): 284.

7   위의 글, 291; Michele Campopiano. "State, Land Tax and Agriculture in Iraq from the Arab Conquest to the Crisis of the Abbasid Caliphate (Seventh-Tenth Centuries)." *Studia Islamica* 107 (2012): 5-8.

8   Campopiano, 21.

9   위의 글, 27-28.

10 Kennedy 2004, 12.

11 Waines, 286.

12 Campopiano, 35.

13 위의 글, 33-34.

14 Kennedy 2004, 15.

15 Campopiano, 30.

16 Waines, 301-304.

17 Richard W. Bulliet. *Conversion to Islam in the Medieval Period: An Essay in Quantitative History*, Cambridge and London: Havard University Press, 1979, 128-129.; Kennedy 2004, 17.

18 D. Sourdel. "Ghulām." *Encyclopaedia of Islam*, 2nd edition.

19 Hugh Kennedy. *The Prophet and the Age of the Caliphates The Islamic Near East from the sixth to the eleventh century*, 3rd edition, London and New York:

Routledge, 2016, 146-150.

20 Tayeb el-Hibri. *The Abbasid Caliphate: A History*, Cambridge: Cambridge University Press, 2021, 176.

21 도널드 쿼터트. 『오스만 제국사: 적응과 변화의 긴 여정, 1700~1922』. 이은정 옮김, 사계절, 2008, 65-66.

22 Daniel Pipes. *Slave Soldiers and Islam: The Genesis of a Military System*, New Haven and London: Yale University Press, 1981, 66-75.

23 Amalia Levanoni. "Awlad al-nas in the Mamluk army during the Bahri period," In *Mamluks and Ottomans: Studies in honour of Michael Winter*, edited by David J. Wasserstein and Ami Ayalon, London and New York: Routledge, 2006, 96-105.

24 Reuven Amitai. "Foot Soldiers, Militiamen and Volunteers in the Early Mamluk Army," In *Texts, Documents and Artefacts: Islamic Studies in Honour of D. S. Richards*, edited by Chase F. Robinson, Leiden and Boston: Brill, 2003, 233-249.

25 Hamilton A. R. Gibb. "The Armies of Saladin," In *Studies on the Civilization of Islam*, edited by Stanford J. Shaw and William R. Polk, Princeton: Princeton University Press, 1962, 83.

26 Amitai, 248.

2. 중세 이슬람권의 번역 운동과 '지혜의 집'의 신화

1 마이클 모건. 『잃어버린 역사, 이슬람: 서양문화에 커다란 영향을 끼친 이슬람 문화의 황금기 역사』. 김소희 옮김, 성균관대학교 출판부, 2009, 98, 102.

2 조너선 라이언스. 『지혜의 집: 이슬람은 어떻게 유럽 문명을 바꾸었는가』. 김한영 옮김, 책과함께, 2013, 121.

3 버나드 루이스 엮음. 『이슬람 1400년』. 김호동 옮김, 까치글방, 2003, 268-269; 아이라 라피두스. 『이슬람의 세계사』1권. 신연성 옮김, 이산, 2008, 145.

4 S. 프레더릭 스타. 『잃어버린 계몽의 시대: 중앙아시아의 황금기, 아랍 정복부터 티무르 시대까지』. 이은정 옮김, 도서출판 길, 2021, 252.

5 디미트리 구타스. 『그리스 사상과 아랍 문명: 번역운동과 이슬람의 지적 혁신』. 정영목 옮김, 글항아리, 2012, 81-88.

6 Ekmeleddin Ihsanoğlu. *The Abbasid House of Wisdom: Between Myth and Reality*, London and New York: Routledge, 2023, 29-30.

7 위의 책, 31.

8 위의 책, 36-37.

9 구타스, 86-87.

10 위의 책, 18-19.

11 Ibn Qutaybah. *'Uyun al-akhbar*, vol. 1, Beirut: Dar al-Kutub al-'Ilmiyyah, 1418 [1997/1998], 42, 48.

12 Eric Chaney. "Religion and the rise and fall of Islamic science." Working Paper, Havard University, May 2016.

13 스타, 262.

14 위의 책, 808.

15 위의 책, 646-650.

16 위의 책, 807.

17 Eric Ormsby. *Ghazali*, Oxford: Oneworld Publications, 2007, 66-67.

18 Nawas, 622-623.

19 Eric Chaney. "Economic Development, Religious Competition, and the Rise and Fall of Muslim Science." 2007.

20 Chaney 2016.

21 Eric Chaney. "Islam and Political Structure in Historical Perspective." In *The Oxford Handbook of Politics in Muslim Societies*, edited by Melani Cammeett and Pauline Jones, Oxford: Oxford University Press, 2022, 40.

22 위의 글, 40; Daphna Ephirat. "Religious Leadership and Associations in the Public Sphere of Seljuk Baghdad." In *The Public Sphere in Muslim Societies*, edited by Miriam Hoexter, Shmuel N Eisenstadt, and Nehemia Levtzion, Albany: State University of New York Press, 2002, 32-33.

23 George Makdisi. "Muslim Institutions of Learning in Eleventh-Century Baghdad." *Bulletin of the School of Oriental and African Studies* 24, no. 1 (1961): 53.

24 Chaney 2016.

25 토비 E. 하프. 『사회 · 법 체계로 본 근대 과학사 강의』. 김병순 옮김, 모티브, 2008, 349.

26 A. L. Tibawi. "Origin and Character of Al-Madrasah." *Bulletin of the School of Oriental and African Studies* 25, no. 1/3 (1962): 237.

27 Lowell H. Schwartz, Todd C. Helmus, Dalia Dassa Kaye, Nadia Oweidat. *Barriers to the Broad Dissemination of Creative Works in the Arab World*, Rand Corporation, 2009.

28 Ursula Lindsey. "Why Don't Arabs Read?" *Al-Fanar Media*, 2016.

29 Michael Cooperson. "The Abbasid "Golden Age": An Excavation." *Al-'Uṣūr al-Wusṭā* 25, no. 1 (2017): 51.

30   Frank Griffel. "Reviewed Work: Lost Enlightenment. Central Asia's Golden Age from the Arab Conquest to Tamerlane by S. Frederic Starr." *Die Welt des Islams* 56, no. 2 (2016): 273-275.

3. 초승달의 그늘 아래: 무슬림과 비무슬림

1   Malik ibn Anas. *Al-Muwatta li-imam dar al-hijrah Malik bin Anas: rawayat Yahya bin Yahya al-Laythi al-Andalusi*, edited by Bashar Awwad Maruf, vol. 2, Beirut: Dar al-Gharb al-Islami, 47.; Muslim ibn al-Hajjaj. *Sahih Muslim li-imam Abu al-Husayn Muslim bin al-Hajjaj al-Qushayri al-Nishaburi*, vol. 3, Beirut: Dar al-Kutub al-'Ilmiyyah, 1388.; Al-Tirmidhi. *Al-Jami' al-kabir li-imam al-Hafiz Abi 'Isa Muhammad bin 'Isa al-Tirmidhi*, edited by Bashar Awwad al-Ma'ruf, vol. 3, Beirut: Dar al-Gharb al-Islami, 253-254.

2   Harry Munt. "No two religions": Non-Muslims in the early Islamic Ḥijāz." *Bulletin of the School of Oriental and African Studies* 78, no. 2 (2015): 250.

3   Al-Tabari. *The History of al-Ṭabarī*, vol. 36, translated by David Waines, Albany: State University of New York Press, 1992, 46.

4   Michael Lecker. "Wādī al-Ḳurā." *Encyclopaedia of Islam*, 2nd edition.

5   Gordon Daniel Newby. *A History of the Jews of Arabia: Front Ancient Times to Their Eclipse Under Islam*, Columbia: University of South Carolina Press, 1988, 100-101.; Israel Friedlaender. "The Jews of Arabia and the Gaonate." *The Jewish Quarterly Review* 1, no. 2 (Oct., 1910): 251-252.

6   Newrby, 102-105.

7   Abu Dawud. *Sunan Abi Dawud*, vol. 4. Damascus: Dar al-Risala al-'Ilmiyyah, 2009, 643.; Al-Waqidi, *Kitab al-maghazi*, edited by Marsden Jones, vol. 2, London: Oxford University Press, 1966, 711.

8   Munt, 262.

9   위의 글, 263.

10   위의 글, 266.

11   Louay Fatoohi, *Abrogation in the Qur'an and Islamic Law: A Critical Study of the Concept of "Naskh" and its Impact*, New York and London: Routledge, 2013, 114-115.

12   Patricia Crone. ""No compulsion in religion": Q. 2:256 in mediaeval and modern interpretation." In *Le shī'isme imāmite Quarante ans après: Hommage à Etan Kohlberg*, edited by Mohammad A. Amir-Moezzi, Meir M. Bar-Asher, and Simon

Hopkins, Turnhout: Brepols Publishers, 2009, 132.

13   Fatoohi, 120; Mahfuf Halimi. "Abrogation and the Verse of the Sword: Countering Extremists' Justification for Violence." *Counter Terrorist Trends and Analyses* 9, No. 7 (July 2017)

14   Asma Afsaruddin. "Jihad and Martyrdom in Islamic Thought and History." *Oxford Research Encyclopedias*, 2016.

15   Crone 2009, 140.

16   위의 글, 157.; David Dakake. "The Myth of a Militant Islam." In *Islam, Fundamentalism, and the Betrayal of Tradition, Revised and Expanded Essays by Western Muslim Scholars*, edited by Joseph E. B. Lumbard, 3-38, Bloomington: World Wisdom, 2009, 15.

17   위의 글, 132.; Yohanan Friedmann. *Tolerance and Coercion in Islam: Interfaith Relations in the Muslim Tradition*, Cambridge: Cambridge University Press, 2003, 104.

18   Crone 2009, 140-141.

19   Friedmann, 105.

20   Crone 2009, 138-139.

21   Asma Afsaruddin. *Striving in the Path of God: Jihād and Martyrdom in Islamic Thought*, Oxford: Oxford University Press, 2013, 238-240.

22   Crone 2009, 160.

23   위의 글, 157-158.

24   Friedmann, 72-86.

25   Mark R. Cohen. "What was the Pact of 'Umar: A Literary-Historical Study." *Jerusalem studies in Arabic and Islam* 23 (1999): 106-108.

26   Milka Levy-Rubin. "Shurūṭ 'Umar and its Alternatives: The Legal Debate on the Status of the Dhimmīs." *Jerusalem Studies in Arabic and Islam* 30 (2005): 181.

27   Albrecht North. "Problems of Differentiation between Muslims and non-Muslims: Re-reading the 'Ordinances of 'Umar' (Al-Shurut al-'Umariyya)." In *Muslims and Others in Early Islamic Society*, edited by Robert Hoyland, London and New York: Routledge, 2004, 114.

28   Milka Levy-Rubin. *Non-Muslims in the Early Islamic Empire: From Surrender to Coexistence*, Cambridge: Cambridge University Press, 2011, 114-120.

29   위의 글, 144-163.

30   위의 글, 100-102.

31   Milka Levy-Rubin. "The Pact of 'Umar." In *Routledge Handbook on Christian-Muslim Relations*, edited by David Thomas, Abingdon and New York: Routledge, 2018, 85-86.

32   Luke Yarbrough. "Did 'Umar b. 'Abd al-Azīz Issue an Edict Concerning Non-Muslim Officials?" In *Christians and Others in the Umayyad State*, edited by Antoine Borrut and Fred M. Donner, Chicago: The Oriental Institute of the University of Chicago, 2016, 191-193.

33   Seth Ward. "Ibn al-Rif'a on the Churches and Synagogues of Cairo." *Medieval Encounters* 5, no. 1 (1999): 70-84.

34   Donald P. Little. "Coptic Conversion to Islam under the Baḥrī Mamlūks, 692-755/1293-1354." *Bulletin of the School of Oriental and African Studies* 39, no. 3 (1976): 552-569.

35   Mun'im Sirry. "Other Religions." In *The Wiley Blackwell Companion to the Qur'ān*, 2nd edition, edited by Andrew Rippin and Jawid Mojaddedi, Hoboken: Wiley Blackwell, 2017, 326-327.

36   Asma Afsaruddin. "Competing Perspectives on Jihad and Martyrdom in Early Islamic Sources." In *Witnesses to Faith? Martyrdom in Christianity and Islam*, edited by Brian Wicker, London and New York: Routledge, 2006, 21.; Muhammad Abdel Haleem. "The jizya Verse (Q. 9:29): Tax Enforcement on Non-Muslims in the First Muslim State." *Journal of Qur'anic Studies* 14, no. 2 (2012): 75.

37   Alena Kulinich. 「'Textual Encounters': The Sabians in Qur'ānic Exegesis」. 『인문논총』 75권 4호 (2018): 41.

4. 몽골, 중동을 내려친 신의 채찍

1   아민 말루프. 『아랍인의 눈으로 본 십자군 전쟁』. 김미선 옮김, 아침이슬, 2004, 329.

2   *Baghdad: The City in Verse*, translated and edited by Reuven Snir, Cambridge and London: Havard University Press, 2013, 157.

3   위의 책, 154.

4   위의 책, 155.

5   Al-Juzjani. *Minhaj al-Siraj Juzjani, Tabaqati-nasiri*, vol 2, translated by Major H. H. Raverty, London: Gilbert & Rivington, 1881, 870-887.

6   위의 책, 935.

7   Daivd Cook. "Apocalyptic Incidents during the Mongol Invasions." In *Endzeiten:*

Eschatologie in den monotheistischen Weltreligionen, edited by Wolfram Brandes and Felicitas Schmieder, Berlin and New York: Walter de Gruyer, 2008. 294-295.

8   위의 글, 306-307.; Michal Biran. *Chinggis Khan*, Oxford: Oneworld Publications, 2007, 112.

9   Ulrich W Haarmann. "Ideology and History, Identity and Alterity: The Arab Image of the Turk from the 'Abbasids to Modern Egypt." *International Journal of Middle East Studies* 20, no. 2 (May 1988): 175-196.

10   Cook 2008, 302.

11   위의 책, 303-304.

12   위의 책, 305.

13   Tariq Al-Jamil. "Cooperation and Contestation in Medieval Baghdad (656/1258-786/1384): Relationships between Shīʿī and Sunnī Scholars in the Madīnat al-Salām." PhD Dissertation, Princeton University, 2004, 70.

14   Judith Pfeiffer. "Confessional Ambiguity vs. Confessional Polarization: Politics and the Negotiation of Religious Boundaries in the Ilkhanate." In *Politics, Patronage and the Transmission of Knowledge in 13th-15th Century Tabriz*, edited by Judith Pfeiffer, 129-168, Leiden and Boston: Brill, 2014, 140-141.

15   버나드 루이스. 『암살단: 이슬람의 암살 전통』. 주민아 옮김, 살림출판사, 2007, 174.

16   Biran, 113-114.

17   위의 책, 116-119.

18 ·   Al-Tustari, *Nur al-Din al-Marashi. Majalis al-Muminin*, vol. 3, 423.

19   이주엽. 『몽골제국의 후예들』. 책과함께, 2020, 20.

20   위의 책, 20.

21   David O. Morgan. "Ibn Baṭṭūṭa and the Mongols." *Journal of the Royal Asiatic Society* 11, no. 1 (2001): 2.

22   이주엽, 116-117.; Michal Biran. Chinggis Khan, Oxford: Oneworld Publications, 2007, 105.

23   이주엽, 118-121.; Biran, 100.

24   Bernard, Lewis. "The Mongols, the Turks and the Muslim Polity." *Transactions of the Royal Historical Society* 18 (1968): 67-68.

25   Biran, 92.

26   모건, 125.

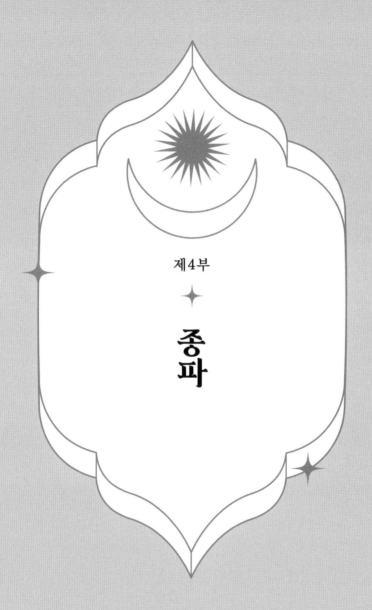

제4부

종파

1

73개 종파로 나뉜 무슬림 공동체: 이슬람 종파는 서로 무엇이 다를까

"유대인은 71개 종파로 나뉘었고 기독교도는 72개 종파로 쪼개졌다. 나의 공동체는 73개 종파로 갈라질 것이며, 오직 하나만이 천국에 들어가고 나머지는 모두 지옥에 떨어질 것이다."

이븐 마자, 알티르미디, 아부 다우드가 전하는 예언자 무함마드의 전승[1]

무슬림 학자들은 무함마드가 예언한 73개 종파가 무엇인지 정리하고 분류하기 위해 엄청난 노력을 기울였고, 자신들이 속한 종파야말로 천국에 들어갈 단 하나의 유일한 종파라고 주장했다. 하지만 71개든 72개든 73개든 모두 정확한 수치보다는 많음을 뜻하는 상징적인 숫자일 가능성이 크다.

73개까지는 아니더라도 이슬람에는 다수파인 순니파와 소수인 쉬아파를 포함해 다양한 종파가 존재한다. 쉬아파 대다수는 이란과 이라크 남부 지역, 걸프해 연안의 바레인과 사우디아라비아 동부, 레바논, 아제르바이잔에 집중되어 있으며 파키스탄, 아프가니스탄, 인도 등에도 상당수가 살고 있다.

또한 쉬아파 내에도 다양한 하위 분파가 존재한다. 쉬아파 절대 다수는 열두 이맘파Twelver, Ithnaʻashariyyah에 속하며 이 외에도 자이드파Zaidi와 이스마일파Ismaʻili – 그리고 이스마일파 내의 수많은 하위 분파들 – 가 있다. 레바논, 이스라엘과 팔레스타인, 시리아 지역에는 쉬아파에서 갈라져 나왔지만 쉬아파와는 또 다른 드루즈파Druze와 알라위파ʻAlawi 공동체가 있다. 한편 오만에는 이슬람 역사에서 가장 처음 나타난 종파인 카와리즈파Khawarij를 뿌리로 하는 이바디파ʻIbadi가 많은 수를 차지한다.

이처럼 다양한 종파들은 서로 무엇이 다른 것일까? 이들 모두 스스로가 신의 계시인 쿠란과 예언자 무함마드를 따르며, 쿠란과 무함마드를 통해 전달된 신의 가르침을 올바르게 수행하는 진정한 무슬림이라고 여긴다. 동시에 이 종파들은 무슬림 공동체를 구원으로 이끌 수 있는 정당한 권위를 가진 지도자가 누구인지, 신의 진정한 가르침이 무엇인지에 대해서는 서로 다른 관점을 가지며, 이러한 입장의 차이가 곧 종파 사이의 차이로 나타난다.

순니파, 예언자가 남긴 모범과 공동체의 사람들

순니파, 더욱 정확히는 "순나와 공동체의 사람들ahl al-sunnah wa al-jama'ah"은 무함마드 시대 이후로 무슬림 공동체 전체가 올바르게 신의 가르침을 보존하고 따라왔다고 믿는다. 순니파는 무함마드의 뒤를 이은 후계자인 '올바르게 인도된 칼리프(정통 칼리프)'들인 아부 바크르와 우마르, 우스만과 알리는 공동체 전체의 합의와 지지를 받아 선출된 적법한 지도자들이며 신과 무함마드가 남긴 진정한 가르침에 따라 무슬림 공동체를 올바른 방향으로 인도했다고 본다. "나의 공동체는 잘못을 따르지 않을 것이다."라는 무함마드의 말은 공동체 전체의 합의와 지지가 가지는 종교적 권위와 정통성을 뒷받침한다. 이처럼 자마아Jama'ah, 즉 공동체는 순니파 신앙에서 중요한 위치를 차지한다.[2]

유대교와 비슷하게 이슬람은 율법을 올바르게 수행하고 실천하는 것을 구원에 이르는 가장 중요한 길로 본다. 이슬람의 실천지향적 성격은 이슬람을 공부하기 시작할 때 처음 배우는 "이슬람의 다섯 기둥(신앙고백, 예배, 성지순례, 단식, 자선)"이 추상적인 교리가 아니라 실천해야 할 행위라는 점에서도 드러난다. 신은 쿠란과 예언자를 통해 반드시 따라야 하는 행위의 규범을 완전한 형태로 제시했고 무함마드와 그의 교우들은 이를 완벽하게 수행하고 실천했다. 따라서 무함마드와 그의 교우들이 남긴 모범인 순나는 이후 무슬림들이 구원에 이르기 위해 따라야 하는 지침이 된다. 순니파는 신이 이미 완벽한 형태로 제시한 종교적 규범을 올바르게 수행하고 실천하는 것이 무슬림의 의무라고 본다.[3]

하지만 쿠란과 무함마드와 그 교우들이 남긴 모범은 삶의 복잡하고 다양한 모든 측면을 아우르기에는 한계가 존재한다. 무슬림 공동체가 확대되면서 쿠란과 무함마드가 다루지 않은 새로운 문제가 나타났고 새로운 지침도 필요해졌다. 무함마드가 사망한 뒤 압바스 칼리프조 초기까지는 칼리프가 새로운 상황에 필요한 법적 해석을 내리고 규범을 세워 무함마드의 후계자로 공동체를 이끌 권위를 가졌다. 칼리프는 무슬림 공동체의 정치적 지도자이자 종교적 지도자로 정치적 권위와 종교적 권위를 동시에 행사했다.

그러나 칼리프의 힘이 약화되면서 쿠란과 순나를 해석하여 올바른 종교적 규범을 판단하고 정립할 권한은 쿠란과 순나를 전문적으로 연구하는 학자들인 울라마에게 넘어갔다. 쿠란과 순나에 토대를 둔 이슬람법인 샤리아를 해석하고 무엇이 샤리아에 부합하고 어긋나는지를 판단할 권위를 손에 넣은 울라마는 '예언자의 계승자'로서 무슬림 공동체를 구원으로 인도하는 종교적 권위를 확보했고 통치자(초기에는 칼리프, 칼리프가 정치적 실권을 상실한 뒤에는 군사력에 의존하여 지배한 술탄과 군주들)는 정치적 지배자로서 울라마가 정립한 샤리아에 따라 공동체의 질서를 유지했다. 통치자와 울라마 사이에 일종의 역할 분담이 이루어진 셈이다.[4]

울라마는 종교적 권위를 바탕으로 다양한 정치적, 문화적, 사회적 배경을 지닌 무슬림 공동체를 하나로 결속했다. 샤리아는 다른 국가, 다른 사회, 다른 문화권에 사는 무슬림들에게 하나의 무슬림 공동체인 움마의 구성원이라는 보편적 정체성을 주었다.

그러나 샤리아는 고정된 성문법이 아니다. 쿠란과 순나에서 샤리아를 도출하는 과정에서 다양한 의견과 해석이 나타났으며, 이는 4개의 순니 법학파 - 하나피, 말리키, 샤피이, 한발리 - 로 발전하는 토대가 되었다. 4개 법학파 모두 정통 순니파로 인정받으며 법학파 사이의 해석과 판단의 차이는 일정 정도 허용된다. 무엇보다도 중요한 것은 무슬림 공동체가 쿠란을 통해 계시되고 무함마드와 그의 교우들의 실천을 통해 드러난 신의 진정한 가르침을 공통적으로 추구해 통일성과 안정을 유지하는 것이기 때문이다.

순니파가 지향하는 하나의 무슬림 공동체는 구성원 모두가 모든 측면에서 동질적인 공동체가 아니다. 순니파 공동체의 통일성은 쿠란과 순나, 그리고 이로부터 울라마가 도출해낸 샤리아가 신이 내려주신 올바른 규범으로서 궁극적 권위를 지닌다는 믿음에 토대를 둔다.[5]

쉬아파, 알리를 따르는 자들

쉬아파라는 이름은 알리를 따르는 사람들이라는 의미의 '쉬아투 알리shi'atu 'Ali'라는 표현에서 기원했다. 이름에서 드러나듯이 쉬아파는 본래 무함마드의 사촌이면서 무함마드의 딸 파티마와 결혼한 알리 이븐 아비 탈립'Ali ibn Abi Talib이 공동체의 지도자가 되어야 한다고 주장하던 집단이었다. 쉬아파는 알리와 그의 후손들이 무슬림 공동체의 적법한 정치적, 종교적 지도자인 이맘imam이며 무함마드가 생전에 직접 알리를 자신의 후계자로 인정했다고 믿는다. 그러나 무함마드 사후 그의 교우들은 알리에게 마땅히 돌아가야 할 공동체의 지도권을 부당하게 찬탈했다. 쉬아파의 관점에서 '올바르게 인도된 칼리프'들은 결코 올바르게 인도된 지도자도, 정통 칼리프도 아니다.

순니파와 달리 쉬아파는 신의 진정한 뜻이 쿠란에서 완전히 드러나지 않았다고 믿는다. 따라서 쿠란을 문자 그대로 받아들이고 무함마드가 남긴 모범을 있는 그대로 따르는 것만으로는 신이 계시한 진정한 가르침과 규범

1. 73개 종파로 나뉜 무슬림 공동체: 이슬람 종파는 서로 무엇이 다를까

알리를 후계자로 선언하는 무함마드
알비루니Al-Biruni(1050년 사망)가 쓴『고대 왕국들의 연대기Kitāb al-athar al-baqiyah 'an al-qurun al-khaliyah』필사본의 삽화, 14세기
에딘버러대학교 도서관 소장

을 완전하게 실천할 수 없다. 쿠란에는 완전히 드러나지 않은, 평범한 인간은 알 수 없는 신의 진정한 뜻과 가르침을 파악할 수 있는 능력을 갖춘 인도자가 필요하다. 쉬아파에게는 바로 알리와 그 후손인 이맘만이 평범한 인

간은 접근할 수 없는 참된 진리와 가르침을 이해하고 파악할 수 있는 특별한 능력을 지녔다. 신은 오직 이맘에게만 참된 진리를 이해할 수 있는 특별한 능력과 자질을 주었다. 따라서 오직 이맘만이 무슬림이 따라야 하는 올바른 규범을 결정하고 판단할 수 있다.

이맘이 특별하고 신비한 능력과 절대적인 권위를 가진다는 쉬아파의 믿음은 신의 정의에 대한 믿음에 토대를 둔다.[6] 쉬아파는 인간이 합리적 사고를 통해 신의 정의를 이해할 수 있다고 주장한 무으타질라Mu'tazilah 신학의 영향을 받았다. 신의 행위와 명령은 정의로우며, 이는 인간 이성으로 판단하고 인식할 수 있다. 신이 정의로우며 합리적이라는 믿음은 인간 이성을 통해서도 계시에서 규정된 올바른 규범과 윤리적 기준에 도달할 수 있다는 믿음으로 이어진다. 따라서 쿠란과 순나(그리고 쿠란과 순나에 관한 이맘의 가르침)를 해석하고 샤리아 규범을 도출하는 과정에서 울라마의 판단이 중요하다.

무으타질라파와 쉬아파에 따르면 정의로운 신은 인간을 구원하기 위해 예언자를 보내 계시를 내린다. 천지창조 이후 신은 계속해서 예언자를 통해 계시를 내렸으며, 무함마드와 쿠란은 신이 보낸 마지막 예언자이자 계시다. 그러나 무함마드와 쿠란 이전의 계시인 모세의 토라와 예수의 복음서가 타락하고 본래 의미를 상실했듯이, 무함마드와 쿠란 역시 변질되고 타락할 위험이 존재한다. 더는 계시가 이루어지지 않는 상황에서 마지막 계시마저 타락한다면 인간은 결코 구원에 도달할 수 없게 된다. 이러한 상황은 정의로운 신이라면 결코 방치할 수 없는 일이다. 불신앙에는 심판이 기다리고 있다고 경고한 신이 올바른 가르침이 변질되어 사람들이 구원에 이르지 못하고 결국 불신앙의 길에 빠지도록 방치하는 것은 합리적이지도 정의롭지도 않기 때문이다. 따라서 신이 정의롭다는 믿음은 계시가 변질되지 않고 올바른 규범이 유지될 수 있도록 인간을 이끌고 인도하는 존재, 즉 이맘이 필요하다는 결론에 도달한다.[7]

　신의 진정한 가르침에 접근할 수 있는 능력을 갖춘 유일한 존재인 이맘은 쉬아파 신앙에서 핵심적인 위치를 차지한다. 이맘의 가르침이 없다면 쿠란의 진정한 의미에 다다를 수 없으며 샤리아도 완전할 수 없다. 그렇기에 쉬아파는 쿠란과 예언자의 순나뿐만 아니라 이맘들의 가르침 또한 샤리아의 토대가 된다고 여긴다. 그러나 여기서 중요한 문제가 제기된다. 알리의 수많은 후손 가운데 누가 진정한 이맘인가? 쉬아파 내의 다양한 분파는 이 질문으로부터 출발한다.

드러난 진리와 숨은 진리, 열두 이맘파와 이스마일파

쉬아파의 다수를 차지하는 열두 이맘파는 최초의 이맘인 알리로부터 이어지는 총 12명만이 진정한 이맘이라고 믿는다. 이맘은 신으로부터 쿠란과 이슬람의 진정한 가르침을 이해할 수 있는 특별한 자질을 유일하게 받았기 때문에 오류를 범하지 않는 신성한 존재며, 선대 이맘이 다음 이맘을 지명함으로써 이맘의 계승이 이루어진다. 그러나 9세기 압바스 칼리프조의 이맘에 대한 감시와 통제가 심해지는 상황에서 11번째 이맘인 하산 알아스카리Hasan al-ʿAskari가 사망했고, 차기 이맘의 지명과 계승은 중단되었다. 열두 이맘 쉬아파의 교리에 따르면 12번째 이맘인 무함마드 알마흐디Muhammad al-Mahdi는 874년에 아무도 모르는 곳에 몸을 피해 소수의 대리인을 통해서만 신도들과 접촉하기 시작했으며 914년에는 대리인도 없이 완전히 세상과 단절한 채 은페ghaybah 상태에 들어갔다. 그러나 언젠가는 12번째 이맘이 폭정과 불의를 무너뜨리고 정의로운 새로운 세상을 건설하기 위해 다시 이 세상에 돌아올 것이다.

절대적인 종교적 권위를 지닌 이맘이 더 이상 존재하지 않아도, 열두 이맘파 공동체는 올바른 신앙과 규범을 지키며 살아가야 했다. 울라마가 바로 이맘의 역할을 대신해 숨은 이맘의 대리인으로서 종교적 권위를 주장했다. 그러나 울라마가 내린 해석과 판단의 권위와 구속력에는 제한이 있다. 오류를 범하지 않는 이맘과 달리 아무리 학식이 깊고 명망이 높은 울라마라도 잘못과 실수를 범할 수 있는 인간에 불과하기 때문이다. 따라서 울라마가 내린 판단과 해석은 다른 울라마에 의해 폐기되거나 반박될 수도 있다.[8]

이스마일파는 열두 이맘파의 6번째 이맘인 자으파르 알사디크Ja'far al-Sadiq가 계승자로 지명한 후계자 이스마일Isma'il이 자으파르보다 먼저 사망하면서 촉발된 논쟁에서 등장했다. 왜 이스마일의 죽음이 계승 논쟁을 일으켰을까? 이스마일 외에 다른 후계자가 없던 것도 아니었다. 실제로 열두 이맘파는 자으파르의 다른 아들인 무사 알카짐Musa al-Kadhim이 자으파르의 정당한 후계자라고 믿는다.

이스마일의 죽음은 자으파르가 오류를 범하지 않는 이맘이라는 쉬아파의 신앙에 문제를 제기했다. 이맘이 신으로부터 특별하고 신비한 능력을 받아 오류를 범하지 않는다면, 대체 왜 이맘인 자으파르는 자기보다 먼저 죽을 아들을 후계자로 지명한 것인가? 답은 두 가지다. 자으파르가 진정한 이맘이 아니거나, 설령 아버지보다 먼저 죽었어도 이스마일을 이맘으로 지명한 자으파르의 결정을 그대로 따르든가. 전자의 대답은 쉬아파 신앙의 핵심을 완전히 무너뜨리는 결코 받아들일 수 없는 답이었다. 무사 알카짐을 지지하는 집단은 신은 상황에 따라 결정을 바꿀 수 있다고 보았다. 반면에 이스마일파는 이맘의 결정과 지명에는 결코 오류가 있을 수 없기에 신이 정한 진정한 이맘은 이스마일이며 설령 그가 죽었다고 하더라도 이맘은 이스마일의 아들 무함마드라고 주장했다.

이스마일파는 쿠란에서 외면적으로 드러난 가르침과 오직 소수의 이맘에게만 허용된 쿠란 속에 숨겨진 진정한 진리를 열두 이맘파보다 엄격하게 구분한다. 모두에게 열린 율법과 규범인 샤리아는 표면적인 계시일 뿐 참된 진리는 오직 이맘만이 할 수 있는 신비한 해석을 통해 드러날 수 있다.

이스마일의 아들 무함마드가 죽은 이후 단절된 것처럼 보였던 이스마일파 이맘의 계보는 10세기 이스마일파 국가인 파티마 칼리프조가 일어나며 다시 이어진다. 파티마조의 칼리프들은 이스마일의 아들인 무함마드 이후에도 이맘은 비밀리에 존재해왔으며 자신들이 바로 진정한 이맘이라고 주장했다. 따라서 파티마조 칼리프의 계승은 곧 이맘의 계승이었고 칼리프의 계승 문제를 두고 이스마일파도 여러 분파로 갈라졌다. 이 중 하나인 니자리 이스마일파는 11세기 이란 북부 지역의 알라무트^{Alamut}에 근거지를 세우고 자신들을 위협하는 십자군과 무슬림 지도자를 암살하는 '암살단'으로 이름을 날렸다. 13세기 몽골인이 알라무트를 함락하고 니자리 이스마일파 이맘을 처형했지만, 니자리 이스마일파는 이후에도 명맥을 유지했다. 니자리 이스마일파의 이맘은 19세기 초에 다시 나타나 페르시아의 샤로부터 아가 칸^{Agha Khan}이라는 칭호를 받았다. 오늘날 니자리 이스마일파는 더 이상 반대파를 암살하지 않는다. 오히려 니자리 이스마일파의 현 이맘인 아가 칸 4세는 자유와 평등과 같은 가치에 부합하는 새로운 무슬림 공동체를 만들고자 하고 있다.

투쟁하는 이맘, 자이드파

자이드파는 3대 이맘인 후세인의 손자이자 4대 이맘인 알리 이븐 후세인(알리 자인 알아비딘)의 아들인 자이드 이븐 알리Zayd ibn ‘Ali(695~740)를 따르던 사람들에서 시작되었다. 우마이야 칼리프조에 맞서 저항했던 알리의 아들 후세인 이븐 알리Husayn ibn ‘Ali가 680년 카르발라 전투에서 전사한 이후 5대 이맘 무함마드 알바키르Muhammad al-Baqir와 자으파르 알사디크는 권력에 저항해 탄압을 받기보다는 쉬아 공동체를 보전하기 위해 정치와 거리를 두는 방향을 택했다. 그러나 자이드 이븐 알리는 달랐다. 740년 자이드와 그 추종자들은 우마이야 칼리프조에 대한 반란을 일으켰으나 패배했고 자이드는 사망했다. 그러나 그를 따르는 이들은 자이드파라는 쉬아파의 한 분파로 오늘날까지 남아 있다.

이맘에 대한 자이드파의 인식은 열두 이맘파나 이스마일파가 지닌 신비주의적 교리와는 크게 다르다. 자이드파에게 이맘은 신으로부터 특별한 능력과 자질을 받은 신비한 존재가 아니라 우리와 같은 평범한 인간일 뿐이다. 자이드파의 이맘이 지녀야 할 가장 중요한 자질은 숨겨진 진리를 밝혀내는 신비한 능력이 아니다. 지금 여기 현실에 존재하는 억압과 불의에 맞선 저항과 투쟁을 주도하는 능력이다. 열두 이맘파나 이스마일파와 다르게 자이드파의 이맘은 현실 권력에 맞선 저항자이자 통치자의 자질을 요구받는다. 현실의 문제에 눈을 돌리고 학문에만 매달리면 자이드파의 이맘으로 인정받을 수 없다. 자이드파에게 이맘은 어딘가에 숨어 있는 존재가 아니라 현실에서 다스리고 신자들을 이끌며 싸우는 존재다. 자이드파 이맘은 20세기 중반까지 예멘 북부 지역을 다스렸다.

이맘을 초월적 존재로 보는 시각은 열두 이맘파, 이스마일파를 순니파와 구분하는 가장 큰 차이다. 따라서 자이드파는 순니파와 가장 가까운 쉬아파로 여겨진다. 자이드 이븐 알리를 올바른 통치자의 모범으로 여기고 오직 알리의 후손만이 공동체의 정당한 지도자가 될 수 있다고 본다는 점에서 자이드파는 엄연히 쉬아파에 속하지만, 고유한 법학을 지닌 열두 이맘파나 열두 이맘파와 달리 순니파 법학을 그대로 수용한다. 이러한 이유로 자이드파는 다른 교리를 가진 '종파'라기보다는 정치적 이유, 즉 공동체의 올바른 지도권에 대한 인식 차이로 인해 순니파와 구분되는 '정치적 쉬아파'로 보기도 한다. [9]

이슬람과 이단의 경계에서: 알라위파와 드루즈파

알라위파와 드루즈파는 모두 쉬아파와 마찬가지로 알리와 그 후손을 신비한 존재로 믿는다. 동시에 알라위파와 드루즈파는 기독교 등 이슬람 이외의 종교가 남긴 영향이 두드러지게 나타나는 혼합종교적 속성을 지닌다. 이로 인해 일부 무슬림은 이 두 종파를 이슬람의 한 종파가 아니라 잘못된 이단 신앙 또는 아예 이슬람이 아닌 종교라고 간주하기도 한다.

알라위파와 드루즈파는 서로 비슷한 점이 많다. 두 종파 모두 신의 가르침이 쿠란의 계시로 완결되지 않았으며 알리와 그 후손만이 숨겨진 진리를 밝혀내고 알 수 있는 존재로 여긴다는 점에서 쉬아파와 유사하다. 진리는 오직 소수에게만 열려 있다. 특히 드루즈파의 경우, 11세기에 '신의 부르심'이 끝난 이후에는 외부인의 개종을 허용하지 않는다. [10] 심지어 드루즈파 내에서도 고차원적인 가르침과 비밀스러운 의식에 접근할 수 있는 원로들은 그렇지 못한 평신도와 구분된다. 드루즈파에게 진리는 오직 소수의 선택받은 이에게만 주어진 비밀스럽고 특별한 선물이다. 그렇기에 드루즈파나 알라위파라 하더라도 대부분은 자신들이 속한 종파의 정확한 교리나 신앙이 무엇인지는 모르는 경우가 많다.

알라위파와 드루즈파는 신이 인간 사회에 의지를 계속해서 드러내며 인류를 가르치고 인도해왔다고, 심지어 인간의 몸을 하고 지상에 나타나기도 했다고 믿는다. 알라위파에게 신의 화신은 11대 이맘인 하산 알아스카리며, 드루즈파에게 신의 화신은 파티마조 칼리프인 알하킴Al-Hakim(재위 985~1021년)이다. 알라위파와 드루즈파는 자신들의 신앙이 바로 신이 화신을 통해 인간에게 전한 진리라고 믿는다.

환생 교리 또한 알라위파와 드루즈파의 독특한 특징이다. 알라위파와 드루즈파에 따르면 영혼은 세대에 걸쳐 끝없이 환생하며 더 높은 차원의 진리를 향해 나아간다. 사람이 죽은 뒤에도 그 영혼은 다음 세대에 깃들어 다시 태어나기에 영혼은 최후심판을 받을 수도 천국이나 지옥에 갈 수도 없다. 심판은 바로 우리가 살아가는 현실에서 이루어지며 천국도 지옥도 이 지상 위에 우리 삶의 형태로 존재한다.[11]

알라위파와 드루즈파의 의례는 모두 '정통' 이슬람과는 다르다. 알라위파는 기독교 신년과 부활절을 포함한 같은 기독교 축일을 기념하며 기독교 성인들의 묘소를 방문하고 초를 피워 공경을 표하며 음주를 허용하며, 드루즈파는 라마단 단식과 메카 성지순례를 하지 않는다.[12] 그러나 이러한 차이점에도 불구하고 알라위파와 드루즈파 모두 쿠란이 - 정확히는 쿠란에 대한 그들만의 특별한 해석이 - 궁극적 진리이자 유대교와 기독교 신앙을 대체하는 최종적인 계시라고 본다는 점에서 이슬람의 범주에 속한다고 할수 있다.

알라위파는 시리아 해안지역에, 드루즈파는 시리아 남부 지역, 레바논, 이스라엘에 주로 살고 있다. 특히 현재 시리아에서 권력을 잡고 있는 알아사드 정권은 알라위파 출신이다. 1971년 대통령이 된 하페즈 알아사드Hafez al-Asad에게 알라위파를 이단자로 보는 꼬리표는 권력을 위협하는 요인이었다. 순니파 무슬림이 국민 다수를 차지하는 시리아의 대통령이 무슬림으로 인정받지 못하면 국민의 반발을 일으킬 수 있기 때문이다. 특히 무슬림형제단과 같이 이슬람법에 따른 사회 질서와 국가 건설을 추구하는 이슬람주의 세력이 대통령의 종교를 문제로 삼아 도전할 수도 있었다. 실제로 1973년 하페즈가 "시리아의 대통령은 무슬림이어야 한다."라는 내용이 빠진 헌법 초안을 발표하자 무슬림형제단이 강하게 반발한 바 있다. 이미 여러 순니파와 쉬아파 종교 지도자가 알라위파를 무슬림이라고 선언한 바 있지만,[13] 하페즈는 다시 알라위파가 무슬림이라는 인증이 필요했다. 1973년 레바논의 쉬아파 종교 지도자로서 무슬림 내부 통합을 중요하게 여겼던 무사 알사드르Musa al-Sadr가 알라위파는 쉬아파에 속하며 따라서 무슬림이라고 선언한 것은 하페즈에게 큰 도움이 되었다.[14] 그러나 2011년 시리아 내전이 발발한 이후에 이슬람국가(IS)와 같은 순니파 극단주의자들은 알라위파는 처단되어야 할 이단이라는 무기를 다시 꺼내 들었다.

2

종파 갈등, 시대가 만들어낸 괴물

중동을 떠도는 종파 갈등의 망령

2000년대 이후 중동에서는 순니파와 쉬아파의 갈등이 폭발했다. 2003년 미국의 침공으로 바아쓰 정권이 무너지고 쉬아파가 새롭게 정권을 잡은 이라크에서는 2006년 상대 종파를 무차별적으로 공격하는 대대적인 종파 폭력이 발생했다. 이어 2011년 아랍권 각지에서 일어난 '아랍의 봄'이라고 불리는 아랍권의 민주화 운동은 오히려 종파 갈등을 악화시키는 결과를 가져왔다.

　그 단적인 예는 시리아다. 정치 개혁을 요구하는 시민들의 저항에 직면하자, 바샤르 알아사드^{Bashar al-Asad} 정권은 민주화 운동을 순니파 극단주의 세력이 권력을 독차지하기 위한 움직임이라는 인식을 조장했다. 알아사드 정권은 시위를 진압하기 위해 주저 없이 무력을 사용했을 뿐만 아니라 시민들의 연대를 약화시키기 위해 종파 간 상호 불신과 적의, 상대에 대한 공포를 자극하는 전략을 펼쳤다. 알아사드 정권은 반정부 시위대를 '테러리스트'로 규정하고 '테러와의 전쟁'을 구실로 무력 진압을 정당화했다. 정부의 무력 진압에 대응해 반정부 세력도 무력으로 대응하면서 시리아 민주화 운동은 정부군과 반정부 세력 사이의 전면 내전으로 전락했다.

중동의 패권을 둘러싼 사우디아라비아와 이란의 경쟁 또한 종파 간 긴장과 대립을 고조시키는 데 일조했다. 두 나라 모두 지지 세력을 규합하고 상대를 견제하기 위해 종파주의를 적극적으로 이용했다. 이란은 중동 내 쉬아파의 보호자를 자처하며 예멘, 바레인, 이라크, 시리아, 레바논의 시아파 정치세력을 지원하며 세력을 확장하고자 했고, 이에 맞서 사우디아라비아는 이란과 쉬아파 세력을 순니파를 위협하는 적으로 규정하여 동맹을 결집하고자 했다. 사우디아라비아와 이란의 패권 경쟁 속 상대 종파를 '우리'의 생존을 위협하는 적으로 바라보는 시선은 중동 전체로 퍼져 나갔다.

그렇다면 종파 갈등이라는 망령은 언제부터 중동을 떠돌기 시작했는가? 순니파와 쉬아파는 정말 1300년도 더 전부터, 그러니까 순니파와 쉬아파가 처음 등장했을 때부터 항상 싸워왔을까? 이 질문에 답하기 위해서는 역사를 되돌아볼 필요가 있다.

10세기, 쉬아파가 권력을 잡다

순니파와 쉬아파의 기원은 7세기로 거슬러 올라가지만, 그때부터 순니파와 쉬아파가 오늘날과 같은 모습을 가지고 있었던 것은 아니다. 순니파와 쉬아파의 교리와 형태는 무함마드 사후 200년이 넘는 세월을 거치며 점진적으로 형성되었다. 순니파 또는 쉬아파로서 정체성 또한 이 과정에서 확립되었다.

다수파인 순니파 이슬람권 역사에 걸쳐 정치적으로도 주도권을 잡아왔다. 압바스 칼리프, 투르크계 국가의 술탄, 이베리아반도와 북아프리카의 군주들, 중앙아시아의 칸, 오스만 제국의 술탄에 이르기까지 이슬람권을 다스린 통치자 대부분은 순니파였다. 이러한 점에서 10세기는 예외라고 할 수 있다. 쉬아파 군주들이 이슬람권의 중심부라고 할 수 있는 이집트와 시리아, 이라크와 이란을 다스린 것이다. 이러한 이유로 이 시대를 '쉬아파의 세기'라고 부르기도 한다.

북아프리카와 이집트는 쉬아 이스마일파에 속하는 파티마 칼리프조의 칼리프가 다스렸고, 시리아 북부에서는 열두 이맘파를 믿는 함단 왕조가 권력을 잡았다. 이라크와 이란은 쉬아파 왕조인 부이(또는 부와이흐) 왕조의 지배 아래에 들어갔다. 부이 왕조는 945년 압바스 칼리프조의 수도 바그다드에 입성한다. 한편 아라비아반도 동부와 바레인 지역에는 쉬아 이스마일파에서 갈라져 나온 카르마트파가 이라크 남부 지역을 위협하는 한편 메카로 향하는 순례자들을 공격했고 929년에는 메카까지 차지한다.

부이 왕조는 쉬아파 왕조였지만, 바그다드를 점령한 이후에도 압바스 칼리프를 축출하지도, 순니파를 탄압하거나 쉬아파 신앙을 강제하지도 않았다. 궁정의 순니파 관료들도 자리를 지켰다. 하지만 부이 왕조 군주들은 쉬아 종교 의례를 공공연히 수행할 수 있도록 후원하는 등 자신들의 종파 정체성을 드러내기도 했다. 부이 왕조 군주 무잇즈 알다울라Mu'izz al-Dawlah 는 바그다드 성벽에 무함마드의 뒤를 이어 칼리프가 된 아부 바크르와 우마르를 저주하는 글을 쓰도록 명령했다고 한다.[1] 이는 순니파가 정통 칼리프로 여기는 아부 바크르, 우마르, 우스만을 알리가 이어받아야 할 무함마드의 후계자 자리를 뺏어간 찬탈자로 여기는 쉬아파의 인식에 따른 것이었다.

13세기에 살았던 역사학자인 이븐 알아시르와 14세기 역사학자인 이븐 카시르는 부이조가 지배하던 시기 바그다드의 순니파와 쉬아파 시민 사이의 관계도 원만하지 않았다고 전한다. 972년에는 순니파 폭도들이 바그다드의 쉬아파 구역인 알카르흐Al-Karkh를 공격해 불태웠으며, 그 다음 해에도 순니파 폭도들이 알카르흐 구역을 습격해 상점 300개, 모스크 33개가 불에 타고 17,000명이 부상을 입었다. 974년에도 쉬아파를 공개적으로 모욕하며 행진하는 순니파와 쉬아파 사이에 충돌이 발생했다.[2]

니므로드 후르비츠Nimrod Hurvitz는 10세기 바그다드에서 종파 폭력이 빈번하게 나타난 이유가 정치적 변화 때문이라고 본다. 9세기 이후 각지의 지방 세력이 힘을 키움에 따라 압바스 칼리프는 실권을 상실했고, 따라서 순니파 신앙의 보호자로서 역할을 하지 못했다. 이에 순니파 대중과 울라마, 특히 종교적 엄격함과 순수함을 추구하는 한발리 법학파의 추종자들이 칼리프를 대신해 순니파 신앙과 공동체의 새로운 보호자를 자처하기 시작했다. 이러한 변화 속에서 쉬아파 부이조가 바그다드를 점령하자 순니파의 위기의식은 고조되었다. 쉬아파 시민들이 공공연하게 의례를 수행하고 종파 정체성을 표출하자 한발리파를 따르는 순니파 시민들이 분노해 쉬아파

를 공격했다는 것이다.[3]

그러나 부이조 시대는 정말 종파 갈등이 만연한 시대였을까? 크리스틴 다니엘레 베이커Christine Danielle Baker는 10세기 바그다드에서 순니파와 쉬아파가 첨예하게 대립했다는 주장에 의문을 제기한다. 베이커의 문제의식은 10세기 바그다드의 종파 폭력에 관해 기록한 이븐 알아시르나 이븐 카시르 모두 부이조 이후 약 100~200년 뒤에 살았던 사람들이라는 점에서 출발한다. 그렇다면 부이조 지배와 동시대에 살았던 사람들은 어떤 기록을 남겼을까?

베이커에 따르면 바그다드의 종파 폭력이나 부이조 군주들의 후원을 받아 공공연하게 이루어진 쉬아파 종교 행사에 관한 언급은 동시대 기록에서는 나타나지 않는다. 부이조 시대에 살았던 순니파 울라마는 종파 폭력에 관해 언급하지 않는다. 그들의 관심사는 쇠퇴한 바그다드의 상황을 개탄하고 신비주의의 영향을 받은 대중의 신앙에 반감을 드러내며 압바스 칼리프들의 무능력과 탐욕, 당대 울라마의 퇴보한 학문 수준을 비판하는 것이었다. 동시대 순니파는 부이조를 쉬아 종파 정체성을 가진 쉬아파 지배 세력으로 보지 않았다. 다만 바그다드를 장악했던 여러 왕조 중 하나였을 뿐이다.[4]

종파 갈등에 관한 기록은 부이조가 무너진 이후인 11세기, 즉 셀주크 투르크인이 부이조를 몰아내 바그다드를 점령하고 순니파 정체성이 분명히 자리 잡기 시작한 시대부터 나타나기 시작한다. 순니파 정체성이 분명히 확립된 이후 역사가들은 그들이 가진 순니파 정체성에 따라, 순니파와 쉬아파를 분명히 구분하는 관점에 따라 과거를 바라보았으며 이에 따라 부이조의 지배는 순니파에 대한 쉬아파의 지배와 동일시되었다. 10세기를 쉬아파가 순니파를 지배한 '쉬아파의 세기'로, 종파 폭력과 갈등의 시대로 바라보는 시각은 후대의 시각과 관점이 과거로 투영되고 소급된 결과라는 것이 베이커의 주장이다.[5]

부이 왕조와 비슷한 시대에 이집트와 시리아를 지배했던 파티마 칼리프조 역시 마찬가지다. 부이조와 마찬가지로 파티마 칼리프조 역시 순니파에게 이스마일파 신앙을 강제하지 않았다. 반대로 순니파 울라마 가운데에서는 관직에 오르기 위해 이스마일파로 개종하는 사람들도 있었다.[6] 후대의 순니파 역사가들은 파티마 칼리프조를 순니파를 탄압하고 저주하던 이단 세력으로 비난했지만, 파티마 칼리프조가 다스리던 시기에 이집트를 방문한 지리학자 알무캇다시와 같이 동시대 순니파들이 남긴 기록에서는 파티마 칼리프조가 순니파를 탄압했다는 언급은 찾아볼 수 없다.

쉬아 이스마일파를 무슬림이 아니라고 비난한 후대 순니파와 달리 동시대 순니파들은 파티마 칼리프를 타도해야 하는 불신자가 아닌 그들과 같은 무슬림으로 바라보았다. 파티마 칼리프가 적법한 무슬림 통치자라고 인정한 알카이라와니Al-Qayrawani(996년 사망), 순니파 칼리프에게 사용되는 칭호인 '믿는 자들의 지휘관'이라는 용어를 파티마 칼리프를 가리키는 데 사용한 알무캇다시와 같은 학자들의 사례는 동시대 순니파 가운데에도 파티마 칼리프를 의심의 여지 없이 무슬림 통치자로 인정하는 시각이 있었음을 보여준다.[7]

쉬아파, 무슬림의 적이 되다

12세기와 13세기는 무슬림들에게 혼란스럽고 충격적인 시대였다. 서쪽에서는 십자군이 쳐들어와 시리아와 팔레스타인 지역에 자리를 잡았고 동쪽에서는 몽골인들이 나타나 중동을 휩쓸었다. 외부의 위협에 직면한 무슬림, 특히 순니파 무슬림들은 타자를 적대적인 시각으로 바라보기 시작했다. 그리고 순니파 무슬림들이 타자로 규정한 대상에는 기독교도 십자군과 이교도 몽골인과 같은 외부의 타자뿐만 아니라 무슬림 공동체 내부의 타자인 쉬아파도 포함되어 있었다.

통치자로서 실권을 상실한 10세기 이후에도 압바스 칼리프는 순니파 무슬림의 결속의 상징이었다. 지방 통치자들은 명목상으로 압바스 칼리프에게 충성을 맹세했고 형식상으로는 칼리프의 신하로 남았다. 예언자의 계승자로서 칼리프의 권위와 정통성을 인정하는 것은 순니파 무슬림을 결속하는 토대였다. 실권을 잡은 장군들이 칼리프를 제멋대로 갈아치우더라도 칼리프가 존재하지 않는다는 것은 상상할 수도 없는 일이었다. 심지어 순니파 칼리프를 인정하지 않는 쉬아파 부이조가 바그다드를 지배했을 때에도 압바스 칼리프에는 손을 대지 않았다.

그러나 칼리프는 몽골 침공과 함께 사라졌고, 무슬림 공동체를 결속하고 정의하는 새로운 기준이 필요해졌다. 새로운 기준이 된 것은 바로 신앙, 규범, 의례를 올바르게 지키느냐였다. 몽골 침공 이후 순니파 울라마들은 진정한 무슬림과 그렇지 않은 무슬림을 판별하는 기준으로 올바른 신앙을 가졌는지, 올바른 규범을 따르는지, 올바른 의례를 수행하는지에 중점을 두기 시작했다.[8]

쿠란을 읽는 몽골인들

『집사』 필사본의 삽화, 14세기
베를린시립도서관 소장

특히 몽골인이 이라크와 이란 지역에 세운 국가인 일칸국의 칸 가잔

Ghazan(재위 1295~1304년)이 이슬람으로 개종하면서 진정한 무슬림과 거짓 무

슬림을 구분해야 할 필요성은 더욱 커졌다. 이집트와 시리아를 근거지로 하여 일칸국과 대립하던 맘루크 왕조는 이교도이자 불신자인 몽골에 맞선 이슬람의 보호자를 자처하며 정당성을 주장했으나, 몽골인이 이슬람으로 개종함에 따라 몽골과의 전쟁에서 정당성을 주장할 이념적 무기를 잃어버리게 되었다. 맘루크 왕조와 일칸국의 전쟁은 이제 무슬림과 무슬림 사이의 전쟁, 원칙적으로는 있어서는 안 되는 전쟁이 되어버린 것이다. 가잔은 또한 이슬람으로 개종했을 뿐만 아니라 '이슬람의 군주padishah-i islam'를 자처하며 맘루크 술탄의 종교적 정통성에 도전했고 심지어는 맘루크 통치자들이 이슬람법을 어겼다고 주장하며 시리아를 침공하기도 했다.[9]

따라서 맘루크 통치자들과 이들의 후원을 받는 순니파 울라마는 몽골의 주장에 대응할 필요에 직면했다. 그 선두에는 이븐 타이미야가 있었다. 이븐 타이미야는 13세기 이후 무슬림 공동체 외부의 타자와 내부의 타자에 대해 고조된 순니파의 적의를 상징하는 인물로, 몽골인이 무슬림이 아니라고 선언했다. 이슬람으로 개종한 이후에도 몽골인들은 여전히 몽골의 전통 관습법을 지키고 칭기스칸을 숭배하고 이슬람을 기독교나 유대교와 동등하게 취급하기 때문이었다. 따라서 이븐 타이미야는 몽골인과 싸우는 것은 무슬림 형제와 싸우는 것이 아니라 무슬림을 가장한 위선자에 맞선 싸움이자 무슬림의 의무라고 주장했다.[10]

진정한 무슬림과 거짓 무슬림을 구분할 필요성은 순니파와 쉬아파의 관계와도 관련되어 있었다. 순니파들은 그들과 다른 신앙, 규범, 의례를 가진 쉬아파도 같은 무슬림으로 볼 수 있는지 의심을 품기 시작했다. 쉬아파를 순니파와 구분되는 타자로 바라보고 때때로는 적대시하는 시각은 몽골 침공 이전에도 존재했다. 그러나 불신자들이 이슬람의 땅을 침공하고 칼리

2. 종파 갈등, 시대가 만들어낸 괴물

프를 살해한 전례 없는 사건은 순니파가 쉬아파를 바라보는 시각을 바꾸어 놓았다. 특히 몽골과 쉬아파의 가까운 관계는 쉬아파에 대한 순니파의 의심을 불러일으켰다.

실제로 앞에서 보았듯이 몽골군에 협력하고 압바스 칼리프조의 몰락을 환영한 쉬아파도 있었으며 몇몇 순니파 역사가들은 바그다드가 칼리프를 배신하고 몽골군에게 협력한 쉬아파 재상 때문에 함락되었다고 주장하기도 했다. 쉬아파와 몽골의 관계에 대해 순니파들이 품었던 의심은 가잔의 뒤를 이은 올제이투^Oljeitu(재위 1304~1316년)가 쉬아파로 개종하면서 확신으로 바뀌었다. 무슬림 공동체 외부의 타자와 내부의 타자가 이제 하나가 된 것이다. 순니파와 구별되는 신앙과 규범, 의례를 가진 쉬아파는 단순히 다른 믿음과 의례를 가진 존재가 아니라 무슬림 공동체 내부에 숨어서 언제든지 순니파를 위협할 수 있는 잠재적 적이 되었다.

앞서 만났던 이븐 타이미야는 쉬아파에 대한 순니파의 반감을 구현한 인물이라고 할 수 있다. 이븐 타이미야에게 쉬아파는 무슬림이 아니다. 쉬아파는 아부 바크르, 우마르, 우스만 세 명의 정통 칼리프를 포함한 예언자의 교우들을 거부하고 부정하는 이단자들, 즉 '라피다^rafidah'일 뿐이다. '거부하다, 부정하다'를 의미하는 아랍어 동사 '라파다^rafada'에서 파생된 라피다는 본래 알리를 극단적으로 추종하던 집단을 일컫는 말이었으나 이후에는 쉬아파 전체를 비하하는 표현으로 의미가 확장되었다.[11] 이븐 타이미야는 쉬아파를 라피다로 부름으로써 쉬아파를 예언자의 교우들을 모독하는 타락한 이단자로 규정하는 것이다.

이처럼 이븐 타이미야는 몽골과 쉬아파 모두를 순니파의 적으로 보았다. 올제이투의 쉬아파 개종은 이븐 타이미야에게 쉬아파와 몽골이 한 패라는 점을 분명히 보여주는 사건이었다. 올제이투가 개종한 이후 이븐 타이미야는 쉬아파가 이단자일 뿐만 아니라 순니파 무슬림의 적이라고 선언한다. 이븐 타이미야에 따르면 쉬아파는 몽골인들이 이슬람을 받아들이기 전부터 몽골인들을 도왔다. 순니파의 지배 아래에서는 얻지 못했던 영예와 지위를 몽골인들이 쉬아파들에게 주었기 때문이었다. 이븐 타이미야는 몽골인이 쉬아파의 도움을 받아 이라크와 이란을 정복하고 지중해 연안 지역을 침공했으며 순니파를 학살하고 약탈했다고 주장했다.[12]

쉬아파에 대한 반감은 이븐 타이미야 혼자만의 극단적인 생각이 아니었다. 이븐 타이미야보다 앞선 세대에 속한 역사가 이븐 알아시르는 십자군을 중동에 불러온 원흉으로 파티마 칼리프조를 지목하기도 했으며,[13] 이븐 타이미야 외에도 여러 순니파 학자들이 바그다드 함락의 책임이 쉬아파에게 있다고 비난했다. 이븐 타이미야와 비슷한 시대에 살며 이슬람권 각지를 여행했던 이븐 바투타(1369년 사망) 또한 쉬아파에 대해 부정적 인식을 가지고 있었다. 이븐 바투타는 특히 정통 칼리프와 예언자의 교우들을 모독하고 알리를 지나치게 숭배하는 쉬아파들의 행위에 반감을 드러낸다. 때로는 일부 쉬아파 종파를 "추악한 종파"라고 부르며 비난할 정도다.[14]

쉬아파를 상대로 이븐 바투타가 보여주는 강경한 태도는 이븐 바투타보다 앞선 시대의 여행가인 이븐 주바이르Ibn Jubayr(1217년 사망)가 쉬아파에 별다른 적의나 반감을 드러내지 않는 것과 대비된다. 이븐 주바이르는 그의 여행기에 쉬아파에 대해 거의 언급하지도 않으며 이븐 바투타와 달리 모든 쉬아파를 라피다와 같은 비하 표현으로도 부르지 않는다.[15] 이븐 바투타의 시대에 쉬아파는 명백한 타자가 되어 있었다. 13세기와 14세기의 순니파 학자들 사이에서는 쉬아파를 공동체 내부의 타자로 순니파를 위협하는 적으로 보는 시각이 결코 예외적이거나 유별난 것은 아니었다.

램프에서 풀려난 지니, 종파 갈등

라피다들의 신앙은 예언자 무함마드께서 전하신 이슬람 신앙과는 완전히
다른 종교다. 그들의 신앙은 근간과 원천에서부터 이슬람이라고 할 수 없다.
이라크 알카에다AQI의 지도자 아부 무스압 알자르카위Abu Mus'ab al-Zarqawi
의 2006년 설교, "당신에게 라피다의 말이 닿았는가hal ataka hadith al-rafidhah"

라피다는 다신교를 믿는 배교자들이다. 지상 위에 라피다가 남아 있지 않
을 때까지 어디서든 그들을 만나면 죽여야 한다.
2016년 발행된 이슬람국가IS의 선전잡지 『다비크Dabiq』 13호

2000년대 이후 중동 정세의 변화는 마치 램프에 갇힌 지니처럼 잠재되
어 있던 타자에 대한 적의를 일깨우는 촉매가 되었다. 올바른 무슬림과 그
렇지 않은 무슬림을 구분하고 외부의 적뿐만 아니라 무슬림 공동체 내부의
타자에 대해서도 적의를 드러냈던 이븐 타이미야의 주장은 이슬람 극단주
의 조직의 사상에 영향을 주었다. 오늘날 여러 이슬람 극단주의 조직은 이
븐 타이미야의 시대가 남긴 유산에 의존하여 서구, 쉬아파, 심지어는 다른
순니파 무슬림까지 제거해야 할 타자, 즉 불신자로 규정하고 폭력과 테러
를 정당화하고 있다. 종파 간 적의와 갈등이 고조되던 2000년대 이후 등장
한 이라크 알카에다AQI와 이슬람국가IS가 대표적인 예다. 오늘날 순니파
극단주의 조직은 쉬아파가 십자군과 몽골과 협력한 배신자라는 이븐 타이

미야의 주장을 반복하여 과거를 현재와 연결함으로써 쉬아파는 순니파 무슬림의 영원한 적이라는 담론을 구성한다.

"라피다는 압바스 칼리프들과 싸운 몽골인들을 도왔고 이후에는 몽골 군주들의 편을 들었다. 그들은 시리아와 팔레스타인을 침공한 십자군을 지원했다. 그들은 사파비 왕조가 지배하던 때에 순니파를 박해했다. 그들은 아프가니스탄과 이라크를 침공한 미국을 도왔다. 그들은 시리아의 누사이리파(알라위파) 정권을 지원하고 예멘에는 라피다 민병대 국가를 세웠다. 그들은 (최후심판을 앞두고 무슬림을 박해하기 위해 등장할) 닷잘dajjal의 깃발 아래 유대인과 한편이 될 때까지 끝없이 무슬림을 상대로 전쟁을 일으킬 것이다."

『다비크』 13호

IS의 선전 잡지 『다비크』 13호

공동체 외부의 타자인 몽골과 내부의 타자인 쉬아파에게 이븐 타이미야가 드러냈던 적의는 몽골과 십자군의 침공으로 무슬림 사이에서 위기감이 고조되었던 시대가 낳은 산물이다. 마찬가지로 오늘날의 AQI와 IS 또한 2000년대 이후 중동 정세 변화의 산물이다. 종파 차이는 그 자체만으로 갈등을 만들어내지 않는다. 차이는 외부의 위협, 정세 불안정, 권력 관계의 역전과 같이 종파 간 관계를 악화시키는 변화가 나타날 때 비로소 갈등의 원인이 된다. 이 과정에서 앞선 시대가 남긴 유산은 계승해야 할 전통이 되어 뒷세대에게 폭력과 적의를 정당화하는 수단을 제공한다.

20세기 초 중동 사람들이 서구 식민지배에 맞서 싸울 때, 20세기 중반 아랍 민족주의의 기치 아래에 단결했을 때 순니파와 쉬아파의 차이는 전혀 중요한 것이 아니었다. 1920년 이라크의 순니파와 쉬아파는 힘을 합쳐 영국에 맞선 봉기를 일으키기도 했다. 서구 제국주의에 맞선 순니파와 쉬아파의 연대와 협력의 역사는 순니파와 쉬아파의 관계가 결코 '1300년이 넘게 이어진 뿌리깊고 해묵은 갈등'이라는 간단한 표현으로 설명할 수 없음을 보여준다. 아무리 차이가 크더라도, 심지어 서로 대립하고 충돌한 역사가 있더라도 갈등은 차이 그 자체에 내재한 것이 아니라 외부에 의해 촉발되는 것이다. 누군가 램프를 문지르지 않는다면, 지니는 램프 밖으로 나올 수 없다.

3

몽골의 바그다드 함락과 배신자 재상: 역사와 이야기의 모호한 경계

쉬아파 재상의 배신과 헤로도토스

인간의 창의력은 놀라울 정도다. 14세기 역사가들인 알사파디Al-Safadi(1363년 사망)와 알쿠투비Al-Kutubi(1363년 사망)는 음모를 꾸미고 적과 내통하는 아주 기발한 방식에 관해 전한다. 이들에 따르면 1258년 훌라구가 이끄는 몽골군이 압바스 칼리프조의 수도인 바그다드를 침략할 때, 칼리프의 재상은 무이드 알딘 이븐 알알카미Muʻid al-Din Ibn al-ʻAlqami라는 사람이었다. 쉬아파인 이븐 알알카미는 순니파의 상징인 칼리프에 몰래 적개심을 품고 있었다. 몽골군이 바그다드로 다가오자 이븐 알알카미는 순니파에게 복수하기 위해 압바스 칼리프조를 배신하고 몽골군에게 바그다드를 넘겨주기로 했고 기발한 방식을 통해 훌라구에게 내통을 약속하는 편지를 보냈다. 아래는 알사파디와 알쿠투비가 전하는 이븐 알알카미의 배신 이야기다.

사람들이 말하기를 이븐 알알카미가 몽골인들에게 편지를 쓸 때 계책을 썼다고 한다. 이븐 알알카미는 사람 하나를 데려와 머리를 몽땅 민 뒤 두피에 편지를 썼다고 한다. 그리고 나서 글이 보이지 않을 정도로 머리카락이 다시 자라나기를 기다렸다. 머리가 다 자란 뒤 이븐 알알카미는 말했다. "도착하면 몽골인들에게 네 머리를 밀고 머리에 쓰인 글을 읽으라고 전해라." 이븐 알알카미가 쓴 편지의 마지막 문장은 다음과 같았다. "이 편지가 쓰인 '종이'는 폐기하십시오." 그 말에 따라 몽골인들은 편지를 전한 자의 목을 베었다. 이 이야기야말로 바로 배신과 추악함의 표본이라 할 수 있다.[1]

재상의 기발하고 잔혹한 책략은 성공을 거두었고 훌라구의 몽골군은 바그다드를 함락하여 마지막 칼리프를 살해했다. 그러나 알사파디와 알쿠투비에 따르면 이븐 알알카미는 비참한 최후를 맞이했던 것으로 보인다. 몽골군이 가져온 참상은 무시무시했다. 바그다드 주민들은 "당신이 이 모든 일을 쉬아파를 지키기 위해 일으켰지만, (예언자의 딸인) 파티마의 고귀한 후손들이 무수히 죽었으며 예언자 가문의 여성들이 겁탈당했소."라며 이븐 알알카미를 비난했다.

몽골군 역시 쓸모가 없어진 그를 더 이상 신경쓰지 않았다. 이븐 알알카미는 몽골 병사들이 말을 탄 채 그의 거처에 들어오고 말 오줌이 자신의 옷에 튀는 상황까지 감내해야만 했다. 알사파디와 알쿠투비는 결국 모든 곳

에서 버림받은 이븐 알알카미가 자신이 저지른 배신을 후회하며 죽었다고 기록한다.[2]

　불타는 복수심에 눈이 멀어 흉악하면서도 기발한 책략을 꾸민 재상과 배신자의 비참한 말로까지 두 역사가는 바그다드 함락에 관해 극적인 이야기를 전한다. 그런데 이 이야기가 실제 역사적 사실일까? 만약 역사적 사실이라면 몽골 침공이 있기 약 1700년 전에 살았던 그리스 역사가 헤로도토스Herodotus가 쓴 『역사』에 왜 똑같은 이야기가 있는 것일까?

　히스티아이오스는 반기를 들라고 아리스타고라스에게 촉구하고 싶어도 도로들이 모두 감시당하고 있어 안전하게 의사소통할 방법이 없었다. 그래서 그는 자신의 노예 중 가장 충직한 자의 머리를 깎고 두피에 먹물뜨기를 한 다음 모발이 다시 자라기를 기다렸다. 그리고 모발이 다시 자라자 그는 그 자를 밀레토스로 보내며 밀레토스에 도착하면 아리스타고라스에게 딴말은 말고 자기의 머리를 깎고 두피를 살펴보라는 부탁만 하라고 일렀다. 두피에서 발견된 전언은 앞서 말했듯이 반기를 들라는 지시였다.[3]

　이븐 알알카미와 히스티아이오스의 책략은 완전히 같다. 그렇다면 이븐 알알카미가 헤로도토스의 『역사』를 읽고 히스티아이오스를 모방해서 책략을 꾸민 것일까? 하지만 알사파디와 알쿠투비보다 앞서 이븐 알알카미의 배신에 관한 기록을 남긴 역사가들은 쉬아파 재상이 훌라구와 내통했다고만 기록할 뿐 정확히 어떤 방식으로 서로 의견을 교환했는지에 대해서는 언급하지 않는다. 그렇다면 헤로도토스를 참고한 사람은 재상이 아니라 후대 역사가들이 아닐까?

역사와 이야기의 모호한 경계

나시마 넷가즈Nassima Neggaz에 따르면 중세 이슬람권 역사가들의 집필 목적은 과거 사실을 있는 그대로 기록하여 전하는 것이 아니었다. 그들이 최우선으로 가진 관심사는 과거 사건을 재구성하여 독자들에게 특정한 의미와 도덕적으로 새겨야 할 교훈을 전달하는 것이었다. 따라서 역사 서술은 이야기의 형태를 갖춘 일종의 '문학 작품'으로서의 성격도 가지고 있었다.[4]

몽골의 바그다드 점령에 관한 기록 역시 마찬가지다. 중세 무슬림 역사가들은 훌라구의 군대와 바그다드의 수비군은 정확히 몇 명이었고 어떤 과정으로 도시가 함락되었는지를 객관적으로 전달하는 것보다는 바그다드 함락이라는 대사건이 주는 도덕적 교훈과 의미에 더 관심이 있었다. 이 과정에서 역사가들은(또는 작가들은) 집필 목적과 의도를 더욱 분명히 전달하기 위해 역사적 사실에 이미 친숙한 문학적 주제와 상징을 더해 독자들의 흥미를 유발할 수 있는 이야기를 구성하고자 했다.

역사가들은 왕국이 몰락과 파멸을 설명하기 위해 공동체의 도덕적 타락, 궁정 암투와 내분, 무능하고 나약하며 유흥만을 즐기는 통치자, 신의 징벌, 재상, 특히 쉬아파 재상의 배신과 같은 주제들을 이용했다. 이러한 주제들과 관련된 문학적 상징과 비유는 바그다드 함락에 관한 서술에서도 나타난다.

역사가들은 통치자가 무능하고 타락할 때 왕국이 몰락한다는 점을 전달하기 위해 서로 비슷한 소재를 사용했다. 시리아 정교회 주교인 바르 헤브라에우스Bar Hebraeus(또는 이븐 알이브리Ibn al-'Ibri, 1286년 사망)는 마지막 압바스 칼리프인 알무스타으심이 애완용 새와 놀며 시간을 낭비한 무능하고 게으른 군주였다고 비판한다. 바르 헤브라에우스보다 약 200년 전에 살았던 알마스우디Al-Mas'udi(956년 사망)는 알아민과 알마으문의 내전에 관해 쓰면서 거의 비슷한 이야기를 한다. 알마스우디에 따르면 내전에서 알아민이 패배한 이유는 금붕어에 정신이 팔려 국정을 소홀히 했기 때문이었다.[5]

바르 하브라에우스와 알마스우드의 주된 관심사는 알무스타으심이나 알아민이 실제로 동물과 노느라 정치에 무관심했는지를 밝혀내는 것이 아니었다. 그들의 관심사는 통치자의 도덕적 타락과 게으름, 무책임이 국가의 멸망과 몰락을 가져온다는 교훈을 독자들에게 전달하는 것이었으며, 새와 금붕어는 이를 강조하기 위한 문학적 상징이다. 마찬가지로 알아민을 술과 유흥, 여자에 탐닉하던 군주로 그려낸 압바스 역사가들의 서술은 알무스타으심이 유흥과 쾌락에 몰두하던 무능하고 우유부단하며 게으른 통치자였다고 비난하는 기록으로 변주되어 나타난다. 압바스 시대부터 약 200~300년이 지난 뒤에도 통치자 개인의 자질과 품성이 국가의 명운과 직결되어 있다는 인식은 여전히 유지되었고, 비슷한 서술 방식으로 표현됐다.[6]

중세 이슬람권 역사가들은 또한 자질이 부족하고 도덕적으로 타락한 무슬림 통치자에 대한 비판을 더욱 극적으로 드러내기 위해 비무슬림 통치자들을 등장시켰다. 예를 들어 알마스우디는 기독교도 에티오피아 왕이 우마위야 칼리프조의 마지막 칼리프 마르완 2세(재위 744~750년)를 꾸짖었다는 이야기를 전한다.[7] 무슬림 통치자를 꾸짖는 비무슬림 군주라는 주제는 바그다드 함락 이후 훌라구가 알무스타으심의 인색함과 재물에 대한 집착을 꾸짖은 이야기로 나타난다. 훌라구의 밑에서 일하던 쉬아파 신학자이자 철학자, 천문학자인 나시르 알딘 알투시가 전하고 페르시아 역사가 주와이니가 기록한 이야기에 따르면 훌라구와 칼리프의 만남은 다음과 같았다.

왕(훌라구)은 칼리프의 거처를 보고자 했고 곳곳을 거닐며 살펴보았다. 칼리프는 왕에게 선물을 바쳤고 왕은 선물을 휘하 장군들과 지휘관들과 배석한 이들에게 그 자리에서 나누어주었다.

왕은 칼리프 앞에 황금으로 된 쟁반을 두고 말했다. "드시오."

칼리프가 말했다. "하지만 이것은 먹을 수 없습니다."

그러자 왕이 물었다. "그러면 이것을 왜 병사들에게 나눠주지 않고 가지고 있었단 말이오? 왜 이 철문을 화살촉으로 만들어 우리가 강을 건널 때 쏘지 않았단 말이오?"

칼리프가 답했다. "그것은 신의 뜻이었습니다."[8]

알투시와 주와이니가 전한 훌라구와 칼리프의 대화는 아르메니아 수도 사가 쓴 『타타르의 역사』와 마르코 폴로의 『동방견문록』을 통해, 즉 훌라구가 칼리프를 금은보화가 가득한 탑에 가두고 굶겨 죽였다는 유명한 이야기로 발전한다. 그러나 칼리프가 보물로 가득찬 방에서 굶어 죽었다는 이야기는 다른 기록에서는 발견되지 않는다.[9]

한편 몽골 침공을 세계 멸망의 전조라고 보았던 주즈자니는 칼리프의 죽음에 관해 완전히 다른 이야기를 전한다. 보물 속에서 굶어 죽은 칼리프의 이야기만큼이나 널리 알려진, 피가 흘러나오지 않게 자루 속에서 맞아 죽은 칼리프의 이야기는 바로 주즈자니의 기록에서 처음으로 언급된다(한편 동시대의 조지아 연대기에 따르면 훌라구 또는 몽골 장군들이 손으로 직접 칼리프의 목을 졸라 죽였다).[10]

모술의 지배자인 바드르 앗 딘 알 룰루Badr al-Din al-Lulu − 신께서 그를 저주하시기를! − 와 다른 불신자들이 훌라구에게 말했다. "만약 칼리프기 살아 있으면 군대 내의 무슬림들과 다른 지역의 무슬림들이 들고 일어나 칼리프를 해방하고자 할 것이며 폐하를 살려두지 않을 것입니다." 저주받을 훌라구는 이 말을 듣고 두려워하며 말했다. "만약 칼리프를 살려둔다면 무슬림들이 반란을 일으킬 것이다. 그러나 만약 그를 칼로 죽여 그의 피가 땅에 흐른다면 지진이 일어나 멸망할 것이다." 그래서 그는 다른 방식으로 칼리프를 살해할 준비를 했다. 그는 칼리프를 옷을 담는 자루에 넣어 그가 죽을 때까지 걷어차도록 했다. 전능하신 신께서 칼리프를 축복하시고 보상을 주시기를!¹¹

이븐 알사이^{Ibn al-Saʿi}(1276년 사망)라는 역사가에 따르면 상인으로 위장한 훌라구가 바그다드에 잠입해서 재상 이븐 알알카미와 만나 내통 계획을 모의했다고 한다. 이븐 알알카미는 배신의 대가로 바그다드 쉬아파의 안전을 보장받았다. 훌라구가 몽골군을 이끌고 바그다드 동쪽에 다다르자, 재상은 칼리프에게 훌라구가 싸우기 위해서가 아니라 칼리프의 딸과 결혼하고자 왔다고 속였다. 재상의 거짓말에 속아 넘어간 칼리프는 아무 대비 없이 훌라구의 천막으로 향했고 그곳에서 살해당했다. 주즈자니와 달리 이븐 알사이는 칼리프가 정확히 어떻게 죽었는지 확답을 주지 않는다. 그는 "일부는 칼리프가 물에 빠져 죽었다고 말하고, 누군가는 교살당했다고 하며, 또 자루에 갇힌 채 죽을 때까지 걷어차였다고 한다. 오직 신만이 진실을 아신다."며 여러 소문을 소개할 뿐이다.¹²

바르 헤브라에우스나 주와이니의 서술에 나타나는 무능하고 나태하며 인색한 칼리프와 그를 꾸짖는 현명한 훌라구는 주즈자니와 이븐 알사이의 서술에서는 찾아볼 수 없다. 바그다드의 함락 과정과 칼리프가 최후를 맞이하는 방식마저 기록에 따라 완전히 다르게 묘사된다. 바르 헤브라에우

3. 몽골의 바그다드 함락과 배신자 재상: 역사와 이야기의 모호한 경계

스, 알투시, 라쉬드 알딘이 이븐 알알카미를 바그다드를 구하기 위해 애쓴 현명하고 뛰어난 판단력을 지닌 인물로 묘사하는 반면 주즈자니와 이븐 알 사이는 이븐 알알카미를 파멸의 책임으로 몰아간다.

　같은 사건을 두고 이렇게 서로 다르게 서술되는 이유는 무엇일까? 이는 역사가들이 속한 배경이 서로 달랐기 때문이었다. 쉬아파 재상의 배신에 군사적 패배의 책임을 돌리는 것은 몽골 침략 이전부터 순니파 역사가들이 애용한 주제였다. 이븐 미스카와이흐^{Ibn Miskawayh}(1030년 사망)는 쉬아파 재상이 압바스 칼리프조를 배신하고 쉬아 이스마일파의 분파인 카르마트파와 내통했기 때문에 카르마트파가 메카로 향하는 순례객을 습격했다고 주장했다. 마찬가지로 이븐 알아시르는 쉬아 이스마일파인 파티마 왕조가 순니파 셀주크조를 견제하기 위해 기독교도들과 내통하여 십자군을 끌어들임으로써 십자군 침공이 시작되었다고 기록했다. 이븐 알아시르는 1129년 십자군이 다마스쿠스를 함락한 것도 이스마일파 재상이 배신했기 때문이라고 비난했다.[13] 마치 19세기와 20세기 유럽에서 만연한 반유대주의와 '시온 장로들의 의정서'처럼, 오늘날 세계 도처의 문제를 프리메이슨이나 군산복합체, 유대계 자본으로 돌리는 음모론처럼 무슬림 공동체가 경험한 군사적 패배를 쉬아파 재상과 통치자에게 돌리는 서사는 실제 역사적 사실을 객관적으로 진술하기보다는 모든 문제의 원인을 쉽게 설명하고 패배의 책임을 타자에게 전가하기 위해 순니파 역사가들이 애용하던 만능열쇠였다.

　이븐 알알카미의 배신을 바그다드 함락의 원인으로 돌리는 순니파 역사가들의 주장 또한 순니파 역사 서술 전통 내에 오랫동안 존재해오던 쉬아파 책임론이 반복되어 나타난 결과라고 할 수 있다. '쉬아파 재상의 배신'은 실제 역사적 사건보다는 문제의 책임을 쉬아파에 전가하기 위한 일종의

문학적 주제에 가까운 것이다.

실제로 인도 델리 술탄국의 법관인 주즈자니는 몽골에 대해 깊은 적개심을 품은 순니파 학자로, 몽골 침략군과 직접 맞서 싸우기도 했다. 한편 이븐 알사이 역시 순니파 역사가로 평생을 바그다드에서 살면서 몽골군이 가져온 참상을 두 눈으로 목격했던 인물이다. 몽골에 대한 적의는 몽골과 우호적이었던 쉬아파에 대한 반감으로 이어졌고, 그 결과 주즈자니와 이븐 알사이는 순니파의 역사 서술 전통 내에 존재하던 여러 주제 중 쉬아파 재상의 배신이라는 주제를 골라 바그다드 함락을 쉬아파의 배신이 가져온 사건으로 그려내고자 했다.

반면에 바르 헤브라에우스, 라쉬드 알딘, 알투시는 순니파 역사가들과는 완전히 다른 위치에 서 있었다. 몽골 지배 이후 기독교도의 지위와 입지는 상대적으로 개선되었고, 바르 하브라에우스는 몽골에 우호적인 기독교 측의 시각에 따라 바그다드의 함락을 서술했다. 훌라구의 후손이 다스리는 일칸국의 궁정 역사가인 라쉬드 알딘은 당연히 훌라구에 대해 긍정적인 방향으로 기록했다. 마지막으로 알투시의 서술은 쉬아파가 바라보는 바그다드 함락에 대한 서사를 반영한다. 순니파 칼리프에 우호적일 이유가 없었던 이 세 명의 역사가들은 통치자의 타락과 자질 부족이라는 주제를 강조하고 칼리프의 무능함에 초점을 맞추어 바그다드 함락을 설명하는 이야기를 구성했다. 이 이야기에서 쉬아파 재상과 훌라구는 무능한 칼리프와 달리 통찰력과 선견지명을 갖춘 현명한 인물들로 그려진다.

몽골의 바그다드 함락과 압바스 칼리프조의 멸망에 관해 이처럼 서로 다른 기록은 중세 이슬람권에서 역사 기록과 문학 사이의 경계가 흐릿했음을 보여준다. 중세 이슬람권의 역사가들은 과거 사실의 객관적 전달보다는 기록자 개인이 지닌 특정한 관점에 따라 특정한 목적과 의미를 전달하는 데 초점을 두었다. 그 결과 역사 기록은 문학적 주제와 상징, 서사 기법을 이용해서 구성된 이야기, 즉 문학 작품과 쉽게 차이를 구분할 수 없게 되었다. 순니파 역사가들과 쉬아파, 기독교도, 몽골 궁정 역사가들이 같은 사건을 두고 완전히 다른 이야기를 구성한 데에는 이런 배경이 있다.

처음에 소개한 알사파디와 알쿠투비의 서술로 돌아가 보자. 재상의 기발한 책략에 관한 이들의 기록 역시 특정한 의도를 전달하기 위해 여러 상징과 서사 기법이 의도적으로 배치되어 만들어진 하나의 이야기다. 알사파디와 알쿠투비의 기록은 쉬아파 재상의 배신이라는 서사의 기본 주제가 더욱 확대되고 발전된 결과물이다. 어떤 경로를 통해서든 헤로도토스 시대부터 존재하던, 밀서를 전달하는 기발한 책략에 관한 주제가 14세기 순니파 역사가들에게까지 전해졌고, 순니파 역사가들은 헤로도토스로부터 시작된 이야기를 바그다드 함락과 이븐 알알카미의 배신이라는 주제와 섞어 새로운 이야기를 만들어냈다. 헤로도토스의 이야기에는 없는, 비밀 유지를 위해 노예를 처형할 것을 지시한 내용은 이븐 알알카미가 얼마나 잔혹한 인물인지를 보다 극적으로 드러낸다. 바그다드 함락 이후 재상이 겪은 수치와 치욕은 배신자에게는 비참한 운명만이 기다리고 있다는 사실을 독자들에게 상기시키며 교훈을 주고자 함이다.[14]

중세인들은 오늘날의 역사 서술이 추구하는 바와는 다른 목적과 의도를 위해 역사를 서술했고 서술자 개인의 목적과 의도를 위해 완전히 새로운 이야기를 구성해내는 데에 전혀 거부감을 느끼지 않았다. 따라서 그들의 서술 전부를 있는 그대로의 역사적 사실로 보면 사극을 다큐멘터리로 이해하고 드라마를 뉴스로 이해하는 오류에 빠질 수도 있다. 이븐 알알카미는 정말 배신자였을까? 재상은 정말 노예의 머리 위에 편지를 써서 훌라구에게 보냈을까? 훌라구는 정말 상인으로 위장해서 바그다드로 잠입했을까? 칼리프는 정말 자루 속에서 맞아 죽었을까? 아니면 보물이 가득한 탑에 갇혀 굶어 죽었을까? 이에 대한 대답은 누구의 기록, 아니 누구의 이야기를 읽느냐에 따라 달라진다. 우리는 이 질문에 대해 역사적으로 정확한 답은 아마 얻어낼 수 없을 것이다. 그러나 설령 압바스조의 마지막 칼리프가 어떻게 죽었는지에 대해서는 알려주지 않는다고 하더라도 중세 역사가들의 기록은 여전히 중요하다. 그 기록을 남긴 이들이 어떤 가치관과 관점을 가지고 있었으며 어떤 사회적, 문화적, 정치적 배경 속에서 살아가며 영향을 받았는지를 보여주기 때문이다. 역사 서술은 곧 시대의 산물이자 그 시대를 반영하는 거울이다.

『노예 자비르의 머리의 모험』

1971년, 시리아의 극작가인 사아달라 완누스Sa'adallah Wannus(1997년 사망)는 『노예 자비르의 머리의 모험Mughamarat ras al-mamluk jabir』이라는 희곡을 발표한다. 희곡은 이야기꾼이 찻집에 모인 손님들에게 칼리프를 배신하고 페르시아의 군세를 빌려 권력을 잡으려는 재상 무함마드 알알카미의 이야기를 들려주겠다고 말하는 장면에서 시작한다. 재상의 이름이 알알카미라는 점에서 잘 드러나듯이 완누스의 희곡은 바그다드 함락을 재상의 배신으로 설명하는 서사를 토대로 쓰였다.

　여기에서도 재상의 노예가 등장한다. 자비르라는 이름의 노예는 부와 명예를 약속한 재상의 말을 믿고 재상에게 머리를 맡긴다. 두피에 쓰인 편지를 머리카락으로 가린 자비르는 페르시아의 왕에게 찾아간다. 그러나 그를 기다리고 있던 것은 바라던 부와 명예가 아닌 마지막 문장이었다. "이 편지를 지닌 이를 지체하지 말고 죽이시오." 자비르는 사형 집행인의 손에 끌려가 목이 베인다.

순니파 역사학자들과 달리 완누스가 바그다드의 함락과 이븐 알알카미의 배신이라는 주제를 통해 전달하고자 했던 것은 쉬아파에 대한 적의가 아니었다. 완누스는 재상이 어떤 종파에 속했는지는 관심이 없었다. 그는 무고한 사람들의 희생과 파괴를 감수하고서라도 권력을 잡으려는 권력자들의 추악한 행태를 고발하고 자신들의 안위만을 생각하며 권력자들에게 침묵하고 복종하는 대중을 일깨우고자 했다. "우리는 높으신 분들의 일에 끼어들지 않겠다."고 외치는 바그다드 시민들은 결국 페르시아 왕이 이끄는 군대에 학살당한다. 그리고 바그다드의 비극에 관해 이야기한 이야기꾼에게 찻집 손님들은 "내일도 이렇게 우울한 이야기나 할 거면 우리는 더는 여기 오지 않겠다."고 불평한다.

이렇게 해서 머리카락 아래 배신의 전언을 숨긴 노예의 모험은 헤로도토스에서 시작되어 쉬아파와 몽골에 대한 적의로 가득 찬 순니파 학자들의 손에서 역사가 되었다가 사아달라 완누스에 이르러 다시 이야기로 돌아왔다. 역사와 이야기 사이에 존재하는 경계는 때때로 이토록 모호하고 불분명해지기도 한다.

쉬아파의 고행 의례, '타트비르'

1300년 동안 이어지는 애도

이슬람력 1월인 무하람Muharram은 전 세계 쉬아파에게 슬픔과 추모의 달이다. 아슈라Ashura라고 불리는 무하람 10일이 되면 쉬아파들은 680년 우마이야 칼리프조의 군대에 맞서 싸우다 이라크 카르발라에서 전사한 3대 이맘 후세인 이븐 알리의 죽음을 추모한다. 카르발라 전투로부터 1300년도 더 지났지만 후세인의 죽음은 많은 쉬아파에게는 여전히 중요하다. 카르발라의 비극은 선과 악의 영원한 대립을 상징하는 동시에 이맘들과 쉬아파 공동체가 견뎌내야 했던 탄압, 고난, 핍박의 역사를 환기하기 때문이다.

이란의 화가 압바스 알무사비^{Abbas al-Musavi}가 그린 카르발라 전투, 19세기

브루클린 박물관 소장

아슈라가 되면 다양한 의례가 거행된다. 이라크 카르발라의 후세인 성

묘^{聖廟}로 성지순례를 떠나거나, 각종 깃발을 들고 행진하거나, 특정한 집회

장소에 모여 후세인의 죽음을 노래하는 애가^{哀歌}를 낭송하거나, 후세인의

죽음을 재현하는 수난극을 상연하기도 한다.

그러나 무엇보다도 외부인 관찰자의 눈길을 끄는 행위는 바로 공개적

으로 벌어지는 고행 또는 자해 행위다. 이란에서는 잔지르자니^{zanjir-zani}(채

찍으로 치기) 또는 시니자니^{sini-zani}(가슴치기)라고 불리며, 이라크와 걸프, 레

바논 등 아랍어권 지역에서는 일반적으로 맨손으로 음악에 맞추어 몸을 치

는 비교적 온건한 형태의 행위를 라틈^{latm}, 칼날이나 쇠채찍과 같은 흉기로

몸을 치는 더욱 과격한 형태를 타트비르^{tatbir}라고 한다(지역에 따라 하이다르

^{haydar}, 마으탐^{matam}이라고 불리기도 한다).

아무리 소중하고 또 신성한 존재라고 하더라도 약 1300년 전에 죽은 사

람을 추모하기 위해 칼과 채찍으로 몸에 상해를 입히고 피를 흘리는 것은 이해할 수 없는 야만적 행위로 보인다. 피가 낭자한 현장은 쉬아파가 광신적이고 미개한 종교라는 인상을 주기도 한다. 그러나 타트비르는 다양한 종교 전통 사이에 이루어졌던 긴밀한 접촉의 역사를 보여줄 뿐만 아니라 현대 쉬아파 공동체 내부에서 전개되는 정치적 경쟁과 긴장을 반영하는 의례기도 하다.

지중해의 갤리선에서 카프카스의 산맥까지

대체 언제부터 쉬아파들은 이토록 끔찍한 행위를 하게 된 것일까? 먼저 분명히 언급해야 할 점은 타트비르가 쉬아파 초기부터, 카르발라 전투 직후부터 존재하던 의례는 아니라는 것이다. 중동 지역에는 죽은 사람에 대한 애도와 상실감을 표현하기 위해 뺨이나 머리, 가슴을 치거나 옷을 찢는 관습이 존재했다. 후세인의 가족과 친척들, 추종자들 또한 같은 방식으로 후세인의 죽음을 애도했을 것이다.

그러나 손으로 몸을 치는 것과 칼이나 쇠채찍을 통한 자해는 분명히 다르다. 압바스 시대에 이르러 아슈라 의례는 공개적으로 거행되기 시작했으며, 앞서 보았듯이 후대 역사가들은 945년에 쉬아파인 부이 왕조가 바그다드를 점령한 이후에는 쉬아파들이 바그다드의 순니파 주민들이 두려움과 불안함을 느낄 정도로 공개적으로 아슈라 의례를 거행했다고 전한다. 그러나 초기 기록 어디에서도 오늘날과 같은 과격한 형태의 타트비르에 관한 언급은 거의 찾아볼 수 없다.

이츠학 나카쉬Yitzhak Nakash에 따르면 타트비르는 사실 비교적 최근에 나타난 의례다. 타트비르에 대한 최초의 언급은 카르발라 전투로부터 약 1000년이 지난 뒤인 17세기에 이르러서야 비로소 나타난다. 1640년 이란 북서부의 도시인 아르다빌Ardabil을 방문한 오스만 제국의 여행가 에블리야 첼레비Evliya Chelebi는 다음과 같이 전한다.

"남자 수백 명이 날카로운 칼로 팔과 가슴에 상처를 냈다. 이들은 자신들의 피를 뿌림으로써 이맘 후세인이 흘린 피를 기억하고자 했다. 그들은 몸에 깊은 상처를 냈고 피가 땅을 적셔 마치 튤립꽃이 핀 듯했다. 수천 명이 얼굴, 팔, 가슴에 후세인과 하산의 이름을 새겼다."[1]

이 지점에서 나카쉬는 흥미로운 사실을 지적한다. 즉 타트비르에 관한

이탈리아 화가 파우스토 조나로 Fausto Zonaro**가 그린 이스탄불의 타트비르, 1909년**
이스탄불 현대미술관 소장

기록은 이란 남부의 쉬라즈나 중부의 이스파한을 방문한 여행자들의 기록에는 나타나지 않는 반면, 첼레비와 같이 카프카스와 인접한 이란 북서부 지역을 방문한 사람들의 기록에서는 나타난다는 것이다. 한편 16세기 이전에 아랍어권 쉬아파 지역에서 타트비르가 수행되었다는 기록 또한 거의 찾아볼 수 없다. 타트비르는 17세기까지 이란에서만, 그것도 투르크계 아제리인들이 밀집된 북부 일부 지역에서만 존재했다.

이란 북부에서 처음 시작된 타트비르는 19세기에 들어서야 이란 전역과 아랍어권 및 인도 지역으로 확산되기 시작한다. 19세기 이라크와 레바논의 쉬아파 종교 지도자들은 사람들이 아슈라 기간에 과거에는 없었던 방식으로 후세인의 죽음을 추모하는 것을 보고 경악을 금치 못했다. 이라크의 종교 지도자인 무함마드 마흐디 알카즈위니Muhammad Mahdi al-Qazwini는 올바른 법을 알지 못하는 사람들에 의해 타트비르가 이라크로 확산되었다고 비판했으며, 레바논의 셰이크 하산 알후부쉬 알막키Shaykh Hasan al-Hubushi al-Makki(1907년 사망)는 심지어 순니파인 오스만 제국 총독의 힘을 빌려서라도 타트비르가 퍼지는 것을 막으려고 했다.[2]

타트비르의 기원이 이란, 특히 이란 북부의 투르크어 사용 지역과 관련되어 설명된다는 점에 주목하여 나카쉬는 타트비르가 아나톨리아 동부, 카프카스 지역, 이란 북부에 살던 투르크인들 사이에서 처음 시작되었다고 주장한다.[3] 이 지역의 투르크인들은 무슬림이었지만 이들이 믿던 이슬람은 우리가 생각하는 이슬람과는 크게 달랐다. 투르크인들은 샤머니즘과 각종 민간신앙, 신비주의 등이 혼합된 형태의 이슬람을 믿고 있었으며, 이들에게 기독교권의 채찍질 고행 문화가 전파되면서 타트비르가 등장했다는 것이 나카쉬의 주장이다.

나카쉬는 두 개의 전파 가능성을 제시한다. 첫째는 지중해 지역에서 포로로 잡혀 흑해 연안으로 노예로 팔려온 기독교도들이 투르크인들에게 채찍질 고행 문화를 전파했을 가능성이고, 둘째는 흑해 연안의 트라브존에 있었던 이탈리아인 공동체를 통해 채찍질 고행 문화가 흑해 인근 지역의 투르크인들에게 전파되었을 가능성이다. 어느 쪽이든 타트비르의 기원은 유럽의 채찍질 고행으로 거슬러 올라간다. 엄격한 종교적 규범에 매이지 않은 채 다양한 종교의 관습을 받아들이고 혼합하는 데에 익숙하던 투르크인들이 기독교도들의 채찍질 고행도 받아들였을 가능성도 충분히 있지 않을까?

물론 이 주장은 추정일 뿐이다. 나카쉬는 또한 왜 페르시아인이나 아랍인, 인도인까지 투르크인들의 관습을 받아들였는지는 설명하지 않는다. 그러나 나카쉬의 가설이 맞다면 지중해 기독교권과 투르크인 무슬림 사이의 기묘한 만남이 만들어낸 타트비르는 투르크인들이 이란을 점령하고 지배하면서 이란 전역으로 확산된 뒤, 레바논부터 이라크와 걸프, 이란과 인도의 쉬아파 공동체를 아우르고 연결하는 관계망을 타고 쉬아 이슬람권 전역으로 퍼져나갔을 것이다. 나카쉬의 가설이 사실이라면 타트비르는 무슬림들이 이슬람 바깥의 기독교권에서 기원한 의례를 받아들여 이슬람화된 독특한 사례다.

'문명화'된 쉬아 이슬람을 위하여

매년 아슈라가 되면 국내외 언론은 세계 곳곳의 쉬아파 공동체가 아슈라를 기념하는 모습을 보도한다. 이 가운데 특히 눈을 끄는 것은 바로 이라크, 파키스탄, 아프가니스탄 등의 쉬아파 남성들이 웃통을 벗은 채 칼이나 쇠채찍을 가지고 몸에 피를 내는 타트비르를 하는 모습이다.

반면에 타트비르의 본고장이라고 할 수 있는 이란에서는 오히려 유혈 낭자한 타트비르를 찾아볼 수 없다. 사실 오늘날 이란에서 사용하는 쇠채찍은 속이 텅텅 빈 알루미늄 채찍 모형에 가깝다. 그마저도 마치 먼지털이로 몸에서 먼지를 털어내듯이 가볍고 살짝 휘두른다. 이란에서 타트비르는 실제로 고통을 주기 위한 행위라기보다는 의례적 행위에 가까운 모습을 띤다. 피를 흘리거나 상의를 벗은 채 온몸에 피를 뒤집어쓴 사람들의 모습도 찾아볼 수 없다. 사람들은 검은 옷을 입고 가슴을 두드리며 행진할 뿐이다. 오늘날 과격한 형태의 타트비르는 정작 본고장이라고 할 수 있는 이란이 아닌, 이란으로부터 타트비르를 받아들인 아랍권, 인도와 파키스탄, 아프가니스탄 등에서 주로 찾아볼 수 있다. 대체 무슨 일이 있었던 걸까?

타트비르는 이란 이슬람 공화국 정권과 아랍 쉬아파 공동체 사이의 경쟁을 보여주는 한 사례다. 1979년 혁명 이후, 이란의 최고 정치-종교 지도자의 자리를 차지한 아야톨라 호메이니Ayatollah Khomeini는 이란을 넘어 아랍과 전체 이슬람권으로 이슬람 혁명의 이념을 전파하여 이란 혁명 정권을 중심으로 모든 무슬림을 결속하고자 했다. 이를 위해 이란은 레바논, 사우디아라비아, 바레인, 이라크의 쉬아파 정치 세력을 후원하여 친이란 세력을 구축해나갔다. 이에 더해 이란 정권은 아랍 쉬아파에 대해 종교적 지도권도 확보하고자 했고, 아랍 쉬아파 내에서 이란의 최고 지도자를 따르는 세력을 형성하는 데 성공했다.

그러나 모든 아랍 쉬아파가 이란 혁명 정권의 종교적 정통성과 권위를 수용한 것은 아니다. 쉬아 이슬람의 성지인 이라크 나자프Najaf는 전통적으로 쉬아 종교 교육의 중심지로, 나자프의 울라마는 이라크를 넘어 걸프 지역, 레바논, 이란을 아우르는 광범위한 지역에서 종교적 권위를 인정받았다. 그러나 혁명 이후 이란의 콤Qom이 새로운 종교 교육의 중심지로 부상했으며, 이란의 울라마가 정권의 지원을 받아 나자프 울라마의 권위에 도전하기 시작하면서 나자프의 위치는 흔들렸다. 이란 이슬람 혁명 이후 쉬아파의 종교적 지도권을 둘러싼 콤과 나자프의 경쟁은 곧 이란 혁명 정권의 권위를 인정하느냐의 문제와 직결되었다.

이와 같은 경쟁은 타트비르를 둘러싼 논쟁에도 나타났다. 모든 무슬림 공동체의 지도자를 자처한 이란 정권은 쉬아파에 대해 부정적인 인식을 만

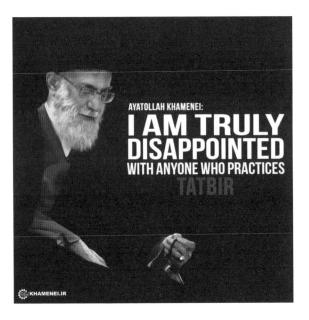

하메네이, "타트비르를 하는 이들에게 진정으로 실망했다"(1994년 파트와에서)
출처: 하메네이 공식 웹사이트(https://english.khamenei.ir/news/4209)

들어내는 타트비르를 통제하기 시작했다. 호메이니의 뒤를 이어 이란의 최고지도자가 된 아야톨라 하메네이Ayatollah Khamenei는 1994년 타트비르 중단을 촉구하는 법적 해석(파트와fatwa)을 발표한다. 그는 타트비르가 쉬아파를 야만적이고 폭력적인 집단으로 바라보는 잘못된 인식을 심어준다고 지적하며 타트비르를 하면서 헛되이 피를 흘려 낭비하기보다는 차라리 환자들을 위해 병원에 헌혈하라고 촉구했다.[4]

하메네이와 이란 혁명 이전에도 타트비르를 예언자, 이맘, 그리고 선대 울라마의 가르침 어디에서도 근거를 찾을 수 없는 야만적이고 광신적이며 미개한 행위로 보고 금지하고자 한 울라마들이 있었다.[5] 그러나 혁명 이전 일반 대중에 대한 울라마의 영향력은 제한되어 있었다. 울라마와 평신도는 일종의 공생 관계를 맺고 있기 때문이다. 전통적으로 쉬아 울라마는 일반 대중을 이끄는 영향력과 지도력을 행사하는 동시에 대중의 여론과 취향에 어느 정도 호응하고 따라가는 모습을 보이기도 했다. 울라마의 사회적 지위와 영향력, 경제적 기반은 평신도 대중의 지지와 추종에 의존했다. 평신도는 울라마의 종교적 가르침과 정당성이 필요했고, 울라마는 평신도의 지지가 필요했다. 따라서 일반 대중의 인식과 지향과 크게 괴리된 해석 또는 대중의 반감과 불만을 일으킬 수 있는 대담하고 도발적인 해석을 제시하는 울라마는 대중의 지지, 사회적 지위와 영향력을 잃을 위험성이 존재했다.[6]

설령 확고한 권위와 영향력을 가진 울라마라 하더라도 대중에게 특정한 해석을 강제할 수 있는 물리력은 지니지 못했다. 호메이니 이전 이란 쉬아파 내에서 가장 큰 권위를 가졌던 울라마였던 아야톨라 호세인 보루제르디Ayatollah Hossein Borujerdi(1961년 사망)가 타트비르를 금지하자 그의 추종자 한 사람은 말했다. "우리는 1년 내내 당신의 가르침을 따릅니다. 그러나 아슈라 하루만은 예외입니다."[7] 가장 높은 권위를 지닌 울라마라도 그가 실제 행사할 수 있는 영향력은 제한될 때가 있었다.

하지만 혁명 이후 이란의 울라마는 자신들의 해석을 사회와 대중에 강제할 수 있는 수단인 공권력의 도움을 받을 수 있게 되었다. 보루제르디와 달리 하메네이는 자신의 파트와를 실제 집행하고 강제할 수 있는 법적 권한과 권력, 국가와 혁명의 최고 지도자라는 막강한 지위를 이용할 수 있었다. 20세기 초 울라마와는 달리 물리적 강제력의 도움을 받은 하메네이의 파트와는 결국 이란 내에서 타트비르를 금지하는 데 성공한다.

이란 정부의 공권력이 닿지 않는, 즉 하메네이의 파트와가 강제될 수 없는 아랍 쉬아파 사이에서는 하메네이의 종교적 권위를 인정하는지가 타트비르에 대한 태도를 결정했다. 이란 정권과 긴밀한 우호 관계를 맺고 하메네이의 종교적 권위를 인정하는 친이란 성향의 레바논 쉬아 울라마와 헤즈볼라Hezbollah는 하메네이의 지시를 따랐다. 레바논의 친이란 울라마와 헤즈볼라는 타트비르를 금지하고 아슈라를 외세, 특히 이스라엘과 압제에 맞서는 저항 의지를 재확인하는 정치적 성격의 행사로 재해석했다. 헤즈볼라는 또한 하메네이의 파트와를 따라 타트비르를 헌혈로 대체할 것을 촉구했고, 그 결과로 헤즈볼라의 영향력이 강한 지역에서는 아슈라 기간이 되면 헌혈량이 급증하는 긍정적인 결과를 가져오기도 했다.[8] 바레인에서도 하메네이의 종교적 권위를 따르는 사람들은 칼을 사용하는 타트비르(바레인에서는 하이다르haydar라고 부른다)에 반대하며 바레인 정부에 하이다르 의례를 금지할 것을 청원하기도 했다.[9]

그러나 하메네이가 타트비르를 금지하는 파트와를 발표한 이후에도 여전히 이라크, 바레인, 아프가니스탄, 파키스탄의 쉬아파는 아슈라가 되면 칼과 쇠채찍으로 몸에 상처를 내며 피를 흘린다. 이는 이란 정권과 하메네이의 종교적 권위 주장이 여전히 모든 쉬아파로부터 인정받지 못했으며 하메네이의 영향력이 제한되어 있음을 보여준다. 혁명 이전에도 이맘 후세인에 대한 헌신과 슬픔, 희생 정신을 표현한다는 이유로 타트비르를 옹호하는 울라마가 있었지만,[10] 타트비르 논쟁은 종교적 문제를 넘어 이란 혁명 정권의 종교적 권위에 대한 논쟁과 결부되면서 정치적 성격을 지니게 되었다.

오늘날 타트비르는 쉬아파로서 정체성을 표출하고 소속감을 재확인하는 수단일 뿐만 아니라 이란 혁명 정권이 주장하는 종교적 권위에 도전하고 각 쉬아 공동체가 자신들의 고유한 정체성과 독립성을 드러내는 행위이기도 하다. 이란과 하메네이의 종교적 권위에 저항하는 가장 대표적인 세력은 이라크의 명망 높은 울라마 가문인 쉬라지Shirazi 가문을 따르는 쉬아파다. 쉬라지 가문은 걸프 왕정과 이라크 정부의 쉬아파 탄압에 저항하고 이란 혁명 정권의 종교적 권위 주장에도 도전하며 독자적인 지지 기반을 구축하고 영향력을 키워 왔다.

하메네이와 이란이 타트비르를 금지하자 타트비르는 단순한 의례에서 쉬라지 가문을 따르는 쉬아파가 이란으로부터의 독립성과 자주성을 주장하는 중요한 수단이 되었다. 공개적으로 타트비르를 함으로써 쉬라지계 쉬아파는 자신들이 하메네이의 파트와를 무시하고 그의 종교적 권위를 수용하지 않으며 걸프 지역 쉬아파에 대한 이란의 영향력과 지배력이 결코 완전하지 않음을 분명히 보여준다.[11] 특히 쉬라지계 쉬아파와 친이란 성향의 쉬아파 사이의 경쟁이 치열한 바레인에서는 타트비르가 두 진영 사이의 첨예한 논쟁과 갈등의 원인이 되기도 한다. 바레인의 친이란 쉬아파는 타트비르를 금지한 하메네이의 파트와를 쉬라지계를 비판하는 근거로 이용한다. 친이란 쉬아파는 바레인 왕실이 쉬아파 내부 분열을 조장하기 위해 응급차와 보안 인력을 배치하는 등 의도적으로 타트비르를 지원하고 있다고 비난하고 심지어는 미국 대사관이 타트비르를 지원하는 배후 세력이라고 주장하기도 한다.[12]

시리아 다마스쿠스 남쪽, 이맘 후세인의 여동생인 자이납의 묘가 있는 사이다 자이납Sayyidah Zaynab에서도 친이란 쉬아파와 쉬라지계 쉬아파 사이의 차이는 극명하게 나타난다. 사이다 자이납 지역의 아슈라를 직접 관찰한 에디스 스잔토Edith Szanto는 이란이 관할하는 성묘 내에 모인 순례객들은 이란에서 하는 방식과 마찬가지로 리듬에 맞추어 가슴과 얼굴을 치는 반면, 쉬라지계 울라마가 성묘 근처에서 운영하는 신학교에 모인 사람들은 타트비르를 하는 모습을 보았다. 이처럼 시리아에서도 타트비르는 전체 무슬림 내에서 소수파인 쉬아파 가운데서도 소수파인 쉬라지계가 이란의 패권에 도전하고 저항하며 자신들의 독립적인 위치를 강조하는 수단이 된다.[13] 때로는 이란과 하메네이의 권위를 인정하던 사람들 또한 의도적으로 타트비르에 참여하여 이란 정부의 정책과 행보에 대한 불만을 표현하기도 한다. 한 예로 스잔토는 하메네이의 파트와에 따라 타트비르를 거부하던 남아시아 출신 쉬아파 이민자들이 2009년 하메네이가 아흐마디네자드 대통령의 재선을 승인하자 사이다 자이납에서 타트비르에 참가하는 모습을 보았다.[14]

종교적 권위를 둘러싼 경쟁이 타트비르를 둘러싼 논쟁을 설명하는 유일한 측면은 아니다. 타트비르는 또한 쉬아 이슬람의 근대적 변화와 적응을 추구하는 측과 전통(비록 타트비르는 17세기 이후에 나타난 '만들어진 전통'에 가깝지만)을 지키려는 측 사이에 벌어지는 경쟁과 대립의 한가운데에 있다. 이란 혁명 이전부터 타트비르를 금지하고자 한 울라마는 존재했다. 이들은 야만적으로 보이는 모습을 제거하여 쉬아파를 비이슬람적이고 광신적인 신앙을 지닌 야만적인 이단 종파로 바라보는 외부의 - 특히 순니파의 - 비난에 대응하고자 했다. 쉬아파를 근대적 변화와 가치관에 부합한 신앙으로 탈바꿈하고자 한 개혁주의자들에게 타트비르는 사라져야 할 악폐습이었다.

반면에 쉬라지계와 같이 타트비르를 찬성하는 이들은 타트비르가 쉬아파 정체성의 핵심인 이맘 후세인에 대한 헌신과 사랑을 표현하는 수단이자 고유한 전통이라고 주장한다. "타트비르가 무슬림 공동체의 퇴보를 가져온다고 말하는 자(하메네이), 바로 그가 퇴보하고 후진적인 사람이다!"라는 바레인의 쉬라지계 쉬아파의 선언은 타트비르가 그 지지자들에게 차지하는 중요성을 보여준다.[15] 타트비르 지지자들에게 타트비르는 쉬아파가 더 이상 억압받던 소수자이자 탄압을 피해 숨어다니는 수동적 약자가 아니며 정체성을 잃지 않고 살아 있음을 알리는 선언이다.[16]

이처럼 오늘날 쉬아파에게 타트비르는 첨예한 논쟁의 주제다. 울라마는 각자의 정치적, 경제적 이해관계와 사회적 관계망 내의 위치에 따라 타트비르를 찬성하기도 반대하기도 한다. 한 예로 2002년 레바논 일간지인 『알나하르Al-Nahar』가 11명의 레바논 쉬아 울라마에게 타트비르에 대한 의견을 물었을 때, 5명은 반대하고 6명은 찬성했다.[17] 울라마 사이의 다양한 의견은 타트비르 찬성 측과 반대 측 모두에게 자신들의 주장을 뒷받침할 수 있는 종교적 정당성을 제공한다. 타트비르 논쟁은 종교적 권위와 영향력을 두고 벌어지는 울라마 내부의 치열한 경쟁을, 경건하고 올바른 무슬림에 대한 다양한 해석과 관점을 반영한다.[18]

다른 모든 교리와 이념, 의례의 성격과 의미와 마찬가지로 타트비르 역시 다양한 관점과 이해관계 사이의 끝없는 경합과 경쟁이 이루어지는 복잡

한 영역이다. 680년 카르발라에서 후세인이 쓰러진 이후 아슈라는 1000년
이 넘는 세월에 걸쳐 쉬아파를 하나의 공동체로 결속하는 동시에 쉬아파라
는 거대한 공동체 내의 다양성과 복잡성을 보여주기도 한다.

1. 73개 종파로 나뉜 무슬림 공동체: 이슬람 종파는 서로 무엇이 다를까

1   Ibn Majah. *Sunan*, vol. 2, Cairo: Dar Ihya al-Kutub al-'Arabiyyah, 1322.; Al-Tirmidhi. *Sunan*, vol. 5, Cairo: Matba'at Mustafa al-Baji al-Halabi, 1977, 26.; Abu Dawud. *Sunan Abi Dawud*, vol. 4. Damascus: Dar al-Risala al-'Ilmiyyah, 2009, 203.

2   Jonathan Berkey. *The Formation of Islam: Religion and Society in the Near East*, Cambridge: Cambridge University Press, 2003, 142-143.

3   Fuad I. Khuri. *Imams and Emirs: State, Religion and Sects in Islam*, London: Saqi Books, 2006, 42-43, 100.

4   Patricia Crone and Martin Hinds. *God's Caliph: Religious Authority in the First Centuries of Islam*, Cambridge: Cambridge University Press, 2003, 108.

5   Berkey, 145-146.

6   Najam Haider. *Shī'ī Islam: An Introduction*, New York: Cambridge University Press, 2014, 18.

7   위의 책, 25-27.

8   Alexander Knysh. *Islam in Historical Perspective*, 2nd edition, New York and Abingdon: Routledge, 2017, 181-182.; Heinz Halm. *Shi'a Islam: From Religion to Revolution*, translated by Allison Brown, Princeton: Markus Wiener Publishers, 1997, 99-103.

9   Haider, 117-120.; Khuri, 123.; 앤 램톤, 『중세 이슬람의 국가와 정부』 김정위 옮김, 서울: 민음사, 1992, 319.

10   Khuri, 145-146.

11   위의 책, 131-146.

12   위의 책, 133.; Marshall G. S. Hodgson. "Durūz." In *Encyclopaedia of Islam*, 2nd Edition.

13   1936년에는 예루살렘의 순니파 종교 지도자인 핫즈 아민 알후사이니Hajj Amin al-Husayni가 알라위파를 무슬림이라고 선언했고, 1972년에는 쉬아파 종교 지도자인 하산 알마흐디 알쉬라지Hasan Mahdi al-Shirazi가 알라위파가 쉬아파로서 무슬림이라고 언급했다. Yvette Talhamy. "The Fatwas and Nusayri/Alawis of Syria." *Middle Eastern Studies* 46, no. 2 (2010): 185-189.

14   위의 글, 189-190.

2. 종파 갈등, 시대가 만들어낸 괴물

1   John McHugo. *A Concise History of Sunnis and Shi'is*, Washington DC: Georgetown University Press, 2017, 112.

2   Ibn al-Athir. *Al-kamil fi al-tarikh*, 10 vols. Beirut: Dar al-Kitab al-'Arabi, 1997, 7:303-314.; Ibn Kathir. *Al-bidayah wa al-nihayah*, 15 vols, Damascus: Dar al-Fikr, 1986, 11:271-275.

3   Nimrud Hurvitz. "Early Hanbalism and the Shi'a." In *The Sunna and Shi'a in History: Division and Ecumenism in the Muslim Middle East*, edited by Ofra Bengio and Meir Litvak, New York: Palgrave Macmillan, 2011, 47-48.

4   Christine Danielle Baker. "Challenging the Shi'i Century: the Fatimids (909-1171), Buyids (945-1055), and the Creation of a Sectarian Narrative of Medieval Islamic History." Ph.D. Dissertation, The University of Texas at Austin, 2013. 196-207.

5   위의 글, 211.

6   위의 글, 184.

7   위의 글, 179; 184-189.

8   Paul L. Heck. "Jihad Revisited." *The Journal of Religious Ethics* 32, no. 1 (2004): 115-117.

9   Charles Melville. "Pādshāh-i Islām: The Conversion of Sultan Maḥmūd Ghāzān Khān." *Pembroke Papers* 1 (1990): 159-177.; Denis Aigle. "The Mongol Invasions of Bilād al-Shām by Ghāzān Khān and Ibn Taymīyyah's Three "Anti-Mongol" Fatwas." *Mamlūk Studies Review* 11, no. 2 (2007): 92.

10 김정명. 「이븐 타이미야의 반反 몽골 파트와가 현대의 극단적 이슬람주의에 미친 영향」. 『한국이슬람학회논총』 30권 1호 (2020): 13-19.

11 Etan Kohlberg. "Al-Rāfiḍah." *Encyclopaedia of Islam*, 2nd Edition.

12 Aigle, 118-119.; 김정명. 「이븐 타이미야가 순니파 이슬람 무장단체의 반反 시아 이데올로기 형성에 미친 영향」. 『한국이슬람학회논총』 30권 3호 (2020): 53-58.

13 Ibn al-Athir. *The Chronicle of Ibn al-Athir for the Crusading Period from al-Kamil fi'l-Ta'rikh. Part 1. The Year 491-541/1097-1146: The Coming of the Franks and the Muslim Response*, translated by D. S. Richards, Abingdon and New York: Routledge, 2016, 13-14.

14 Ibn Battutah. *Rihlat Ibn Battutah: tuhfat al-nazzar fi gharaib al-amsar wa 'ajaib al-asfar*, Windsor, Mu'wassat Hindāwī, 2020, 48-49.

15 황의현. 「『여행기』에 나타나는 이븐 바투타(Ibn Baṭṭūṭah)의 쉬아파 인식」. 『아랍어와 아랍문학』 25권 1호 (2021): 8-10.

3. 몽골의 바그다드 함락과 배신자 재상: 역사와 이야기의 모호한 경계

1   Muhammad ibn Shakir al-Kutubi. *Fawat al-wafayat*, vol. 3, Beirut: Dar Sadir, n. d, 254-255.; Salah al-Din Khalil bin Aybak bin Abdullah al-Safadi. *Al-wafi bi al-wafayat*, vol. 1, Beirut: Dar Ihya al-Turath al-'Arabi, 2000, 152.

2   Al-Kutubi, 253.; Al-Safadi, 151.

3   헤로도토스. 『역사』. 천병희 옮김, 숲, 2009, 492.

4   Nassima Neggaz. "The Falls of Baghdad in 1258 and 2003: A Study in Sunni-Shi'i Clashing Memories." PhD dissertation., Georgetown University, 2013, 206-210.

5   위의 글, 231-232.

6   위의 글, 233-234.

7   위의 글, 236.

8   John Andrew Boyle. "The Death of the Last 'Abbasid Caliph: A Contemporary Muslim Account." *Journal of Semitic Studies* 6, no. 2 (Autumn 1961): 148-149.

9   위의 글, 146-147.

10 위의 글, 149-150.

11 Al-Juzjani. *Tabaqat-i Nasiri*, vol. 2, 1252-1253.

12 Neggaz, 157-158.

13 위의 글, 254-260.

14 위의 글, 324.

4. 쉬아파의 고행 의례, '타트비르'

1   Yitzhak Nakash. "An Attempt to Trace the Origin of the Rituals of 'Āshūrā'." *Die Welt des Islams* 33 (1993): 175.

2   Werner Ende. "The Flagellation of Muḥarram and the Shi'ite 'Ulamā'." *Der Islam* 55, no. 1 (1978): 27-28.

3   Nakash, 앞의 글, 161-181.

4   Laurence Louër. *Transnational Shia Politics: Religious and Political Networks in the Gulf*, New York: Columbia University Press, 2008, 215.

5   Sabrina Mervin. "'Ashūrā' Rituals, Identity and Politics: A Comparative Approach (Lebanon and India)." In *The Study of Shi'i Islam: History, Theology and Law*, edited by Farhad Daftary and Gurdofarid Miskinzoda, London and New York: I.B. Tauris, 2014, 525-526.; Ali J. Hussain. "The Mourning of History and the History of Mourning: The Evolution of Ritual Commemoration of the Battle of Karbala." *Comparative Studies of South Asia, Africa and the Middle East* 25, no. 1

(2015): 87.

6 Ende, 31.

7 Mervin, 526.

8 Lara Deeb. "Living Ashura in Lebanon: Mourning Transformed to Sacrifice." *Comparative Studies of South Asia, Africa and the Middle East* 25, no. 1 (2005): 128.

9 Thomas Fibiger. "'Ashura in Bahrain: Analyses of an Analytical Event." *Social Analysis* 54, issue. 3 (Winter 2010): 39.

10 Ende, 26-30.

11 Louër, 215-216.

12 Fibiger, 39.

13 Edith Szanto. "Beyond the Karbala Paradigm: Rethinking Revolution and Redemption in Twelver Shi'a Mourning Rituals." *Journal of Shi'a Islamic Studies* 6, no. 1 (Winter 2013): 81.

14 위의 글, 87.

15 Louër, 216.

16 Mervin, 525.; Szanto, 81.; Deeb, 128-129.

17 Sabrina Mervin. "'Ashura': Some Remarks on Ritual Practices in Different Shiite Communities (Lebanon and Syria)." In *The Other Shiites: From the Mediterranean to Central Asia*, edited by Alessandro Monsutti, Silvia Naef, and Farian Sabahi, Bern: Peter Lang Publishing, 2007, 146.

18 Augustus Richard Norton. "Ritual, Blood, and Shiite Identity: Ashura in Nabatiyya, Lebanon." *The Drama Review* 49, no. 4 (Winter 2005): 154.

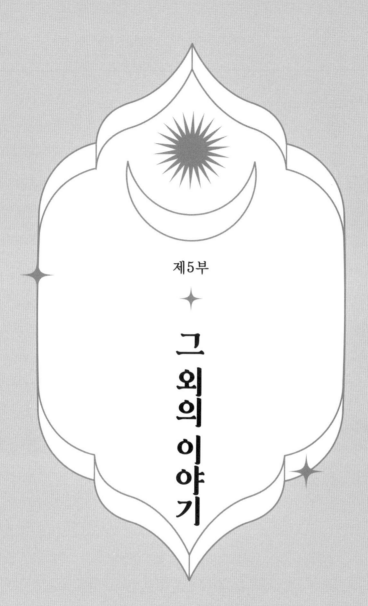

제5부

그
외의
이야
기

1

"우리는 모두 신께 속하며 신께 돌아간다":
이슬람권과 전염병

전염병, 제국을 무너뜨리고 제국을 세우다

632년 무함마드가 사망하고 30년도 지나지 않아 아랍인은 북아프리카와 이집트, 이란에 이르는 넓은 지역을 점령했다. 이슬람 이전 중동-지중해권의 두 거대 제국 중 하나인 사산조 페르시아는 아랍인의 손에 멸망했다. 동로마 제국은 살아남았지만 이집트와 시리아를 잃어버리고 수세로 내몰렸다. 도대체 어떻게 아랍인은 이렇게 빠른 속도로 정복전을 펼칠 수 있었던 것일까?

아랍 정복이 성공한 이유를 설명하는 가설 중 하나는 바로 전염병이다. 541년 제국 전역을 덮친 유스티니아누스 역병Plague of Justinian 이후 6세기부터 7세기까지 중동과 지중해권에서는 지속적으로 전염병이 유행했고 인구 밀집도가 높은 동로마 제국과 페르시아가 큰 피해를 입었다. 동로마 제국의 경우 인구가 50~60%까지 감소했다는 추정치도 있다.[1] 반면에 사막의 유목민인 아랍인의 인구 피해는 상대적으로 적었고 결국 두 정주 제국이 전염병으로 약화된 상황에서 아랍인이 승리할 수 있었다는 것이다.[2] 그러나 동로마 제국이 역병의 영향에서 빠르게 회복했다는 반박도 있으며 유스티니아누스 역병과 그로부터 약 100년 뒤에 있었던 아랍 정복 사이에 직접적인 관련이 있는지 의문이 제기되기도 한다.[3]

그러나 확실한 것은 전염병 유행은 아랍 정복 이후에도 계속되었다는 것이다. 이번에는 동로마 제국의 영토를 차지하고 들어앉은 아랍인의 제국이 전염병의 새로운 희생양이 되었다. 가장 대표적인 전염병 유행은 638~639년 시리아 암와스'Amwas에 주둔하던 아랍 군대를 덮친 암와스 역병이었다. 이 유행으로 시리아 방면 지휘관이었던 아부 우바이다Abu 'Ubaydah를 포함한 고위 지휘관들과 병사 2만 5,000명이 사망했다고 한다.[4] 시리아 방면 지휘관들이 줄줄이 전염병으로 죽어나가자 칼리프 우마르는 무아위야를 새로운 시리아 총독으로 임명했고, 무아위야는 시리아를 세력 기반으로 하여 새로운 왕조인 즉 우마이야 칼리프조를 세운다. 우마이야 칼리프조의 수립은 어떤 점에서는 암와스 역병과도 관련이 있다고 할 수 있는 것이다.

마이클 돌스Michael Dols에 따르면 전염병으로 일어선 우마이야 왕조는 전염병으로 몰락했다. 우마이야 칼리프조가 세워진 이후에도 이라크와 시리아 등지에서는 계속해서 전염병이 유행했다. 칼리프조의 핵심 기반이었던 시리아 지역의 인구가 감소하고 경제가 쇠퇴하면서 우마이야 칼리프조의 군사력도 약화되었다. 반면에 압바스 가문은 전염병 유행에서 비교적 자유로웠던 페르시아 지역에서 세력을 키워나갈 수 있었고, 결국 우마이야 칼리프조를 무너뜨린다. 압바스 가문이 권력을 잡은 이후에는 거짓말같이 전염병 유행이 수그러들기 시작했다. 한 예로 우마이야 시대만 하더라도 항상 전염병이 유행하던 시리아에서는 압바스 칼리프조가 세워진 이후에는 10세기까지 전염병 유행이 없었다고 한다. 압바스 가문은 이러한 우연의 일치를 선전전에 활용했다. 다마스쿠스에 입성한 뒤 압바스 가문의 한 장군은 "다마스쿠스 시민은 신에게 감사해야 한다. 압바스 가문이 집권한 이후 전염병이 사라졌기 때문이다."고 말했다고 한다.[5]

전염병이 항상 부정적인 결과만을 가져온 것은 아니라는 주장도 있다 (물론 전염병으로 목숨을 잃은 사람에게는 말도 안 되는 소리겠지만). 한 예로 셰브케트 파묵Şevket Pamuk과 마야 샤츠밀러Maya Shatzmiller는 압바스 시대 이슬람권이 경제적으로 번영할 수 있었던 배경에는 바로 6~7세기에 유행했던 전염병이 있다고 주장한다. 이들에 따르면 전염병 유행으로 인구가 감소하면서 식량 소비와 식품 가격도 같이 감소했지만, 노동력 부족의 반작용으로 임금은 증가했다. 이는 전염병에서 살아남은 노동자들의 소득과 구매력이 증가하는 결과로 이어졌다. 더 많은 돈을 벌게 된 노동자들이 생필품 외의 상품을 추구함에 따라 상품작물과 공산품에 대한 수요가 증가했고, 생산성을 향상하기 위한 기술 혁신이 농업과 수공업 분야에서 나타났다. 이처럼 9세기 이후 중동에서 도시가 성장하고 농업과 기술에서 혁신이 나타나며 상공업이 발전할 수 있었던 것은 앞선 세기에 죽음의 물결이 있었기 때문이다. 이렇게 전염병 유행이 촉발했던 경제 성장 동력은 인구가 점차 회복되면서 차츰 약화되기 시작한다.[6]

"전염병은 없다": 종교적 규범의 확립

6세기에 시작되어 8세기까지 빈발한 전염병 유행이 아랍 정복 또는 우마이야와 압바스 칼리프조 수립과 관련된 요인 중 하나일 수는 있어도 유일하고 직접적인 요인이라고는 보기 어려울 것이다. 하지만 한 가지 확실한 것은 있다. 전염병에 시달리던 초기 무슬림이 남긴 선례는 후대 무슬림이 따라야 하는 종교적 규범으로 확립되었다는 것이다.

전승에 따르면 무함마드는 질병이 전염되지 않는다고 말했다.[7] 이에 어떤 사람이 피부병이 있는 낙타와 함께 있으면 건강한 낙타도 피부병에 걸린다며 무함마드의 말에 반박하자, 무함마드는 되물었다. "가장 먼저 피부병을 일으키는 이는 누구인가?" 후대 울라마는 이 전승을 근거로 무함마드가 전염을 부정했다고 해석했다. 한편 암와스에서 전염병이 유행할 때 칼리프 우마르가 병력 손실을 우려하여 아부 우바이다에게 철군을 명령하자 아부 우바이다는 "예언자께서는 전염병이 유행하는 지역에 들어가서도 떠나서도 안 된다고 말씀하셨다."고 말하며 철군을 거부했다.[8] 무함마드와 동시대에 살았던 무아드 이븐 자발Mu'adh ibn Jabal이라는 사람 또한 전염병은 신이 무슬림 공동체에 주는 자비라고 한 무함마드의 말을 인용하며 우마르의 명령을 반박했다고 한다.

이러한 전승은 후대 울라마가 전염병으로 죽은 무슬림은 최후심판의 날을 기다리지 않고 바로 천국으로 가는 순교자라고 해석하는 근거가 되었다.[9] 돌스는 무함마드의 전승과 암와스에서 역병이 유행할 때 무함마드의 교우들이 보여준 선례가 이후 무슬림이 전염병을 이해하는 세 가지 원칙을 확립했다고 설명한다. 즉 전염병은 신이 무슬림 공동체에 내려주는 자비이자 순교의 기회다. 따라서 무슬림은 전염병이 유행하는 지역에 들어가서도 떠나서도 안 된다. 질병은 전염이 아닌 신에 의해 발생하기 때문이다.[10]

하지만 완전히 다른 전승도 있다. 이에 따르면 환자는 건강한 사람과 같은 곳에 있어서는 안 된다. 건강한 사람은 마치 사자에서 도망치는 것처럼 한센병 환자를 멀리해야 한다. 암와스의 역병이 돌 때도 칼리프 우마르는 무함마드의 가르침과 달리 전염병이 유행하는 지역에서 철군을 명령하기도 했다. 아부 우바이다가 이에 반발하자, 우마르는 전염병 유행 지역에서 벗어나는 것이 "신의 뜻을 어기는 대신 신의 다른 뜻을 따르는 것"이라고 답했다.[11] 환자를 피하고 전염병 유행 지역에서 떠나야 한다는 것은 곧 질병이 전염되기 때문이 아닌가? 서로 다른 말을 하는 전승의 존재는 울라마에게 난제를 주었다. 그렇다면 질병은 전염될 수도 있는 것인가? 아니면 모든 질병은 결국 신에 의해서만 발생하는 것인가? 이 문제는 전례 없는 흑사병이 무슬림 공동체를 덮친 14세기에 논쟁의 중심으로 떠오르게 된다.

흑사병이 중동을 휩쓸다

"749년 3월(1348년 6월) 초, 우리가 할라브에 있을 때 가자Ghazah에 페스트가 발생하였다는 소식을 들었다. 하루에 1천 명 이상이 사망했다고 한다. 그래서 나는 힘스로 도로 갔다. 그런데 거기에서도 이미 페스트가 창궐하여 내가 가는 날 약 3백 명이 병사하였다. 거기서 나는 다마스쿠스로 갔다.…. 알라의 은전으로 페스트는 한 고비 넘겼는데도 하루 사망자는 2,400명이나 되었다."[12]

1340년대 후반, 흑사병이 세상을 덮쳤다. 중동 역시 유럽과 중국을 휩쓴 흑사병에서 안전하지 못했다. 유럽과 마찬가지로 중동의 흑사병 유행은 흑해 연안을 침략한 몽골인으로부터 시작된 것으로 추정된다. 흑해와 지중해 연안을 오가는 무역선을 통해 이집트에는 1347년에, 시리아와 북아프리카 지역에는 1348~1349년에 흑사병이 전파되었다. 그렇게 재앙이 시작되었다.

흔히 중세 이슬람권이 동시대 유럽보다 의학이 발전했다고 하지만, 흑사병과 같이 전근대 의학으로는 치료할 수 없는 질병 앞에서는 유럽의 의사나 중동의 의사나 속수무책이긴 마찬가지였다. 기독교권이나 이슬람권 모두에서 지배적이었던 그리스 의학에 따르면 흑사병은 독기毒氣에 노출되거나 체액體液이 교란되면서 발생한 질병으로 여겨졌다. 의사들은 감염을 예방하기 위해서는 독기를 배출하는 환자가 사용하던 의류나 침구류를 피하고 불을 피우거나 향료를 이용해 독기를 정화하고 사혈瀉血 치료를 통해 체액의 균형을 회복해야 한다고 생각했다. 약초도 써보고 과일이나 채소 등 몸에 좋은 음식을 먹을 것을 권하기도 했다. 환자의 몸에 튀어나온 가래톳을 제거하거나 제비꽃으로 환자의 몸을 문지르거나 환자의 열을 낮추기 위해 물이나 약초를 담근 물을 적신 스펀지로 몸을 닦거나 과일주스를 마시게도 했다. 그러나 아무 소용이 없었다.

흑사병 대유행에 관한 기록은 무시무시한 수치로 가득하다. 1348년 귀환길에 카이로를 다시 찾았던 이븐 바투타는 흑사병이 한창이던 때 알렉산드리아에서는 하루에 1,080명, 카이로에서는 하루에 무려 2만 1,000명이 죽었다고 언급한다.[13] 이븐 아비 할라자Ibn Abi Halajah 역시 흑사병 유행이 정점에 달했을 때 카이로의 하루 사망자가 2만 7,000명이었다고 주장하며 알

마크리지는 하루 2만 명이 죽었다고 기록한다.[14]

시리아의 다마스쿠스 역시 상황은 참담했다. 이븐 아비 할라자는 다마스쿠스에서 매일 약 1,000명씩 사망했다고 전한다. 이븐 카시르에 따르면 다마스쿠스의 우마이야 대모스크에서 무려 150일 동안 끊이지 않고 장례 예배가 거행되었으며 흑사병 유행이 시작된 1348년 6월에는 하루 100여 명이던 사망자가 9~10월에는 하루 1,000명까지 치솟았다. 흑사병 이전 다마스쿠스 인구를 약 8만 명으로 추산한 돌스는 이븐 카시르의 수치를 토대로 다마스쿠스의 흑사병 사망자를 약 3만 명으로 계산한다.[15]

한편 알마크리지는 성문을 빠져나가는 시신을 집계한 자료와 카이로 내 다섯 곳의 야외 예배소에서 거행된 장례 예배에서 집계된 사망자 수를 근거로 흑사병 대유행 시기 카이로의 흑사병 사망자 수를 추산했다. 알마크리지에 따르면 1348년 10월 말 카이로에서는 매일 평균 약 1,000명이 흑사병으로 사망했으며, 흑사병 유행이 절정에 달했던 1348년 12월에는 단 이틀 만에 약 13,800명이 사망했다. 알마크리지의 기록을 근거로 돌스는 흑사병 대유행 시기 카이로에서만 전체 인구의 약 절반 수준인 10만 명이 사망한 것으로 추산했다. 돌스는 또한 흑사병 이전 최소 420만 명에서 최대 800만 명에 이르던 이집트 인구가 흑사병으로 25~30% 감소했을 것으로 보았다.[16]

스튜어트 보슈Stuart Borsch와 타렉 사브라Tarek Sabraa 또한 도시 성문을 지나 묘지로 향하는 시신의 수를 기록한 정부 자료와 장례 예배 자료를 이용해 다마스쿠스, 알레포 등 다른 주요 도시의 흑사병 사망자 수치를 추정하고자 했다. 보르쉬와 사브라의 계산에 따르면 흑사병 이전 인구 20만 명에 달하던 카이로 시내에서는 10만 명 이상이 사망해 전체 인구의 약 52%가 흑사병으로 목숨을 잃었고 카이로 교외까지 포함하면 30만 명 중 16만 명이 사망해 사망률은 54%에 달했다. 한편 인구가 약 6만 명이던 다마스쿠스에서는 전체 인구의 60%인 약 36,000명이, 알레포에서는 전체 인구의 58%, 알렉산드리아에서는 48%가 사망했다.[17]

이집트, 흑사병으로 몰락하다

이집트와 시리아의 흑사병 유행은 일시적 사건으로 끝나지 않았다. 이후 흑사병은 이 지역의 풍토병으로 자리를 잡아 시도 때도 없이 유행했다. 돌스에 따르면 1347년부터 1517년까지 이집트에서는 총 28번, 즉 5년에 한 번 꼴로 흑사병 유행이 있었다. 특히 이집트에서는 1430년과 1460년에 다시 흑사병이 크게 유행해 많은 사망자를 남겼다. 보슈와 사브라는 1430년 유행에서 카이로 시민의 49%, 1460년 유행에서는 40%가 사망한 것으로 추정한다. 한편 돌스는 맘루크 왕조의 관리들이 기록한 통계와 모스크에서 거행된 장례 예배에서 집계된 사망자 수를 바탕으로 1430년 유행으로 약 9만 명이 사망했을 것이라고 본다. 카이로뿐만 아니라 이집트 농촌 지역 역시 1347년부터 1517년까지 전체 인구의 약 40%가 흑사병으로 사망한 것으로 추정된다.[18]

　동시대 유럽과 달리 흑사병과 같은 치명적인 질병이 주기적으로 유행하는 상황은 이집트와 시리아의 인구 회복을 방해하여 경제 쇠퇴를 초래했다. 이집트에서 흑사병이 토착화한 배경에는 인구가 나일강 주위 좁은 지역에 밀집된 상황과 나일강 범람을 피해 사람들이 사는 지역으로 몰려드는 쥐떼의 습성과 같은 환경적 요인이 있는 것으로 분석된다.

이집트는 나일강의 주기적인 범람 덕분에 경제적으로 번영하고 농업이 발전할 수 있었다. 그러나 나일강이 범람한다고 해서 농사가 저절로 이루어지는 것은 아니다. 물을 효과적으로 저장하고 농지로 끌어오려면 저수지와 수로와 같은 관개 시설이 필요하고, 관개 시설은 매년 수리하고 관리해주어야 했다. 나일강 하류 지역의 관개 시설을 유지하기 위해서는 연 100~150일에 걸쳐 최소 9만 명에서 최대 15만 명의 노동력이 투입되어야 했다. 흑사병으로 인구가 줄어들었다는 것은 곧 관개 시설 유지에 필요한 노동력도 줄었다는 의미였다. 흑사병의 여파로 인구가 줄어들면서 관개시설은 방치되고 유실되었고, 15세기에는 전체 관개 시설 중 약60%가 제 기능을 하지 못하는 상황이 되었다. 이집트의 농업 생산량은 흑사병 이전 시기의 약40%에 불과하는 수준까지 떨어졌다.[19]

재닛 아부−루고드Janet Abu-Lughod 또한 흑사병이 유럽과 이집트에 서로 다른 경제적 영향을 남긴 이유 중 하나로 환경을 꼽는다. 유럽에서는 농민과 농노, 도시민들이 이주할 숲과 미개간지가 있었던 반면 사막이 막고 있는 이집트에서는 도망칠 곳이 없었다. "흑사병 이후 유럽에서 경험되었던 의외의 긍정적인 결과들은 이집트에서는 그에 견줄 만큼 나타나지 않았다"는 것이 아부−루고드의 설명이다.[20] 농민 인구 감소는 정교한 관개 체계를 파괴해 농업 생산량 감소를 가져왔고 도시에서는 숙련된 수공업자들이 죽어가면서 공업이 붕괴했다. 한편 원거리 해양교역에 종사하던 상인들은 항구를 통해 전파되는 흑사병에 특히 취약했다.

노동력이 경제적 잉여 생산에 핵심적이었던 전근대의 농업 중심의 경제 구조에서 노동력이 감소하자 잉여 생산량도 따라서 줄어들었다. 맘루크 통치자들은 수입을 유지하기 위해 살아남은 사람들을 더 가혹하게 쥐어짰다. 착취는 단기적으로는 통치자들에게 이익이 되었겠지만, 관개 시설은 황폐화된 상황에서 세금만 늘어나면서 장기적으로는 경제 성장을 저해했다.[21]

흑사병에 대응하는 법, 생존 또는 연대

유럽 기독교권에서 흑사병은 사람들의 삶에 엄청난 충격을 남겼다. 죽음에 대한 공포 앞에서 기존의 관습적 규제는 무너졌고 세상의 종말이 가까웠다는 불안감이 확산되었다. 흑사병이 죄악과 타락에 대한 신의 징벌이라고 여긴 사람들은 자신의 몸을 채찍질하고 '그리스도를 살해한 민족'인 유대인을 공격하여 신의 분노를 잠재우고자 했다. 유럽에서 흑사병은 대대적인 사회적 혼란을 가져왔다.

반면에 중동 무슬림의 대응은 달랐다. 무슬림 역시 동시대 기독교도와 마찬가지로 종교적 수단을 통해 전대미문의 대재앙에 대처하고자 했지만, 고행을 통해 신의 분노를 달래려는 사람들, 유대인이나 기독교도 등 소수자들을 습격해 불태워 죽이려는 사람들, 절망하고 두려워하며 종말이 다가왔음을 설파하는 사람들은 없었다. 무슬림은 단식하고 쿠란을 읽고 밤새워 예배하는 등 평범한 종교적 행위에 의존했다. 기독교권과 이슬람권의 차이를 가져온 요인은 무엇이었을까?

돌스는 기독교와 이슬람의 교리 차이가 그 원인이라고 설명한다. 개인의 원죄와 구원을 강조하고 종말론 신앙이 내재된 기독교에서 흑사병은 회개와 참회로 대응해야 할 신의 징벌이자 계시록에서 예언된 종말이 닥쳐왔다는 전조였다. 반면에 이슬람에는 원죄론과 종말론이 신앙에서 큰 비중을 차지하지 않으며 무슬림 대부분은 흑사병을 종말의 전조로 이해하지 않았다. 오히려 무슬림은 흑사병 유행 상황에서도 이슬람에서 무엇보다도 중요한 것, 즉 올바른 의례와 규범을 지키고 공동체의 결속을 유지하는 것을 지키고자 노력했다.[22]

울라마들은 전염병이란 존재하지 않으며 모든 질병 발생은 신이 일으킨 것이라고 생각했다. 따라서 전염병 유행 지역에 굳이 들어갈 이유도 없지만 유행 지역에서 도망쳐 나와서도 안 된다는 것이 울라마의 주장이었다. 하지만 흑사병 대유행은 울라마의 확고한 생각에 도전을 제기했다. 대표적으로 이베리아반도의 정치인이자 시인이며 의사였던 이븐 알하팁Ibn al-Khatib(1374년 사망)은 한센병 환자와 가까이 있지 말라는 무함마드의 전승과 암와스에서 전염병이 유행할 때 철군을 명령했던 칼리프 우마르의 선례를 근거로 전염은 분명히 존재하며 흑사병은 사람을 통해 전염되는 질병이라고 주장했다. 이븐 알하팁은 따라서 전염병이 존재하지 않는다는 울라마의 주장이 무슬림 공동체에 해를 끼친다고 비판하고 질병은 전염되지 않는다는 무함마드의 가르침은 비유적으로 해석해야 한다고 주장했다. 이븐 알하팁에게 이슬람법은 무슬림 공동체의 안위와 생존을 위해 존재하는 것이기 때문에 어떤 규범이 공동체를 위협한다면 그 규범은 다른 방식으로 해석되어야 했다.[23]

반면에 이븐 알하팁과 같은 시대에 살았던 이븐 룹브Ibn Lubb라는 학자는 전염병은 존재하지 않는다고 확고하게 믿었다. 이븐 룹브가 보기에 무함마드가 사람들에게 전염병 환자와 접촉하지 말라고 한 이유는 실제 전염이 존재하기 때문이 아니다. 사람들이 환자와 가까이하다가 병에 걸리면 질병이 신에 의한 것이 아니라 전염에 의한 것이라는 잘못된 믿음을 가질 수 있기 때문이다. 흑사병 역시 전염병이 아니라고 믿은 이븐 룹브는 따라서 흑사병이 유행하는 지역에서 도망치는 것은 올바르지 않은 행위라고 규정했다.[24]

물론 규범과 현실은 다르고 모든 사람이 흑사병이 신께서 주신 순교를 위한 반가운 기회라고 여긴 것도 아니었다. 이집트에서 흑사병이 유행할 때 통치자들은 카이로를 떠나 인구가 적은 곳에 머물렀고 많은 카이로 시민도 흑사병을 피해 도시를 떠났다. 또한 전염병을 신이 무슬림에게 내리는 축복이 아닌 도덕적 타락에 대한 신의 징벌이라고 보는 시각도 있었다. 한 예로 1437년 흑사병이 유행할 때 법학자들은 술탄 알아슈라프 사이프 알딘 바르스바이Al-Ashraf Sayf al-Din Barsbay(재위 1422~1438년)에게 만연한 간통과 불륜 그리고 "얼굴을 훤히 드러내고 몸을 가리지 않은 채 잔뜩 꾸미고 치장한 모습으로 길거리를 활보하는 여자들"이 전염병의 원인이라고 주장했다.[25]

그러나 이븐 룹브가 흑사병이 유행하는 지역을 떠나서는 안 된다고 주장한 것은 그가 단순히 전통과 전승을 맹목적으로 따르는 꽉 막힌 사람이어서가 아니다. 이븐 알하팁과 마찬가지로 이븐 룹브 역시 법은 공동체를 위해 존재한다고 보았다. 그러나 이븐 알하팁과 다르게 이븐 룹브에게 흑사병 유행이 무슬림 공동체에 제기하는 가장 큰 위협은 전염병으로 죽는 것이 아니었다. 이븐 룹브는 환자가 버려지고 죽은 자의 시신이 방치되어 무슬림 사이의 연대가 무너지는 상황이야말로 공동체에 닥치는 가장 큰 위협이라고 생각했다. 무슬림이 다른 무슬림을 버리는 것이야말로 흑사병에 의한 죽음보다 더욱 무시무시한 위협이었다.[26]

울라마라고 전승에 얽매여 현실을 부정하는 꽉 막힌 사람들은 아니었다. 9세기에 살았던 이븐 쿠타이바는 옴이나 한센병과 같이 사람과 사람 사이 접촉으로 전파되는 질병이 있다는 점을 인정하고 한센병 환자와 비감염자를 분리하는 것이 옳다고 보았다.[27] 또한 흑사병은 전염병이 아니라는 울라마의 주장에는 나름의 경험적 근거가 있었다. 흑사병, 즉 페스트 중 가장 일반적인 선페스트는 쥐벼룩을 통해 감염되는 병으로 폐페스트까지 발전하지 않는다면 사람과 사람을 통해 전파되지 않는다. 14세기 사람들이 보기에 흑사병은 같은 공간에 있더라도 누군가는 걸리지만 누군가는 걸리지 않는, 전염병이라고 할 수 없는 병이었다.[28] 울라마가 단순히 맹목적이어서 흑사병이 전염병이 아니라고 주장한 것만이 아니었다. 그렇게 보기에는 실증적 근거가 약했기 때문이었다.

중동에서는 검역, 격리, 소독과 주거 환경 개선 등 유럽에서 시행된 실질적인 전염병 대책이 도입되지 않았고 이는 흑사병이 토착 질병이 되어 만성적으로 유행하는 원인 중 하나가 되었다. 아마도 전염의 존재를 부정하는 종교적 규범이 이러한 상황과 무관하지 않았을 것이다. 하지만 병의 원인을 알지 못하고 치료법도 없는 상황에서 무슬림들이 기댈 수 있는 것은 신과 사람들 사이의 연대뿐이었고, 종교적 규범은 공동체의 연대와 결속을 유지하기 위한 수단이었다. 무슬림이 흑사병에 대응한 방식을 수동적이고 운명론적이라고 볼 수 있겠지만, 그러한 태도에 아무런 이유가 없는 것만은 아니었다.

"우린 영혼을 뺏긴 뒤에도 살아남는 법들을 새롭게 배운다"

흑사병 시대를 살았던 의사 이븐 하티마Ibn Khatimah(1369년 사망)는 엄혹한 시대를 살아가는 사람들에게 마음을 굳게 다잡을 것을, 어떠한 경우에도 삶은 계속된다는 점을 상기시키고자 했다. 그는 사람들에게 다음과 같이 조언했다.

> "영혼이 기쁨, 고요, 휴식, 희망을 느끼도록 하는 것이 최선이다. 유쾌하고 매력적인 벗과 함께 해야 한다. 물론 가장 좋은 벗은 쿠란이다. 만약 그럴 수 없다면 관심을 돌릴 수 있는 역사책이나 재미있는 이야기책, 사랑 이야기도 좋다. 슬픈 이야기와 흥분은 피해야 한다. 이러한 것들을 간과해서는 안 된다. 모든 것은 신에게 달려 있기 때문이다."[29]

흑사병이 가져온 참상 속에서도 이븐 하티마는 소소한 삶의 행복을 찾으며 희망을 품고 살아가고자 했다. 이븐 하티마가 살던 시대의 의학은 우리에게는 쓸모가 없다. 우리는 훨씬 안전하고 효과적인 의학을 가지고 있으며 2020년에 세계를 휩쓴 코로나19는 흑사병에 비할 질병은 아니다. 그러나 이븐 하티마의 조언은 어떤 시대에도 유효할 것이다.

무슬림이 재난을 이해한 방법

무슬림이 전염병을 신이 인간에게 순교할 기회를 주는 축복으로 이해했다면, 기근과 지진과 같은 다른 재난은 어떻게 생각했을까?

기근과 흉년, 신의 징벌

전염병과 달리 기근은 인간의 죄악에 대한 신의 징벌이라는 시각이 지배적이었다. 무함마드 이븐 사르스라Muhammad ibn Sarsra라는 연대기 저자는 1394년과 1395년 연달아 발생한 흉작이 "사람들의 불신앙과 배신 행위" 때문이며 "인간들이 그들이 저지른 악행을 깨닫고 참회하며 되풀이하지 말라는 경고"라고 말했다. 이븐 사르스라는 또한 샘의 물이 마르는 것 역시 술 마시는 사람들에게 내리는 신의 징벌이라고 해석했다. 이러한 관점은 흉년과 기근에 대처하는 통치자들의 정책에 영향을 미치기도 했다. 1387년 흉년이 발생하자 다마스쿠스 총독은 술집을 습격하여 수천 병의 술을 압수하고 모조리 깨부수는 것으로 대응했다. 1503년에는 이집트에 흉년이 닥치자 술탄 알 아슈라프 칸수 알구리Al-Ashraf Qansuh al-Ghuri(재위 1501~1516년)는 이집트 콥트 기독교도들의 집을 전면 수색하여 술과 대마를 모조리 압수하기도 했다. 이런 대응책이 얼마나 기근에 따른 피해를 최소화하는 실질적인 효과를 거두었는지는 알 수 없다. 그러나 적지 않은 사람들이 술 마시고 대마를 피우는 행위가 기근과 흉년의 원인이라고 생각했다면 이런 조치는 적어도 심리적으로 안정을 주는 효과를 가져왔을 것이다. 굶어 죽는 것은 피할 수 없었겠지만.

도덕적으로 타락한 행위만이 기근과 흉년의 유일한 원인은 아니었다. 기근과 흉년은 억압적이고 가혹한 통치를 자행하는 통치자에 대한 신의 경고로도 인식되기도 했다. 13세기 후반 나일강 수위가 지나치게 높아져 작물이 파괴되고 흉작이 들자 사람들은 술탄 알아딜 키트부가Al-'Adil Kitbugha(재위 1294~1296년)의 통치가 홍수와 흉작의 원인이라고 비난했으며, 1309년에도 나일강이 지나치게 범람하자 술탄 바이바르스 알자샨키르Baibars al-Jashankir(재위 1309~1310년)의 폭정을 원인으로 지목했다.

16세기 이집트의 역사가인 무함마드 이븐 이야스Muhammad ibn Iyas(1524년 사망)가 전하는 이야기는 정치와 흉년의 관계에 대한 당대 사람들의 시각을 보여준다. 1510년 한 여성이 두 명의 천사가 나일강으로 내려오는 꿈을

꾸었다. 한 천사가 나일강에 발을 가져다 대자 20큐빗에 달하던 나일강의 수위가 갑자기 줄어들었다. 천사는 여인에게 "고귀하신 신께서는 나일강의 수위가 20큐빗을 넘을 것을 명령하셨으나, 이집트 군주의 폭정이 나날이 심해지기에 수위를 18큐빗으로 줄이시기로 하셨다"라고 말했다. 꿈에서 깬 뒤 나일강으로 간 그녀는 나일강의 수위가 하룻밤 만에 크게 줄어든 것을 발견했다. 11세기 기준으로 나일강의 적정 범람 수위는 16큐빗이었으며 19큐빗이 넘으면 재앙으로 여겨졌지만, 흑사병으로 농촌과 관개 시설이 황폐화된 이후인 15~16세기에는 나일강 범람 수위가 20큐빗이 넘어도 흉년을 걱정해야 하는 상황이었다.[1] 겨우 나일강 수위가 20큐빗을 넘어가나 하는 와중에 갑자기 수위가 더 줄어들었으니 당대 사람들이 보기에는 신이 보낸 징벌로밖에는 볼 수 없었을 것이다.

지진, 산의 흔들림과 쇠뿔의 진동

많은 무슬림은 지진이 최후심판의 전조이자 인간의 불복종과 죄악에 대한 신의 경고이며 징벌이라고 생각했다. 하지만 철학자와 지리학자들은 나름대로 과학적이고 합리적인 설명을 제시했다. 이들은 지하에 압축할 수도 배출시킬 수도 없는 가스가 흐르고 있으며, 특정 지점에서 가스의 압력이 높아질 때 지표면의 진동과 균열이 발생한다고 주장했다.[2]

반면에 울라마들은 지진에 관해 산과 소와 관련된 흥미로운, 그러나 사실과는 매우 거리가 먼 방식으로 설명했다. 16세기의 저명한 울라마인 알수유티는 세계를 둘러싼 카프Qaf산이 신의 명령에 따라 흔들릴 때에 지진이

2. 무슬림이 재난을 이해한 방법

카프산으로 둘러싸인 세계를 받치고 있는 소
자카리야 알카즈위니Zakariya al-Qazwini의『피조물의 경이』Ajaib al-makhluqat』필사본 삽화, 1553년 미국의회도서관 소장

발생한다고 주장했다. 마찬가지로 아부 알후세인 알리 이븐 알잣자르Abu al-Husayn Ali ibn al-Jazzar라는 학자는 1576년에 쓴 책에서 거대한 소뿔 위에 있는 세계가 한 뿔에서 다른쪽 뿔로 옮겨질 때 지진이 일어난다고 설명했다.

3

"그림을 그리는 자는 지옥에 떨어질 것이다": 이슬람과 그림

이슬람, 그림과 조각을 금지하는 종교

이슬람이 그림이나 조각을 금지하는 종교라는 점은 널리 알려져 있다. 천주교나 정교회 성당을 화려하게 장식하는 성화聖畫나 성상聖像은 모스크와 같은 이슬람의 종교 시설에서는 찾아볼 수 없다. 모스크 벽면과 내부 장식은 그림과 조각이 아닌 쿠란 구절로 장식된다.

사람과 동물을 묘사한 그림과 조각에 대한 금기는 이슬람의 교리 중 하나로 여겨진다. 이슬람의 교리에 따르면 신의 피조물에 불과한 인간이 다른 피조물의 모습을 묘사하고 그려내는 행위는 곧 신만이 할 수 있는 창조의 권능에 대한 도전으로 간주된다. 이와 관련하여 무함마드는 그림과 조각을 만든 사람들은 최후 심판의 날에 지옥에 떨어진다고 경고했다. 무슬림 전승에 따르면 심판의 날이 되면 신은 화가와 조각가를 모두 모아 그들이 그리고 조각한 것을 살아나게 하라고 명령할 것이다. 그러나 당연히 평범한 인간인 화가와 조각가들은 그림과 조각을 살아나게 할 수 없을 것이고, 신은 감히 창조의 권능에 도전한 이들을 벌할 것이다.

평범한 사람이나 동물의 형상을 만드는 행위가 불경하다면 신과 예언자 무함마드의 모습을 그리거나 묘사하는 것은 더더욱 해서는 안 될 일이다. 이러한 이유로 이슬람권에서는 기독교권의 성화나 성상과 비교될 수 있는 종교 예술이 나타나지 않았다. 무슬림의 종교 생활에서는 문자와 글이 그림과 조각을 대체했다. 천주교도와 정교회 신도가 집에 성상과 성화를 모신다면 무슬림은 신의 이름과 쿠란 구절 또는 무함마드와 그의 교우들의 모습을 묘사한 '글'인 힐야hilya를 벽에 걸어둔다.

현대에 와서도 그림과 조각뿐만 아니라 사진까지도 금지해야 한다는 종교 지도자들도 나타났다. 특히 보수적이고 엄격한 이슬람 교리를 추구하는 사우디아라비아의 와하비Wahhabi파에서 이러한 경향이 나타난다. 와하비파 법학자인 압둘아지즈 이븐 바즈ʿAbd al-ʾAziz ibn Baz나 살리흐 알파우진Salih al-Fawzin는 무함마드가 남긴 전승을 근거로 올바른 무슬림은 신분증이나 여권 사진같이 필요한 경우가 아니면 사람이나 동물의 사진을 찍거나 사람이나 동물의 모습이 담긴 사진이나 그림을 벽에 걸어두거나 집에 두어서도 안 된다고 규정했다.

그러나 종교적 금기가 모든 지역과 시대에서 항상 같은 정도로 작동한 것은 아니었다. 무슬림 예술가들은 종교 생활과 직접적으로 관련되지 않은 분야에서는 사람과 동물의 모습을 그릴 수 있었다. 알하리리Al-Hariri(1122년 사망)의 산문집『마카마트Maqamat』필사본에 13세기 이라크 화가인 야흐야 이븐 마흐무드 알와시티Yahya ibn Muhammad al-Wasiti가 그린 삽화는 중간기 이슬람권의 대표적인 회화 작품 중 하나이다. 특히 페르시아 문화의 영향이 강한 지역에서는 화려한 세밀화가 발전했다. 티무르조, 오스만, 사파비, 무

메카로 향하는 순례 행렬
야흐야 알와시티가 그린『마카마트』의 삽화, 13세기
프랑스국립도서관 소장

3. "그림을 그리는 자는 지옥에 떨어질 것이다": 이슬람과 그림

미르 사이드 알리 Mir Sayyid Ali**의 세밀화**

16세기에 페르시아에서 제작
하버드대학교 미술박물관 소장

굴 제국의 궁정 화가들은 군주의 명령에 따라 역사서나 서사시에 수록될 세밀화를 제작했다.

무함마드의 얼굴: 샤를리 엡도와 '위대한 입법자'

2005년 9월 덴마크 일간지 윌란스 포스텐Jyllands-Posten은 무함마드의 캐리커쳐를 실었다. 머리에 폭탄 모양의 터번을 두른 모습 등 무함마드를 테러범으로 묘사하는 도발적인 그림은 무슬림을 분개시켰고, 윌란스 포스텐의 캐리커쳐는 항의 시위에서부터 만화가에 대한 살해 협박까지 강한 반발을 야기했다.

2015년 11월에는 프랑스의 풍자 전문 주간지『샤를리 엡도Charlie Hebdo』무함마드를 그린 그림을 실었다. 무함마드가 "웃다 죽지 않으면 채찍질 100대!"라고 말하는 그림이었다. 무슬림들은 웃지 않았다. 오히려 이슬람 극단주의 테러리스트들이 움직였다. 테러리스트들은 샤를리 엡도 본사 건물에 침입해 "예언자 무함마드의 복수"라는 명분으로 총기를 난사, 무려 12명을 살해했다.

이와 같은 사건이 발생할 때마다 항상 뒤따르는 설명이 있다. 즉 무슬림은 무함마드의 얼굴이나 모습을 그리거나 조각하는 행위를 우상숭배로 보고 금지한다는 것이다. 그렇다면 정말 이슬람에서는 무함마드의 얼굴과 모습을 표현하는 행위를 금지할까? 적어도 오늘날에는 그러한 경향이 일반적이라고 할 수 있다.

하지만 여전히 예외는 존재한다. 미국 연방 대법원 건물 벽에 새겨진

"위대한 입법자Great Lawgivers of History"라는 제목의 조각에는 칼과 쿠란을 든 무함마드의 모습이 버젓이 있다. 물론 이 역시도 아무 논란 없이 지나가지는 않았다. 미국–이슬람관계위원회Council on American-Islamic Relations는 '한 손에는 칼, 한 손에는 쿠란'을 연상하게 하는 묘사 방식이 공격적이라고 비판하며 무함마드를 지우든지 모습을 가릴 것을 요청했다. 하지만 대법원 측은 이 조각이 무함마드에 대한 공경을 표현하기 위함이며 우상숭배와는 무관하다고 선을 그었다. 대법원은 또한 정의의 여신상이 한 손에 칼을 들고 있는 것과 마찬가지로 무함마드가 든 칼 역시 전쟁이 아닌 정의를 상징한다고 밝혔다.

논란이 불거지자 2001년 북미이슬람법위원회Fiqh Council of North America 의장이었던 타하 자비르 알알와니Taha Jabir al-'Alwani는 쿠란에는 시각 예술을 금지하는 구절이 없으며, 일반적으로 그림과 조각을 금지하는 것으로 알려진 무함마드의 전승 또한 의도와 목적을 막론하고 모든 형태의 시각 예술을 금지하기 위한 것이 아니라는 파트와, 즉 법적 해석을 발표한다. 조각을 직접 본 알알와니는 조각이 무함마드를 비난하고 조롱하기 위해서가 아니라 역사 속 위대한 인물로서 존경을 표하기 위한 것이기에 문제가 없다는 결론을 내린다.[1] 무슬림 학자가 지지한 덕분에 대법원 벽에 새겨진 무함마드의 모습은 아직까지도 그대로 잘 남아 있다.

덴마크 만평과 샤를리 엡도 사건과 달리 위의 사례는 '모든' 무슬림이 무함마드의 얼굴과 모습을 표현하는 '모든 형태의 예술'에 '항상' 반대하는 것만은 아니라는 점을 보여준다. 더 나아가 무슬림들이 자신들의 손으로 직접 무함마드의 얼굴과 모습을 그리고 표현한 사례 또한 역사 속에서 어렵지 않게 찾아볼 수 있다.

그 대표적인 예는 14세기 초에 몽골 군주들 밑에서 재상을 지냈던 라쉬드 알딘이 집필한 연대기인『집사』필사본이다. 이 필사본에는 탄생에서부터 계시를 받는 모습, 전투를 지휘하는 모습까지 무함마드의 다양한 모습이 그려진 삽화가 실려 있다.『집사』와 거의 동시대에 제작된『고대 왕국들의 연대기』라는 책의 필사본에서도 무함마드의 얼굴을 찾아볼 수 있다.[2] 몽골 침공 이후 이슬람권에는 지옥의 고통에 대한 무시무시한 경고에도 불구하고(또는 처음부터 신경 쓰지 않고) 거리낌 없이 예언자의 얼굴을 그리던 화가들이 있었다.

지브릴(가브리엘) **천사로부터 계시를 받는 무함마드**

『집사』필사본의 삽화, 14세기
에딘버러대학교 도서관 소장

3. "그림을 그리는 자는 지옥에 떨어질 것이다": 이슬람과 그림

천상으로 오르는 무함마드
술탄 무함마드Sultan Muhammad가 그린 『함사Khamsah』의 삽화, 16세기에 페르시아에서 제작
대영도서관 소장

몽골 지배 아래에 있던 무슬림은 무함마드의 생애에 있었던 다양한 역사적 사건을 묘사하는 과정에서 무함마드의 모습을 그리는 데에 별다른 거부감을 느끼지 않았다. 이 시기 그려진 여러 그림에서 무함마드는 그림에 등장하는 다른 사람들과 크게 구분되지 않는 그저 평범한 사람처럼, (당대 기준에서는) 사실적으로 그려진다. 오늘날 우리에게 너무나도 익숙한 '무슬림은 무함마드의 모습을 그리는 것을 금기시한다.'는 규범은 적어도 이 시대에는 존재하지 않았거나 또는 적어도 몽골 군주들이 다스리던 영역에서는 작동하지 않았던 것으로 보인다.

이러한 경향은 15세기 이후 변화한다. 이 시기 이후 그림에서 무함마드는 얼굴을 흰 천으로 가린 채 등장한다. 그러나 크리스틴 그루버Christine Gruber에 따르면 무슬림 화가들이 무함마드의 얼굴을 그리지 않기 시작한 것은 종교적 금기 때문이 아니었다. 신의 예언자인 무함마드는 인간의 묘사로는 표현할 수 없는 위대하고 초월적인 존재라는 인식이 이슬람권에서 나타났기 때문이었다.[3] 무슬림이 무함마드의 얼굴을 그리지 않기 시작한 것은 종교적 억압에 대한 굴복이 아니라 신이 보낸 예언자에 대한 경외감의 표현이었다.

칼리프의 초상과 목욕하는 여인

요르단의 수도 암만에서 동쪽으로 약 80km 떨어진 곳에는 쿠사이르 암라Qusayr 'Amra라는 성채 겸 궁전이 있다. 우마이야 칼리프조 후반기인 8세기 초반에 건설된 이 성채에는 반쯤 벌거벗은 채 목욕하는 여인이 벽에 그려

3. "그림을 그리는 자는 지옥에 떨어질 것이다": 이슬람과 그림

쿠사이르 암라, 목욕하는 여인의 그림

진 목욕탕이 있다. 이 외에도 쿠사이르 암라에는 칼리프 왈리드 2세(재위 743~744년)가 그려진 벽화와 비잔틴 제국과 사산조 페르시아의 황제를 포함한 여섯 왕을 묘사한 벽화가 있다.

쿠사이르 암라의 벽화 외에도 우마이야 시대 무슬림이 인물 초상에 대해 가졌던 인식이 후대 무슬림과는 달랐음을 시사하는 증거는 여럿 있다.

대표적인 예는 주화다. 아랍 무슬림은 중동을 점령한 이후에도 약 60~70년 동안 비잔틴과 사산조 페르시아가 발행한 금화와 은화를 동로마 제국과 페르시아 황제의 초상이 새겨진 채로 사용했다. 달라진 것은 초상 옆에 새겨진 '신의 이름으로bismillah'라는 구절뿐이었다. 심지어 우마이야 칼리프 압둘 말리크는 칼을 찬 자신의 모습이 새겨진 주화를 발행하기도 했다(로버트 호이랜드Robert Hoyland는 이 인물이 칼리프가 아니라 무함마드일 가능성도 있다고 주장한다!).[4] 인물 초상이 전혀 없는 '이슬람적'인 주화는 압둘 말리크가 신앙 고백만이 새겨진 주화를 발행하기 시작한 697~698년에야 최초로 등장한다. 그러나 그림을 그리지 말라는 무함마드의 지시를 드러내놓고 위반하는 금화와 은화가 70년 가까이 통용되는 상황에 신실한 사람들이 반발했다는 기록은 없다.[5]

왜 우마이야 칼리프 시대의 무슬림은 사람의 얼굴이 그려진 주화나 벽화를 묵인했을까? 이후 압바스 시대의 울라마가 비판하는 대로 우마이야 칼리프들은 쿠란과 예언자의 가르침에서 벗어나 속세의 쾌락에 탐닉하던,

칼리프 압둘 말리크가 그려진 디나르 금화, 694~695년 발행
대영박물관 소장

3. "그림을 그리는 자는 지옥에 떨어질 것이다": 이슬람과 그림

신실하지 않은 무슬림이었기 때문이었을까? 하지만 다른 가능성도 존재한다. 인물 초상에 대한 종교적 금기가 우마이야 시대에는 아직 존재하지 않았던 것은 아닐까? 실제로 쿠란에는 시각 예술을 금지하거나 그림이나 조각을 신의 권능에 도전하는 죄악이라고 비판하는 구절은 없다.

시각 예술에 대한 금기는 무함마드가 사망하고 약 100~200년이 지난 압바스 시대에 수집되고 편찬된 무함마드의 언행록인 하디스에서만 나타난다. 이를 근거로 크레스웰K. A. C. Creswell은 질문을 던진다. 시각 예술에 관한 금기는 실제 무함마드의 명령이 아니라 압바스 시대 무슬림이 그림과 조각에 대해 가졌던 부정적 시각을 반영한 결과일 수도 있지 않을까? 달리 말하자면 오늘날 우리가 당연하게 받아들이는 그림과 조각을 금기시하는 이슬람은 사실 무함마드의 가르침이 아닌 압바스 시대에 만들어진 것일 수도 있다는 것이다.

그러나 위에서 보았듯이 종교적 금기가 곧 이슬람권의 예술 전통 단절로는 이어지지 않았다. 많은 무슬림들은 울라마들의 주장에 개의치 않고 화려하고 정교한 작품을 만들어냈고, 일부 화가들은 무함마드의 얼굴까지 그리기도 했다. 이는 오늘날에도 마찬가지다. 사진 촬영은 곧 불신이며 배교에 상응하는 죄악이라는 사우디아라비아의 와하비 울라마들의 서슬이 퍼런 태도에도 불구하고 오늘날 사우디아라비아 길거리 곳곳에서, 심지어 지폐 위에서도 국왕의 사진을 찾아볼 수 있다. 종교적 금기와 실제 현실 사이에는 늘 괴리가 있기 마련이다.

2022년 10월 미국의 햄라인대학교Hamline University에서 미술사 강의를 하던 에리카 로페즈 프레터Erika López Prater 교수가 라쉬드 알딘의 『집사』에 수록된 삽화를 학생들에게 보여주었다. 무함마드가 가브리엘 천사에게서 계시를 받는 모습을 담은 이 삽화에는 무함마드의 얼굴이 가려지지 않은 채 그려져 있다. 이에 한 무슬림 학생이 학교가 이슬람과 무슬림을 존중하지 않는다고 항의하자, 대학 측은 프레터 교수의 행위가 '이슬람 혐오'라고 규정하고 다음 학기부터 강의를 맡기지 않겠다고 밝혔다. 그러나 프레터 교수가 『집사』의 삽화를 보여준 것은 이슬람 예술사에서 중요한 의미를 지닌 작품을 설명하기 위해서이지 이슬람을 모독하기 위해서가 아니었으며 학계는 대학의 결정이 학문의 자유를 억압하는 것이라고 반발했다. 700년 전에 무슬림에 의해 무슬림을 위해 그려진 무함마드의 모습이 논란이 되는 오늘날의 상황은 아마도 과거보다 더 교조적이고 폐쇄적이며 방어적으로 변한 무슬림의 인식을 보여주는 것일지도 모른다.

4

4,000개의 목욕탕과
4,000채의 집이 있는 도시

영국 작가 더글러스 애덤스Douglas Adams가 쓴 소설 『은하수를 여행하는 히치하이커를 위한 안내서』에는 "삶, 우주, 그리고 모든 것"의 해답을 구하기 위해 엄청난 능력을 가진 슈퍼컴퓨터를 만든 사람들의 이야기가 나온다. 엄청난 시간이 흐른 뒤에 컴퓨터가 사람들의 기대 속에서 내놓은 삶, 우주, 그리고 모든 것에 대한 해답은 42였다.

소설뿐만 아니라 실제 역사에서도 많은 사람은 숫자가 우주적 진리와 신비한 진리를 품고 있으며 숫자의 신비를 풀어내면 진리를 깨우칠 수 있다고 믿었다. 그리고 그런 사람들은 삶, 우주, 그리고 모든 것에 대한 답을 줄 수 있는 슈퍼 컴퓨터의 도움 없이도 그 숫자가 무엇인지 찾아냈다. 그 수는 바로 '40'이다.

숫자 40은 천지창조 및 모세와 출애굽 이야기 속에서 특히 강조된다. 신은 40일 동안 밤낮으로 비를 내려 세상에 대홍수를 일으켰고(창세기 7:4-12), 이집트를 떠난 모세와 이스라엘인들은 40년을 광야에서 머물렀으며(출애굽기 16:35), 모세는 십계명을 받기 전에 시나이산에서 밤낮으로 40일을 기다렸다(출애굽기 24:18). 출애굽 이후에도 구약에서는 숫자 40은 여러 이야기에서 나타난다. 가령 판관 기드온은 40년을 통치했으며(사사기 8:28), 다윗과 솔로몬의 재위 기간 역시 각각 40년(사무엘하 5:4, 열왕기상 2:11; 11:42)이었다. 사막으로 도망가 방황하던 엘리야는 신이 보낸 음식을 먹고 힘을 차린 뒤 40일을 밤낮으로 걸어 하느님의 산 호렙산으로 향했으며(열왕기상 19:8), 신은 이집트를 40년 동안 폐허로 만들 것이라고 경고하고(에제키엘서 29:11-13), 요나는 니네베가 40일 뒤에 멸망할 것이라고 예언한다(요나서 3:4).

신약성경에서도 40은 상징적 의미를 지닌다. 예수는 40일을 광야에서 금식하고 사탄의 유혹을 받았으며(마태 4:2, 마가 1:13, 누가 4:2), 부활한 이후 승천하기까지 40일 동안 사도들에게 나타났다(사도행전 1:3). 최초의 기독교 순교자인 스테파노는 모세가 마흔 살이 되었을 때 이스라엘인을 돌보기로 했으며, 이집트에서 도망친 지 40년이 지난 뒤에 신의 계시를 받았고 광야에서 40년을 보낸 뒤에 죽었다고 설교한다(사도행전 7:23, 30, 36). 40에 부여하는 특별한 의미는 초대 교회 이후에도 이어져 부활절 이전 40일을 예수의 십자가 수난을 기억하는 사순절로 지킨다.

숫자 40이 지니는 상징적 의미는 쿠란과 무슬림 전승에서도 찾아볼 수 있다. 쿠란 46장 15절은 인간이 "성년이 되고 나이가 40살에 이르면" 신께 감사하고 올바른 신앙을 가지며 신의 명령과 가르침에 따라 살 것을 깨달는 나이라고 말한다. 그렇다면 카디자가 마흔 살일 때 무함마드와 결혼하고 무함마드가 나이 마흔에 첫 계시를 받아 예언자가 되었다는 무슬림 전승 역시 결코 이유 없이 구성된 전승은 아닐 것이다. 이에 더해 이슬람권의 전통적 장례 의례에서 유가족은 고인이 사망한 날로부터 40일간 애도하는 기간을 가진다. 특히 쉬아파는 3대 이맘 후세인이 순교한 날인 무하람달 10일, 즉 아슈라로부터 40일 뒤인 아르바인Arba'in(아랍어로 40)에 후세인의 묘인 이라크 카르발라를 순례한다. 40은 또한 종말론과 연관되기도 한다. 중세 무슬림 전승에서는 시리아 어딘가에 40명의 성인들이 숨어 있으며 이 40명의 성인들이 모두 죽는 날 최후심판이 도래할 것이라고 전한다. 하디스 학자인 아흐마드 이븐 한발은 최후심판의 날 나타날 적대자(닷잘dajjal)는 '40일 또는 40달 또는 40년' 동안 이 세상을 활보할 것이라는 전승을 전하기도 했다.[1]

유대교, 기독교, 이슬람에서 이처럼 공통적으로 40이라는 숫자가 특별한 의미를 가지는 이유는 무엇일까? 로렌스 콘라드Lawrence Conrad는 중동 및 고대 그리스 문화권에서 숫자 40이 전통적으로 완성과 성숙을 의미하는 수로 여겨졌다고 설명한다.[2] 까마득한 과거부터 중동 지역에서 존재하던 숫자 40에 관한 이러한 관념이 먼저 유대교에 영향을 미치고 이후 기독교를 거쳐 이슬람에까지 흡수된 것으로 보인다. 그렇다면 성경과 쿠란에서 나타나는 40일과 40년의 언급은 아마도 실제 기간에 대한 정확한 기록이 아닌 신학적, 상징적 의미를 내포한 서술에 가까울 것이다.

숫자 40은 성경과 쿠란만이 아니라 중세 무슬림들이 남긴 '역사 기록'에서도 수가 아주 많음을 강조하기 위해 사용된다. 9세기 역사가인 이븐 압둘 하캄Ibn 'Abd al-Hakam(870년 사망)의 기록에는 642년 알렉산드리아를 점령한 아므르 이븐 아스가 칼리프 우마르에게 보낸 서한이 실려 있다. 이 서한에서 아므르는 정복한 도시를 "4,000개의 목욕탕이 있는 4,000개의 집과 인두세를 낼 40,000명의 유대인과 400곳의 왕실 유흥시설이 있는 도시"라고 설명한다. 알렉산드리아 사람들이 40에 유독 집착한 것이 아니라면 이 서한은 실제로 정확한 수치가 아니라 알렉산드리아에 건물과 집과 주민이 아주 많음을 강조하기 위한 목적으로 받아들여야 할 것이다. 이처럼 중세 무슬림 기록에서 40과 그 100배수와 1,000배수는 병력이나 인구 등이 무척 많았거나 기간이 무척 길었음을 강조하기 위한 일종의 수사적 표현이었다.

이러한 예는 이 외에도 많다. 이븐 알칼비Ibn al-Kalbi(819년 사망)는 이슬람 이전 킨다Kindah 왕국의 왕인 알하리스 이븐 아므르Al-Harith ibn 'Amr의 재위 기간은 40년이라고 기록했다. 알발라두리는 우마이야 칼리프조의 칼리프 압둘 말리크가 "이스파한이라는 곳에는 금이나 은이 나는가? 나는 이곳의 총독을 임명해달라는 편지를 벌써 40통을 받았다!"고 불평했다고 기록한다. 전승학자 알주흐리에 따르면 "예언자의 교우들 중 가장 뛰어난 이는 네 명(아부 바크르, 우마르, 우스만, 알리)이며 예언자가 지휘한 원정 중 가장 뛰어난 원정은 400회이고 최고의 군대는 4,000명의 병력으로 이루어진 군대이며 (4,000의 3배인) 12,000명의 군대는 결코 병력이 부족해서 패배하지 않을 것이다."[3] 중세 무슬림들은 다마스쿠스 대모스크가 최후 심판의 날 이후에도 40년은 건재하다가 무너질 것이라고 말했으며, 한 유대인은 우마이야 칼리프 야지드 2세가 40년을 통치할 것이라고 예언했다(실제로는 그 1/10인 4년밖에 재위하지 못했다). 아랍 문법학자들은 알키사이Al-Kisai(805년 사망)보다 아부 아므르 이븐 알라Abu 'Amr ibn 'Ala(771년 사망)가 더 신뢰할 만하다고 여겼다. 이븐 알라는 (순수한 형태의 아랍어를 사용하는) 베두윈과 40년을 보냈지만 키사이는

40일도 보내지 않았기 때문이었다.[4]

특히 40과 그 배수는 병력과 관련되어서 자주 나타난다. 사이프 이븐 우마르Sayf ibn 'Umar(796년 사망)의 기록을 인용한 알타바리는 과거 쿠파Kufa에서는 군사 원정에 참여할 수 있는 병력 40,000명과 군마 4,000마리가 준비되어 있었다고 전하며,[5] 알 쿠피Al-Kufi(858년 사망)는 우마이야 칼리프인 무아위야가 4,000명의 군대를 동원해 시리아 해안의 아르와드Arwad 섬을 점령했다고 기록한다.[6] 7세기 초 아랍 무슬림의 대정복에 관한 중세 무슬림 역사가들의 기록은 그야말로 40과 그 배수로 가득하다. 앞서 본 아므르 이븐 알아스의 편지는 그 많은 예 중 하나일 뿐이다. 중세 무슬림 역사가들의 기록에 따르면 아랍 무슬림 군대는 시리아의 마르즈 알삿파르Marj al-Saffar에서는 비잔틴군 4,000명과 싸웠고 유프라테스강 위에 놓인 다리에서 벌어진 전투에서는 페르시아군 4,000명과 싸웠다. 다리 위의 전투에서 패배한 뒤 살아남은 병사들은 총 4,000명이었다. 한편 칼리드 이븐 알왈리드가 이라크 전선의 병력을 이끌고 시리아로 향한 뒤 이라크 전선을 지휘하던 알무산나 이븐 하리사Al-Muthanna ibn Harithah에게는 4,000명의 병력이 남아 있었다. 이라크 전선을 지원하기 위해 사으드 이븐 아비 왁카스는 4,000명의 지원군을 데리고 출병했고, 카디시야 전투를 앞두고는 타밈Tamim과 리밥Ribab 부족에서 다시 4,000명의 지원군을 모집했다. 알 카으카아 이븐 아므르Al-Qa'qa' ibn 'Amr는 시리아의 아부 우바이다를 구원하기 위해 4,000명의 지원군을 이끌었고, 카이사레아 마리티마Caesarea Maritima를 점령한 아랍 무슬림 군대는 4,000명의 포로를 잡았으며, 야르무크 전투에서 동로마 제국군 400,000명에 맞선 37,000명의 아랍 무슬림 군대는 40,000이라는 숫자를 채우기 위해 기병 3,000명을 지원받았다.[7]

숫자 40과 그 배수는 1258년 몽골의 바그다드 함락과 이라크 침공에 관한 중세 이슬람권 역사가들의 기록에서도 나타난다. 몽골군이 바그다드를 40일간 약탈하고 주민들을 학살했다는 이븐 알사이의 기록, 이라크의 알와시트를 함락한 몽골군이 주민 40,000명을 살육했다는 라쉬드 알딘의 기록은 실제 학살과 약탈이 자행된 기간 또는 실제로 죽은 사람들의 수가 아니라 몽골의 잔혹함이나 막대한 인명 피해를 강조하기 위한 수사적 표현으로 볼 수 있다.[8]

40과 마찬가지로 숫자 7 역시 유대교, 기독교, 이슬람 모두에서 상징적 의미를 지닌 숫자로 여겨진다. 천지창조는 7일에 걸쳐 이루어졌고, 요한계시록에는 7개의 교회와 7번의 나팔을 부는 7명의 천사와 7개의 봉인과 7개의 머리를 가진 용과 재앙의 7개 대접이 등장하며, 쿠란에 따르면 천국은 7개 층으로 구성되어 있다. 숫자 7과 그 배수는 신비한 종교적 의미를 넘어 몽골의 바그다드 함락과 이라크 침공에 대한 중세 이슬람권 역사가들의 기록에서도 찾아볼 수 있다. 약탈이 40일간 이어졌다는 이븐 알사이와 달리 시리아 정교회 주교인 바르 헤브라에우스는 몽골군이 바그다드를 7일간 약탈했다고 전한다. 바르 헤브라에우스에 따르면 칼리프와 궁전에 있던 후궁도 총 700명이었다. 쉬아파 신학자이자 철학자, 천문학자로 이라크를 점령한 몽골의 훌라구의 자문관이었던 나시르 알딘 알투시에 따르면 몽골군은 바그다드를 6일 밤낮(즉 7일)으로 포위했으며 약탈과 살육 역시 7일간 이어졌다. 투시와 라쉬드 알딘 모두 바르 하브라에우스과 마찬가지로 칼리프의 궁정에 700명의 후궁이 있었다고 말한다.[9] 백제의 의자왕이 삼천 궁녀를 데리고 있었다는 이야기의 역사적 신뢰성이 의심받는 것과 마찬가지로, 칼리프의 칠백 궁녀에 관한 이야기도 실제 사실이라고 받아들여야 할 이유가 있을까?

위의 사례는 중세 이슬람권 역사 기록에서 나타나는 수를 있는 그대로의 사실로 보기에는 어려움이 많음을 보여준다. 과거 저자들이 추구한 목적은 있는 그대로의 사실을 객관적으로 기술하는 엄밀한 의미의 역사 서술과는 다소 차이가 있다. 그들의 기록은 역사적 사건을 바탕으로 특정한 의도와 메시지를 전달하기 위해 구성된 이야기에 가까웠고 이 과정에서 역사적 사건은 당시의 문예 전통에서 널리 통용되던 문학적 상징과 주제를 통해 윤색되고 재구성되었다. 도시의 인구, 전투에 동원된 병력의 수, 전투가 치러진 기간, 학살과 정복이 남긴 인명 피해 규모에 관한 기록 역시 객관적 수치보다는 수가 많음 또는 상당한 기간을 뜻하는 문학적이고 종교적 의미를 지닌 상징에 더욱 가깝다. 그들이 남긴 기록에서 문학적 상징과 역사적 사실을 구분해내는 일은 곧 오늘날 그들의 기록을 읽는 우리의 몫이다.

5

알라딘 없는 『아라비안나이트』

셰흐라자드가 말했다.

"행복한 왕이시여, 제게 전해지는 이야기는 이렇답니다."

『아라비안나이트』 또는 『천일야화千一夜話』의 주인공인 셰흐라자드는 매일 밤 위와 같은 말로 이야기를 풀어간다. 알라딘과 요술램프, 신드바드의 모험, 알리바바와 40인의 도둑 등 『아라비안나이트』의 이야기는 아랍 지역뿐만 아니라 전 세계적으로 유명하다. 아라비안나이트는 명실상부 세계 곳곳의 수많은 사람이 즐기는 글로벌 콘텐츠라 할 만하다. 그렇다면 『아라비안나이트』는 대체 언제 누가 어떻게 만들어졌을까? 『아라비안나이트』

가 성립되어온 과정의 역사는 세흐라자드가 밤을 새워 풀어나가는 이야기만큼이나 흥미로운 이야기다.

『아라비안나이트』의 모험

『아라비안나이트』에 대한 최초의 언급은 10세기로 거슬러 올라간다. 당시 바그다드에서 활동하던 서적상인 이븐 알나딤Ibn al-Nadim은 987년에 바그다드에서 유통되던 다양한 책의 서지사항을 기록해『목록Al-fihrist』이라는 책을 썼다. 이 책에서 바로『천 개의 이야기Hazar afsan』라는 이야기책이 언급된다.

　페르시아어로 쓰인 이 책은 아랍어로 번역되면서『천일(1001)의 밤Alf layla wa layla』이라는 이름이 붙었다. 이븐 알나딤은『천일의 밤』의 주인공이 매일 왕비를 처형하는 왕과 왕을 달래기 위해 매일 밤 이야기를 들려주는 세흐라자드(이븐 알나딤은 샤라자드Sharazad라고 기록한다)라고 전한다.『목록』에 나타나는『천일의 밤』이 바로 우리가 아는『아라비안나이트라』는 것은 분명하다.[1]

　그러나 이븐 알나딤은 약 200개의 이야기가 실린『천일의 밤』이 "멍청한 이야기가 담긴 어리석은 책"이라고 평할 뿐, 정확히 어떤 이야기가 실려 있는지는 전하지 않는다. 이븐 알나딤의 부정적 평가로 미루어볼 때『아라비안나이트』는 지식인이 아니라 대중이 즐기던 이야기 모음집으로 당시 지식인들은 그리 탐탁지 않게 여기던 책이었다.[2] 아마 지식인들의 이러한 거부감이『아라비안나이트』의 이야기가 기록되지 않은 이유일 것이다.

페르시아어에서 아랍어로 번역되었다는 사실, 그리고 샤흐리야르, 셰흐라자드, 두냐자드와 같은 등장인물의 이름이 아랍어가 아니라 페르시아어(가령 셰흐라자드라는 이름은 페르시아어로 셰흐르 아자드Shehr-āzād, '고귀한 태생을 지닌 자'라는 뜻이다)라는 사실에서 알 수 있듯이, 『아라비안나이트』는 본래 페르시아 문화권에서 기원해 아랍어권으로 유입된 것으로 보인다. 이븐 알나딤과 역사학자 알마스우디 모두 『아라비안나이트』가 원래 고대 페르시아의 왕과 영웅들을 위해 만들어진 이야기라고 전한다는 점 역시 『아라비안나이트』가 원래 페르시아 지역에서 만들어졌음을 시사한다.[3] 이러한 점에서 본다면 "아라비안" 나이트보다는 "페르시안" 나이트에 가까운 셈이다.

물론 페르시아 문화가 『아라비안나이트』를 구성하는 유일한 구성 요소는 아니다. '천 일의 밤, 천 개의 이야기'라는 아라비안나이트의 구성적 특징은 이미 아부 압둘라 무함마드 이븐 압두스 알자흐쉬야리Abu 'Abdullah Muhammad ibn 'Abdus al-Jahshiyari(942년 사망)라는 사람이 『놀라운 이야기들 Al-hikayat al-'ajiba』이라는 책에서 시도한 바 있다. 비록 이 원대한 계획은 알자흐쉬야리가 약 480개 이야기를 모은 뒤 사망하면서 완성되지 못했지만, 그가 모은 이야기들 일부는 오늘날 『아라비안나이트』에서도 찾아볼 수 있다. 이처럼 10세기까지 '천 일'이었던 『아라비안나이트』는 12세기에 이르러 하룻밤이 추가되면서 지금 우리가 알고 있는 『천 일과 하룻밤의 이야기』라는 제목이 된다. 12세기 카이로에 살던 유대인이 취급하던 책 가운데에도 『천 일과 하룻밤의 이야기』라는 책이 있었다.[4]

가장 오래된 『아라비안나이트』의 물질적 증거는 문헌적 증거보다 앞선다. 1949년 나비아 압보트Nabia Abbot는 9세기 중반에 만들어진 파피루스 조각에서 『천 일 밤의 이야기Hadith alf layla』의 한 부분을 찾아냈다.[5] 그러나 아쉽게도 남아 있는 이 조각에는 『아라비안나이트』에 담긴 이야기가 아니라 이야기의 도입부, 즉 두냐자드(셰흐라자드의 동생)가 "아직 자고 있지 않다면 뛰어남과 부족함, 교활함과 어리석음, 관대함과 탐욕, 용기와 비겁함을 보여주는 이야기"를 들려달라고 청하는 부분만이 남아 있다.

현존하는 완전한 『아라비안나이트』의 사본 중 가장 오래된 것은 14세기 시리아에서 만들어진 필사본이다. 그러나 이 사본에 실린 이야기는 282번째 밤에서 끝난다. 이 외에도 16~17세기에 만들어진 『아라비안나이트』 사본이 여러 권 존재하지만 모두 중간에서 끝나는 불완전한 사본이다.

『아라비안나이트』의 가장 오래된 사본, 14세기에 시리아에서 제작
파리 국립도서관 소장

유럽에서 발견된 『아라비안나이트』

그렇다면 오늘날 우리가 보고 있는, 천 일하고도 하룻밤에 걸쳐 세흐라자드가 이야기하는 완전한 『아라비안나이트』는 대체 어디서 왔을까? 현재와 같은 형태의 『아라비안나이트』는 어떤 의미에서는 프랑스의 동양학자인 앙투안 갈랑Antoine Galland(1715년 사망)의 작품이라고 할 수 있다. 갈랑은 이스탄불 주재 프랑스 대사관에서 15년을 근무하며 오스만어와 아랍어를 익혔고 시리아, 팔레스타인, 이집트 등 아랍 지역 각지를 여행했다. 갈랑은 여행 도중에 모은 여러 이야기와 필사본을 종합해 1704년부터 1712년에 걸쳐 10권으로 구성된 『아라비안나이트』 프랑스어 번역본을 출판했고, 그가 죽은 뒤인 1717년에는 11권과 12권이 추가로 출판되었다. 우리에게 익숙한 『아라비안나이트』는 바로 갈랑이 수집하고 번역한 판본에 토대를 둔다.

갈랑이 번역한 『아라비안나이트』는 위에서 언급한 1426년의 시리아 필사본이다. 하지만 이 책의 이야기는 282번째 밤에서 끝난다. 그러면 나머지 약 700일의 밤의 이야기는 어디서 왔을까? 갈랑은 나머지를 채우기 위해 다양한 출처와 자료에 의존했다. 이집트에서 구한 필사본을 참고하기도 했고 중동 각지에서 구전되던 이야기를 포함시키기도 했다. 그리고 무엇보다도 그는 천 일 밤을 채우기 위해 이야기 상당수를 스스로 창작해냈다. 이러한 이유로 갈랑이 그려낸 아라비안나이트의 세계는 10세기 바그다드와 14세기의 카이로보다는 오히려 18세기 파리와 유사한 면을 보이기도 한다.[6]

본래 『아라비안나이트』와 별개의 이야기였던 「신드바드의 모험」이 그 예이다. 학자들은 고대 이집트 시대의 『난파선 선원의 이야기』, 현재는 실전된 고대 인도의 서사시인 『브리하트카싸Bṛhatkathā(위대한 이야기)』의 축약

본인 『브리하트카싸슐로카상그라하Bṛhatkathāślokasaṃgraha』, 호메로스의 『오디세이아』, 위僞 칼리스테네스Pseudo-Callisthenes라는 인물이 서기 3세기 말에서 4세기 초에 쓴 『알렉산드로스 대왕의 일대기』 등 고대 중동과 인도에서 전해지는 다양한 항해 모험담의 영향을 받아 「신드바드의 모험」 이야기가 형성되었다고 추정한다. 또한 알자히즈Al-Jahiz(868/9년 사망)나 알카즈위니Al-Qazwini(1283년 사망)와 같은 무슬림 학자들이 신비한 동물과 지역에 관해 쓴 기록 역시 「신드바드의 모험」에 영향을 준 것으로 보인다.[7] 이처럼 「신드바드의 모험」은 이슬람 이전부터 전해져오던 다양한 이야기가 결합되어 만들어졌고, 이후 갈랑에 의해 『아라비안나이트』에 포함되어 『아라비안나이트』를 대표하는 이야기로 자리 잡았다.[8]

갈랑은 또한 시리아 이야기꾼 한나 디얍Hanna Diyab에게서 들은 이야기도 아라비안나이트에 포함시켰다. 유명한 「알리바바와 40인의 도적」, 「알라딘의 요술램프」, 그리고 하늘을 나는 양탄자와 같은 이야기들은 바로 한나 디얍이 갈랑에게 해 준 이야기로 15세기의 시리아 필사본을 포함하여 갈랑 이전 시대에 만들어진 『아라비안나이트』의 필사본에서는 발견되지 않는다. 갈랑은 디얍으로부터 알라딘 이야기를 담은 필사본을 받았다고 언급했지만, 갈랑 사후 유품에서 알라딘 이야기를 담은 필사본은 발견되지 않았다.[9] 알리바바와 알라딘의 이야기가 갈랑 이전부터 『아라비안나이트』의 한 부분으로 존재했음을 입증할 수 있는 문헌적 근거는 현재까지 발견되지 않았다.[10]

『아라비안나이트』의 원본은 어디에 있을까?

갈랑의 '번역본'은 유럽에 『아라비안나이트』 열풍을 불러 일으켰다. 막 태동하여 성장하기 시작한 유럽의 동양학 학술기관의 연구자들은 『아라비안나이트』의 '완전한 원본'을 찾기 위해 중동의 문서고를 뒤지기 시작했고 각고한 노력 끝에 학자들은 이집트에서 『아라비안나이트』의 이야기 전체를 담은 '아랍어 원본'들을 발견했다.

가장 먼저 영국 동인도회사가 1800년에 직원 교육용으로 『아라비안나이트』 인쇄본을 최초로 캘커타에서 출판했고(캘커타 1판), 19세기 후반에는 프랑스의 동양학자인 헤르만 조텐베르그Hermann Zotenberg(1836~1894)가 여러 원본을 분석해 정리했다. '조텐베르그 이집트 교정본Zotenberg's Egyptian Recension, ZER'으로 불리는 이 판본은 이후 가장 널리 퍼진 일종의 '표준 판본'으로 자리 잡았다. 1835년 이집트 정부가 카이로 교외 불락Bulaq 인쇄소에서 출판한 판본(인쇄소의 이름을 따서 불락 판본이라고 불린다)과 1839년부터 1842년까지 인도 캘커타에서 출판된 판본(캘커타 1판과 구분하여 캘커타 2판이라고 부른다) 모두 ZER를 토대로 만들어졌다. 에드워드 윌리엄 레인Edward William Lane(1801~1876)은 불락 판본을, 리처드 버튼Richard Burton(1821~1890)은 캘커타 2판을 사용해 『아라비안나이트』 영역본을 출판했다.[11]

그러나 한 가지 문제가 있었다. 19세기 이후 발견된 아랍어 '원본'들이 진짜 원본이라는 근거는 어디에도 없었다. 사실 이 '원본'들은 갈랑의 프랑스어 '번역본'을 다시 아랍어로 번역한 결과물이었다. 그렇기 때문에 15세기부터 18세기까지 단 한 권도 발견되지 않은 아라비안나이트의 '아랍어판'이 18세기 이후 갑자기 우후죽순 등장한 것이었다. 심지어 갈랑이 참조한 아라비안나이트의 시리아 필사본에는 없던 「알리바바와 40인의 도적」과 「알라딘의 요술램프」 이야기의 '아랍어 원본' 역시 갈랑이 출판한 프랑스어 판『아라비안나이트』를 아랍어로 번역해서 만들어졌다.

재번역된 '원본'을 '번역'한 결과물 역시 번역보다는 창작에 가까웠다. 최초 번역자인 갈랑이 그러했듯이 그의 후배 번역자들 역시 그들 입맛에 따라『아라비안나이트』를 재창조했다. 온가족이 함께 볼 수 있는 전 연령 판 작품을 만들고자 한 레인은『아라비안나이트』에서 어린아이와 점잖은 사람들에게 걸맞지 않다고 생각한 성적인 내용을 들어냈으며, 지루하고 반복된다고 판단한 이야기들 역시 빼버렸다. 한편 화려하고 다양한 어휘와 표현을 즐기던 버튼의 성향은 그의 번역본에도 그대로 드러나며 '원문'에는 존재하지 않던 형용사와 묘사가 대거 추가되었다. 한 예로 '흑인 노예'라는 단순한 단어는 버튼의 번역본에서 "섬뜩한 눈빛을 흘리며 눈을 굴리는 침 흘리는 커다란 깜둥이"로 바뀌었다.[12] 심지어 버튼은 갈랑의 번역본에는 있지만 아랍어 '원본'에서는 찾을 수 없는 이야기를 '동방 감성' 그대로 싣기 위해 힌디어로 번역된 갈랑의『아라비안나이트』를 다시 영어로 번역해 싣기도 했다.[13] 그리고 무엇보다도 버튼의 번역본은 세밀하고 노골적인 성적인 묘사와 표현으로 유명하다.

"새벽이 온 걸 깨닫고 셰흐라자드는 허락된 이야기를 멈추었다."

이처럼『아라비안나이트』는 이슬람 이전 시대에서부터 19세기에 이르기까지 길고 복잡한 변화의 역사를 겪어왔다. 인도와 페르시아에서 시작되어 바그다드와 카이로의 평범한 사람들이 즐기던 수많은 민담과 이야기가 모여 만들어진 『아라비안나이트』는 18세기 이후 유럽인이 '재발견'한 이후 '아랍/중동/이슬람 문화의 정수'로 자리를 잡았다. 물론 위에서 보았듯이 우리가 보는 『아라비안나이트』는 아랍 또는 이슬람권만의 순수하고 고유한 문화라기보다는 유럽 작가들이 재창조해낸 결과물에 가깝다.

그러나 인도에서 시작되어 유럽에 이르기까지 『아라비안나이트』는 끝없는 재창조와 변화 과정을 거쳐왔다. 하나의 유일하고 정확한 『아라비안나이트』는 처음부터 존재하지 않았다. 유럽 작가들이 새로운 이야기를 만들어내고 덧붙이고, 여기에 디즈니와 할리우드가 또 새로운 이야기를 만들어내는 것도 『아라비안나이트』의 역사의 일부가 되는 것이다.

1. "우리는 모두 신께 속하며 신께 돌아간다": 이슬람권과 전염병

1   Josiah C Russell. "That Earlier Plague." *Demography* 5, no. 1 (1968): 180.

2   Mischa Meier. "The 'Justinianic Plague': The Economic Consequences of the Pandemic in the Eastern Roman Empire and its Cultural and Religious Effects." *Early Medieval Europe* 24, no. 3 (2016): 281.; Peter Sarris. "The Justinianic Plague: Origins and Effects." *Continuity and Change* 17, no. 2 (2002): 178-179.

3   Dionysios Stathakopoulos. "The Justinianic Plague Revisited." *Byzantine and Modern Greek Studies* 24 (2000): 263.; Lee Mordechai and Merle Eisenberg. "Rejecting Catastrophe: The Case of the Justinianic Plague." *Past & Present* 244, no. 1 (2019): 34-35, 43-44.

4   Michael W Dols. "Plague in Early Islamic History." *Journal of the American Oriental Society* 94, no. 3 (1974): 376.

5   위의 글, 380-381.; Michael W Dols. *The Black Death in the Middle East*, Princeton: Princeton University Press, 1977, 26.

6   Şevket Pamuk and Maya Shatzmiller. "Plagues, Wages, and Economic Change in the Islamic Middle East, 700-1500." *The Journal of Economic History* 74, no. 1 (2014): 196-229.

7   Russell Hopley. "Contagion in Islamic Lnads: Responses from Medieval Andalusian and North Africa." *Journal of Early Modern Cultural Studies* 10, no. 2 (2010): 51.; Justin K Sterns. *Infectious Ideas: Contagion in Premodern Islamic and Christian Thought in the Western Mediterranean*, Baltimore: The Johns Hopkins University Press, 2011, 25.

8   Dols 1977, 22.

9   Hopley, 54.

10   Dols 1977, 23.

11   Hopley, 51.; Dols 1977, 22-23.

12   이븐 바투타, 『이븐 바투타의 여행기』 2권. 정수일 옮김, 창작과비평사, 2001, 360쪽.

13   위의 책, 362.

14   Dols 1977, 214.

15   위의 책, 218-219.

16   위의 책, 212-218.

17   Stuart Borsch and Tarek Sabraa. "Refugees of the Black Death: Quantifying Rural

Migration for Plague and Other Environmental Disasters." *Annales de démo-graphie historique* 2 (2017): 83-87.

18   Dols 1977, 211, 223-224; Stuart Borsch and Tarek Sabraa. "Plague Mortality in Late Medieval Cairo: Quantifying the Plague Outbreaks of 833(1430) and 864(1460)." *Mamlūk Studies Review* 19 (2016): 135, 148.; Stuart Borsch. "Plague Depopulation and Irrigation Decay in Medieval Egypt." *The Medieval Globe* 1, no. 1 (2014): 134.

19   Borsch 2014, 135, 148.

20   재닛 아부-루고드. 『유럽 패권 이전: 13세기 세계체제』. 박홍식, 이은정 옮김, 까치글방, 2006, 270.

21   Borsch2014, 141; 아부-루고드, 271.

22   Dols 1974, 283-285.

23   Hopley. 56; Justin Stearns, "Contagion in Theology and Law: Ethical Considerations in the Writings of Two 14th Century Scholars of Naṣrid Granada." *Islamic Law and Society* 14, no. 1 (2007): 117-118.

24   Stearns, 117.

25   Muhammad Sha'ban, "Al-ta'un sababuhu al-jinn wa al-zilzal sababuhu harakat al-thawr...tafsirat islamiyyah ghabibah lil-kawarith al-tabi'iyyah." *Al-Raseef 22*, 2018.

26   Stearns, 123-124.

27   Hopley, 46-46; Stearns, 115.

28   Stearns, 125-126.

29   Dols 1977, 105.

2. 무슬림이 재난을 이해한 방법

1   Ronnie Ellenblum. *The Collapse of the Eastern Mediterranean: Climate Change and the Decline of the East, 950-1072*, Cambridge: Cambridge University Press, 2012, 25.; Stuart J. Borsch. "Nile Floods and the Irrigation System in Fifteenth-Century Egypt." *Mamlūk Studies Review* 4 (2002): 131-139.

2   Konrad Hirschler. "Earthquakes." In Medieval Islamic Civilization: An Encyclopedia, vol. 1, edited by Josef W. Meri, New York and London: Routledge, 2006, 220.

3. "그림을 그리는 자는 지옥에 떨어질 것이다": 이슬람과 그림

1 Taha Jaber Al-Alwani. "'Fatwa' concerning the United States Supreme Courtroom Frieze." *Journal of Law and Religion* 15, no. 1/2 (2000-2001): 1-28.

2 Robert Hillenbrand. "Images of Muhammad in al-Biruni's Chronology of Ancient Nations." In *Persian Painting from the Mongols to the Qajars: Studies in Honour of Basil W. Robinson*, edited by Robert Hillenbrand, London and New York: I. B. Tauris, 2000, 129-146.

3 Christine Gruber. "Between Logos (Kalima) And Light (Nūr): Representations of The Prophet Muhammad In Islamic Painting." *Muqarnas* 26 (2009): 252-253.

4 Jere L Bacharach. "Signs of Sovereignty: The Shahāda, Qur'anic Verses, and the Coinage of 'Abd al-Malik." *Muqarnas* 27 (2010): 12.; Robert Hoyland. "Writing the Biography of the Prophet Muhammad: Problems and Solutions." *History Compass* 5 (2007): 1-22.

5 Bacharach, 16.; Jere L Bacharach and Sherif Anwar. "Early Versions of the shahāda: A Tombstone from Aswan of 71 A.H., the Dome of the Rock, and Contemporary Coinage." *Der Islam* 89, no. 1-2 (2012): 68.

4. 4,000개의 목욕탕과 4,000채의 집이 있는 도시

1 Lawrence Conrad. "Abraha and Muḥammad: Some Observations Apropos of Chronology and Literary "topoi" in the Early Arabic Historical Tradition." *Bulletin of the School of Oriental and African Studies* 50, No. 2 (1987): 232.

2 위의 글, 230, 236.

3 Lawrence Conrad. "The Conquest of Arwād: A Source-Critical Study in the Historiography of the Early Medieval Near East." In *The Byzantine and Early Islamic Near East: I. Problems in the Literary Source Material*, edited by Averil Cameron and Lawrence I. Conrad, 317-401. Princeton: The Darwin Press, 1992, 355.

4 Conrad 1987, 230-231.

5 위의 글, 230.

6 Conrad 1992, 350.

7 위의 글, 356-358.

8 Nassima Neggaz. "The Falls of Baghdad in 1258 and 2003: A Study in Sunni-Shi'i Clashing Memories." PhD dissertation., Georgetown University, 2013, 265-265.

9 위의 글, 265.

5. 알라딘 없는 『아라비안나이트』

1   Dwight F. Reynolds. "A Thousand and One Nights: a history of the text and its reception." In *The Cambridge History of Arabic Literature, vol. 6: Arabic Literature in the Post-Classical Period*, edited by Roger Allen and D. S. Richards, Cambridge: Cambridge University Press, 2008, 271.

2   Ulrich Marzolph. "Arabian Nights." in *Enclyclopaedia of Islam*, 3rd edition.

3   위의 글.

4   위의 글.

5   Nabia Abbot. "A Ninth-Century Fragment of the "Thousand Nights" New Light on the Early History of the Arabian Nights." *Journal of Near Eastern Studies* 8, No. 3 (Jul., 1949): 129-164.

6   Robert Irwin. *The Arabian Nights: A Companion*, London and New York: Tauris Parke Paperbacks, 2005, 17.

7   David Pinault. "Sindbād." In *Encyclopedia of Arabic Literature*, vol. 2, edited by Julie Scott Meisami and Paul Starkey, London and New York, 1998, 722.; Ulrich Marzolph. "An Early Persian Precursor to the Tales of Sindbād the Seafaring Merchant." *Zeitschrift der Deutschen Morgenländischen Gesellschaft* 167, no. 1 (2017): 128-129.

8   갈랑은 원래 '신드바드의 모험'만을 번역해서 출판하려고 했다. 그러나 그 과정에서 더 많은 이야기를 발견하면서 아라비안나이트 프로젝트가 시작되었다. Marzolph. "Arabian Nights."

9   Reynolds, 278.

10   Marzolph, "Arabian Nights."

11   Reynolds, 282-284.

12   위의 글, 288.

13   Marzolph, "Arabian Nights."

나가며

이 책의 제목인 『대체로 무해한 이슬람 이야기』는 더글러스 애덤스의 SF 코믹소설인 『은하수를 여행하는 히치하이커를 위한 안내서』에서 따온 것이다. 『은하수를 여행하는 히치하이커를 위한 안내서』는 문자 그대로 히치하이킹으로 우주를 여행하는 사람을 위한 안내서에 관한 소설이다. 이 소설의 세계관에서 지구는 누구도 찾지 않고 관심도 가지지 않는 변방 중의 변방이다. 안내서에서 지구를 소개하는 내용은 단 두 단어다. '대체로 무해함'.

우주에서 지구가 작은 위험은 있지만 전반적으로는 해롭지 않은 것과 마찬가지로 이슬람도 대체로 무해하다고 할 수 있다. 7세기 아라비아에서 처음 등장한 이후 이슬람은 수많은 사람에게 나아가야 할 이상적인 방향이자 위대한 문명의 토대가 되었다. 이슬람은 오랜 역사에 걸쳐 역동적으로 변화해오며 다양한 모습으로 나타났다. 흔히 이슬람과 동일시되는 테러와 폭력, 광신과 야만은 이슬람이 가진 여러 모습 중 한 부분일 뿐이다. 무슬림은 때로는 다른 종교 공동체와 충돌하고 타자를 적대시하고, 때로는 차이를 인정하고 공존을 모색하기도 했다. 지하드를 외치는 전사들과 쿠란에서 평화의 메시지를 찾아내고 진리를 탐구하던 학자들 모두 이슬람 문명의 구성원들이있다. 이슬람이 항상 평화의 종교였던 것은 아니지만, 동시에 광신과 폭력이 이슬람의 유일한 얼굴도 아니었다. 편견에 매몰된 시선을 돌려 조금만 넓게 볼 때, 대체로 무해한 이슬람의 모습이 보인다.

오늘날 이슬람권이 분쟁과 갈등에 신음하는 것은 분명하다. 억압적인 사회 규범이 지배하고 있다는 점도 부정할 수 없다. 그러나 과거 이슬람권이 정체된 지역이 아니었듯이 지금도 변화를 추구하고 미래를 향해 나아가려는 움직임은 분명 존재한다. 이슬람이 제시한 이상을 현실과 조화시키려는 무슬림의 모험은 끝나지 않았다.

오스만 제국 시대 이후로 초승달은 이슬람의 대표적인 상징이다. 초승달이 언젠가는 보름달로 차오르듯이 이슬람권도 스스로 번지며 차오를 수 있기를, 지금의 어려운 시대를 벗어나 다시 환히 빛날 수 있기를, 만월滿月의 달처럼 어엿한 모습을 찾기를 바란다. 그때 우리가 사는 이 세상이 더욱더 무해한 곳이 될 것이기 때문이다.

찾아
보기

318

저자

황의현

한국외국어대학교 아랍어과를 졸업하고 같은 학교 국제지역대학원에서 중동지역학 석사 및 박사 학위를 받았다. 현재 서울대학교 아시아연구소 서아시아센터 선임연구원이며, 단국대학교와 서울대학교에서 중동지역학을 강의하고 있다. 중동 이슬람권의 역사에 관심을 가지고 정체성 갈등과 역사적 기억의 관계를 주제로 박사 논문을 썼다. 학계에서 이루어지는 논의를 전달하는 '지식 소매상'을 자처하며 2017년부터 티스토리 블로그 〈대체로 무해함〉에 중동 이슬람권의 역사에 관한 글을 써왔으며, 현대 중동 이슬람권을 이해하기 위해서는 역사적 배경을 파헤칠 필요가 있다는 문제 의식에 따라 앞으로도 중동 이슬람권에 관한 글을 꾸준히 쓰는 연구자가 되고자 한다.

대체로
무해한
이슬람
이야기

초판발행 2023년 11월 6일
초 판 2 쇄 2023년 11월 30일

저 자 황의현
펴 낸 이 김성배
펴 낸 곳 도서출판 씨아이알

책임편집 신은미
디 자 인 쿠담디자인 엄해정
제작책임 김문갑

등록번호 제2-3285호
등 록 일 2001년 3월 19일
주 소 (04626) 서울특별시 중구 필동로8길 43(예장동 1-151)
전화번호 02-2275-8603(대표)
팩스번호 02-2265-9394
홈페이지 www.circom.co.kr

I S B N 979-11-6856-171-7 93910